面向未来的课堂

——“为理解而教”单元教学实践案例

Mianxiang Weilai de Ketang

—— “Wei Lijie er Jiao” Danyuan Jiaoxue Shijian Anli

主　编　刘卫红

副主编　曾　辉

高等教育出版社·北京

内容提要

什么是“为理解而教”？为什么要在中学课堂实施“为理解而教”？在实施“为理解而教”的过程中如何与中国的学情相结合？这些问题是实施“为理解而教”的关键，也是课改进入深水区后实现教与学结构的重大调整和课程内容的深度整合，从而找到创新人才培养模式的关键。本书回答了这些问题。

本书结合了一线教育者对“为理解而教”的实践及其在实践过程中的困惑和思考，囊括了中学各个学科的鲜活案例，生动地诠释了“为理解而教”的理念：教师应该教什么？学生应该学什么？学生需要做什么才能达到学习的目标？教师如何知道学生掌握了哪些内容？

在北京市海淀区教师进修学校附属实验学校，“为理解而教”是一个在全校范围内推行的教学改进项目，本书是该校实施此项目的成果。全书一共分为三篇：上篇“面向未来的课堂”，讲述的是学校为什么选择“为理解而教”以及如何在学校整体推进“为理解而教”项目；中篇“来自课堂变革的真实案例”，提供了精选的教学设计案例，涉及初、高中语文、数学、英语、物理、化学、政治、历史、生物等学科；下篇“面对变化的课堂”，分享了学校在推进“为理解而教”项目过程中的经验。

本书适合关注基础教育的人士尤其是中小学教师和教育教学管理者阅读，相信每位读者都能从中获得有益的启示。

图书在版编目（CIP）数据

面向未来的课堂：“为理解而教”单元教学实践案例 / 刘卫红主编. -- 北京：高等教育出版社，2015.5
ISBN 978-7-04-041958-0

Ⅰ. ①面… Ⅱ. ①刘… Ⅲ. ①课堂教学-教学研究-中学 Ⅳ. ①G632.421

中国版本图书馆 CIP 数据核字(2015)第 026458 号

策划编辑 傅雪林　责任编辑 傅雪林　封面设计 顾　斌　版式设计 于　婕
插图绘制 杜晓丹　责任校对 杨凤玲　责任印制 张泽业

出版发行 高等教育出版社
社　　址 北京市西城区德外大街 4 号
邮政编码 100120
印　　刷 北京天时彩色印刷有限公司
开　　本 787 mm × 960 mm　1/16
印　　张 20
字　　数 320 千字
购书热线 010-58581118
咨询电话 400-810-0598
网　　址 http://www.hep.edu.cn
　　　　 http://www.hep.com.cn
网上订购 http://www.landraco.com
　　　　 http://www.landraco.com.cn
版　　次 2015 年 5 月第 1 版
印　　次 2015 年 6 月第 2 次印刷
定　　价 43.80 元

物 料 号 41958-00

序　　言

能为本书作序，并祝贺北京市海淀区教师进修学校附属实验学校的创新之举，我感到十分高兴和荣幸。多年来，该校的领导和教师们一直致力于推进“为理解而教”这门教学艺术的践行。他们使用的是几年前我和几位同事在哈佛大学教育学院零点项目中开发的模式。参与这个项目的一位同仁玛莎·斯通·威斯克（Martha Stone Wiske）曾两次访问该校。前不久，我也有幸对该校进行了数天的访问。我们俩都对该校师生的努力和成就深感敬佩。

是什么在激励着他们的行动？答案很简单：为了培养学生的理解力，这无疑是当今教育至关重要的目标。

诚然，教育有着多重目标，例如，使学生适应社会生活、培养基本的读写和运算能力，以及建立起与历史文化传统、当代生活和未来学习相适应的一整套信息与技能体系。然而这些目标还远远不够，尤其是面对当今世界日新月异的网络通信、全球化的经济、复杂的国际关系、流动的人口，以及对广阔视野、敏捷思维和协作能力要求越来越高的就业市场的时候。

真正的理解绝不仅止于基本知识。理解远远超越了信息和常规技能的范畴。理解让学生能够用自己掌握的知识进行灵活的思考并广泛应用。

那么真正的理解意味着什么呢？让我们将一个领域的相关知识想象成一个核，然后再想象一下，在这个核的周围有一圈光环，代表着学习者不同的灵活思考方式。以基本的统计和概率为例，知识核可以是以常规方式解决标准教科书问题时所用的关键概念和计算技巧，而光环则可能包括将知识与保险、医疗、投资决策以及博弈性行为等日常问题结合起来的敏锐的思维方式。

或者以经济学为例。知识核可以是供求定理等概念，而光环则可能包括学生对日常所见的市场现象机敏的、主动的思考，小至运动鞋价格，大至石油价格等。

或者以文学或哲学的某个重要领域为例。知识核可以是作者的基本原则、观点和风格，而光环则可能包括使用这些概念进行流畅清晰的表述和论证，将概念与现实生活相联系。

总而言之，真正使学习者能够在未来的学习研究和日常生活中学以致用的，往往是思考的光环，而不仅仅是知识核。理解蕴含于光环之中。

如果真的仅凭多加一些定义和解释就足以使学生形成理解，那事情自然简单得多。然而偏偏多个学科的研究均显示，即便有良好的传统指导也无法有效地培养学生的理解力。学生会形成对科学和数学概念认识的重大错误、对历史事件的严重误解以及对文学和其他人文学科感知的根本性错误，而且这些错误将会持续多年。

当然，学生可能看似学得很好，因为他们表现出对事实的了解，也能够解答标准的课后习题，但学生其实并没有形成对所学内容周边光环的灵活思考。一旦遇到不那么常规的问题，他们要么完全束手无策，要么就会在给出的解答中将严重的错误认识展露无遗。

换言之，知识核周围灵活思维方式的光环并非完全自发形成。教与学的过程必须积极地延伸到光环领域，使学习者主动探究新型问题、分析情况、进行批判性思考并发挥创造力。总的来说，这就是“为理解而教”模式的策略。

因此，能够了解北京市海淀区教师进修学校附属实验学校的这项长期创举，我由衷地感到高兴。学校决定记录和分享他们的经验，展示他们对于应对我们这个时代教育核心挑战的决心：让学习者在面对生活中纷繁芜杂的机遇和挑战时，顺应时代潮流，成为时代骄子。我深信各位可以从该校已取得的经验成就和未来的不懈努力中汲取灵感。

大卫·N. 柏金斯（David N. Perkins）
哈佛零点项目创始成员及联合主席
哈佛大学教育学院

目　　录

一个人在高山之巅的鹰巢里，抓到了一只幼鹰，他把幼鹰带回家，养在鸡笼里。这只幼鹰和鸡一起啄食、嬉闹和休息，以为自己是一只鸡。这只鹰渐渐长大，羽翼丰满了，主人想把它训练成猎鹰，可是由于终日和鸡混在一起，它已经变得和鸡完全一样，根本没有飞的欲望了。主人试了各种办法，都毫无效果，最后把它带到山顶上，一手将它扔了出去。这只鹰像块石头似的，直掉下去，慌乱之中它拼命地扑打翅膀，就这样，它终于飞了起来！

某种程度上，我们的学校教育就是将许许多多像“鹰”一样的孩子带回了“家”，在这样的大家庭中，“整齐划一”的教育让我们的孩子都变得像“鸡”一样非常的“温顺”。当他们走入社会以后，就仿佛在 20 世纪 80 年代初期的纺织厂，产品一经出库就面临着过时、滞销和淘汰等问题。怎么让雏鹰展翅，这是当今教育者面临的一大难题。这个问题可能没有标准答案，但是我们每个人都可以展开自己的思考和探索。

上篇　变革：面向未来的课堂

2014年2月12日，春寒料峭，与之形成对比的是北京市海淀区教师进修学校附属实验学校大礼堂的热情洋溢。来自广东、河南、浙江、北京的教育同仁们齐聚一堂，为期三天的“学以致用，创造未来”教育论坛如期举行。这次论坛以“为理解而教”实践为基础，大家畅谈如何在中学开展面向未来的教育以及如何培养能够适应未来的人才。有关专家这样评价本次论坛：“有人说我们基础教育的校本培训是‘萝卜炖萝卜还是萝卜’，但是今天我在炖萝卜里已经闻到了肉味。”

论坛的举办，是北京市海淀区教师进修学校附属实验学校推行“为理解而教”教学改进项目取得阶段性成功的一个标志。而在学校推行“为理解而教”，其实是一件既偶然又必然的事情，这还得从这次论坛的题目“学以致用，创造未来”说起。

> 知识的意义已经从能够记忆和重复某些信息，转变为能够搜寻和使用信息。
>
> ——诺贝尔奖得主 Herbert Simon

✻ 目标：培养面向未来的人才

教育的本质目标是培养人。但是要培养什么样的人，可以有一百种、一千种说法。相信各个教育者都思考过这个问题，我们也不例外。我校在建校之初就提出了“培养附着在学生身上‘带得走’的适应未来社会发展需要的能力和素养”的目标。生存教育成为学校教育重要的一环，能让学生面向未来、适应未来是我们的重要任务。

进修实验学校能带给学生什么？

品格教育：关注个人基本态度和基本价值观的发展。

公民教育：爱国主义的民族精神和国际视野的确立。

生命教育：珍视生命、对人生和社会负责态度的形成。

生存教育：环境意识、职业意向和服务精神的发展。

大数据会改变人们的行为方式、思维方法乃至价值观念。这种变革，需要未来的人才具备自我决策、适应社会、组织管理、社交、表达和实践等综合能力。现在的许多新兴行业，5 年前可能还没有，所以有悲观者说，我们的教育是用过去的知识教现在的孩子面对未来的世界。那应该教给孩子什么才能让他们有足够的知识储备和能力去面对这个变化迅猛的世界呢？我们认为其中很重要的一条是帮助学习者学会如何有效地学习，这样他们就能应对不断变化的信息、技术、工作与社会环境，迎接和应对未来社会的挑战，“学以致用”才能从容“面向未来”。

✻ 现实：改进和困难并存

经历了近十年的新课程改革，学校的教育已经发生了很多变化，单纯的填鸭式讲授已经被相对多样的教学方式所替代，至少单纯的讲授式教育已经不再成为北京市课堂教学的主流。

这里有一个非常好的教学故事，至少在当时这堂课引来了很多教师的赞叹。故事发生在初二年级的一堂语文写作课上，教师希望学生通过本节课的学习，能够恰当地应用行为动词来描写人的行为动作，从而借助人的行为动作反映人的性格和内心。整个课堂的教学安排非常紧凑，教师首先通过引导学生阅读朱自清先生的《背影》，让学生从中挑出那些能够反映父亲这个人物性格与心理变化的行为动词，并说出这些动词好在哪里。这个过程是学生独立完成阅读并画出动词，教师通过提问实现了师生之间一对一的交流。由于每个回答问题的同学都从不同的角度阐明了观点，班级的其他同学也借助这种提问式的交流实现了信息资源的共享，对于行为动词在刻画人物性格中的作用有了相对比较综合的认识。第二阶段的活动是教师给出自己的范文，整篇文章都是教师刻意借助行为动词去描写自己母亲的，这反映出教师自身的学识和素养，这种人格魅力也感染了班级的所有学生，他们纷纷踊跃地阐明自己的观点，并借助修改一些行为动词表现出自己的理解。这个阶段的互动还是师生之间的，而且由于学生的关注对象是教师，因此更增强了师生之间的联系，使活动目标得以很好地达成。第三阶段的活动将整个课堂推向了高潮，教师借助自己对课堂的控制力，发现了一位“课堂观光客”——游离在课堂之外的学生，于是就随机地叫他走到台前。由于这位学生并没有参与整个课堂学习，因此对于教师叫他，他很疑惑、很茫然，行动也很迟缓。这时，教师让全班同学借助行为动词描写这位同学的动作，学生们都很兴奋，他们纷纷应用恰当的行为动词描写了同伴的动作。从教学上看，教师借助这样的活动不仅评估了学生对本节课所学知识的理解，更加深了学生对行为动词在刻画人物性格和心理变化中的作用的认识。40 分钟的课就这样在紧张而又令人回味中结束了，即使已过了 3 年，这堂课仍然能够不断地浮现在我眼前。

然而，时代是不断发展的，我们的课堂教学也不能停滞不前，应用现在的评课工具，我们也发现了课堂教学中仍存留的一些问题：

一是从教师的活动范围来看，课堂仍然是以教师为中心，学生的主体作用不明显（图 1-1）。

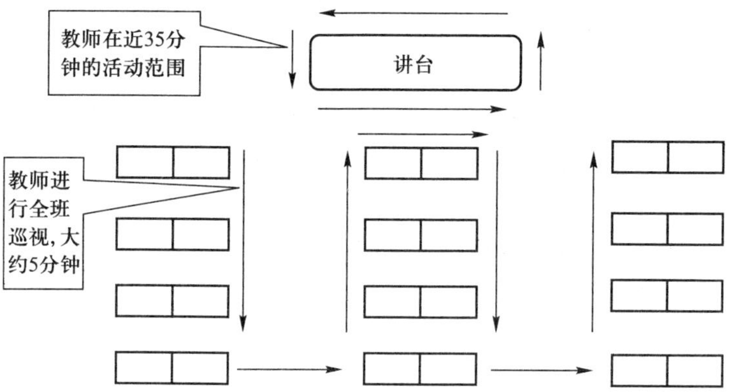

图 1-1　教师的活动范围

二是课堂上只表现师生间的互动，是以教师为中心的教育，学生获取信息、获得评价的渠道过于单一，同伴资源利用过少，缺少真正意义上的合作学习（图 1-2）。

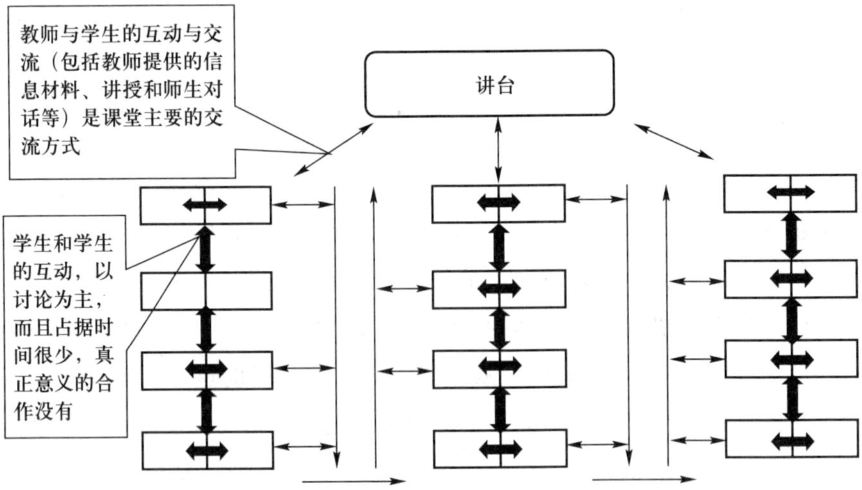

图 1-2 师生间的互动

三是面对群体，教师容易忽视个体的教学，课堂容易出现“观光客”（图 1-3）。

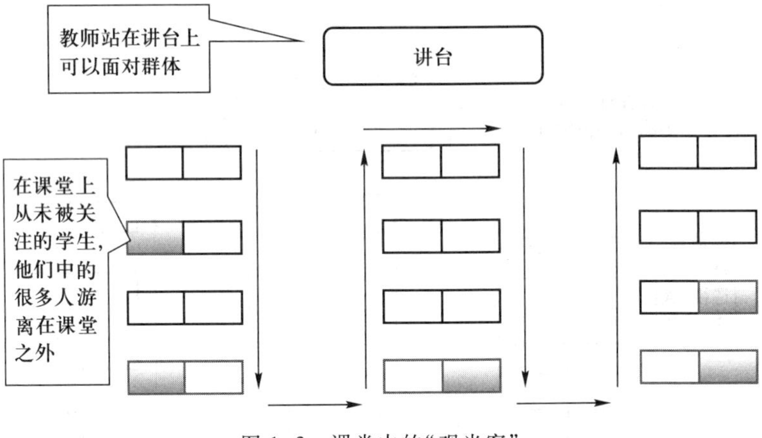

图 1-3 课堂中的“观光客”

除以上表现出的课堂教学问题之外，教师从学生那里获取的反馈信息也很少，基本上都是借助提问和学生的口头表达，而这种单纯的口头表达既不能全面反映学生的理解，信息获取面也非常有限，教师也就无法借助有效的反馈信息去调整自己的教学，而只能按照预定好的教学设计一步一步地推进。

当然，随着现代教育技术的不断发展，教师在课堂教学中也应用了多媒体等现代教育教学工具，但学生获取知识的渠道虽然主要还是教师和教材，辅有视频、课件或者网络。结合上面的教学案例我们也发现，相比课改前，我们教育的核心并没有发生根本的改变。

我校 2010 年前的课堂教学模式如图 1-4 所示。在该模式中，教师借助对课程标准的研究，能够主动从多角度输入信息，制订出相应的教学目标；能够依据课程标准和教学目标，结合对学情的研究，制订相应的教学策略，并通过演示文稿、视频、资料与教师讲授方式的结合，将知识信息传输给学生。教师借助学生的作业、考试成绩等方式收集学生的学习信息。但学生在信息获取方面整体是被动的，被动地获取教师以各种形式提供的知识信息，很少主动地从生活、实践和网络中获取有益于学习的信息。由于不明确学习目标，因此对于自己的学习效果或者程度没有一个非常清晰的认识，所以又被动地从教

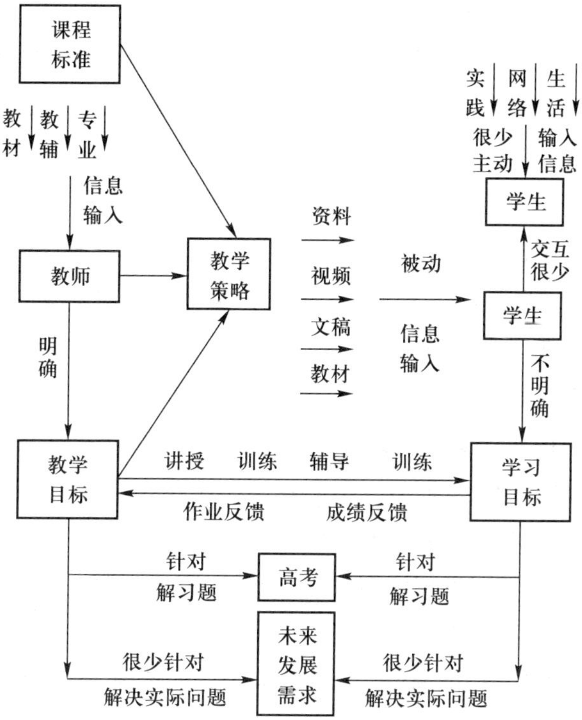

图 1-4 2010 年前我校的课堂教学模式

师那里获取自己学习效果的反馈信息。学生和学生之间虽有交互，但是交互的形式单一，可以获取的信息很少。总之，这种教学模式整体体现出教师主动，而学生被动，无论是教师还是学生我们更多针对的是高考，而非未来社会的需求。因此我们的学生虽然拥有大数据，却不能有效地驾驭大数据；虽然能够分析解答复杂的习题，但是很少能够分析解决实际中存在的问题。这种体制下培养的学生又怎么能够满足未来社会对人才的需求呢？

✻ 需求：理论到实践的跨越

作为教育者，我们一直在寻求突破。

更新自己的教育理念是我们探索的第一步。我们敞开胸怀接受了来自世界各地的很多教育教学理念，逆向设计、概念教学、自由学习、多元智能等诸多国内外先进的理念走入了我们的视野。不可否认，这些先进的教育理论和思想开阔了我们的视野，让我们有了不断变革、不断改进的方向和动力。

教育理论不在实践中运用是体现不出生命力的。经过几年的摸索，我们发现，教学理念“先进”与教学方式“老旧”之间的矛盾成为制约学校教学质量的主要障碍：教学是灵活多变的，先进的理论在教学中“怎么用”对多数教师来说却是一个难题。这可能也是多数教育实践者会遇到的难题：先进的教育理念应该怎么“落地”？理论到实践的跨越应该如何实现？

给教师一个从理论到实践的“脚手架”是学校的迫切需求。

经过几年的摸索，我们选择了“为理解而教”。“为理解而教”提供了一种让我们的老师把理念变成现实的工具，提供了一种让变革成为行动的思想。

有老师说：“‘为理解而教’帮助我们在实践中整合了概念教学、能力教学、逆向设计的方法，我终于能把这些理论用起来了。”

有老师说：“有了‘为理解而教’，我的知识与能力、过程与方法、情感、态度与价值观三维目标终于不空了。”

有老师说：“多元智能理论在这里得到很好的运用，‘为理解而教’让不同学生有了不同发展，不管什么样的孩子，在多种活动和评估形式下，总有一款适合他。”

有老师说："'为理解而教'给了我一个工具，让我的目标、方法和评估一致起来。"

……

理论到现实的跨越是很艰难的，但是不可否认有很多工具和方法可以帮助或者试图帮助一线教师做到这一点。我们只是在合适的时候选择了"为理解而教"，让老师的教学从课堂开始变革。从学校走过的路来看，可以说，"为理解而教"在海淀区教师进修学校附属实验学校生根发芽是偶然的，也是必然的。

✼ 走近："为理解而教"的教学理论和模式

"为理解而教"（Teaching for Understanding，简称 TfU）教学模式是 1989—1996 年由附属于哈佛大学教育学院的零点项目研究人员和教育家研究开发的一种教学模式，用于课程及教学的设计、修改和审核，以帮助学生增强理解。

"为理解而教"教学模式可追溯到建构主义的教学传统。这种教学理念认为，学习是通过学生持续不断的努力并结合实际生活中的问题而产生的。解决实际生活中的问题需要学生积极地探索，在传统的基础上创造新的产物。这种模式帮助教育者设计有效的教学方案，以此促进学生形成并加深对重要理念的理解。

"为理解而教"教学模式有四个相互作用的组成部分，引导教育者思考基本的教学问题，这些问题是教育者在决定教学内容和教学方式时必须考虑的。这一教学模式帮助我们把这些教学"决定"（包括规划、审核、评估和教学过程）的重心放在帮助学生增强理解上。定义每个部分都有具体标准，这些标准能够提醒教师如何帮助学生形成并加深对重要课程内容、概念和论题的真正理解，并能灵活应用。

"我们应该教什么？"

"为理解而教"的教学模式提供的答案：启发性论题。

定义启发性论题的标准是如何使它们促进真正有价值的理解，符合这些标准的论题比不符合标准的论题更有启发性，所以这不是有或者没有的问题，而是程度多少的问题。启发性论题的标准是：

- 在一个或多个学科或领域中起中心作用。
- 吸引学生和教师积极参与。
- 学生和教师都能找到很多相关资源。
- 与学科内外的许多方面都有丰富的联系。

“有关这些论题学生应学些什么？”

“为理解而教”的教学模式提供的答案：理解目标。

定义理解目标的标准是清晰、明确地表述学生需达到的理解目标，将这些标准公开给学生和其他有关人员（如家长、教师、同学、学校管理人员），并在教学过程中不断提及（如讨论、作业和评估）。这些标准是：

- 明确表述学生需理解的、有关启发性论题的内容。
- 公开这些标准并在教学中经常提及。
- 直接针对需要理解的概念，而不是需要完成的作业。

> 实践一年后，我们的体会是：
>
> - 启发性论题其实要更开放一些、更宏观一些，它的作用就是要激发出更多的质疑和更多的探索，但理解目标要更具体一些、集中一些，集中在学生要思考或者是期待他们去做的这样一些具体的内容上。
> - 教师不能把理解目标“藏”起来，但也不是一下子都公开给学生，而是逐渐地、慢慢地把你的目标一步一步地给学生展现出来，这是一种非常好的选择。

“学生需要做什么才能达到学习的目的？”

“为理解而教”的教学模式提供的答案：理解活动。

定义理解活动的标准是根据某一单元或课程的进展设计一系列难度递进的

活动，这些活动需要学生定期地、积极地、有创见地使用需理解的理论和概念。以这些标准而设计的理解活动使学生：

- 在新的场景中使用需理解的理论和概念。
- 对需要理解的理论和概念进行思考。
- 所做的与需要理解的内容直接相关。
- 所做的表现出他们所理解的。

实践一年后，我们的体会是：

- "为理解而教"的理解活动具有连续性和系统性。教师要关注的是从单元甚至学科的角度去整体分析这一课时在整个单元和学科中的地位和作用，从而去设计一种系统化的活动，这样的活动具有一定的连续性，而且是有一定梯度和层次的。同时，在设计理解活动的过程中，正因为有梯度和层次，所以学生的思维在实施理解活动过程中是不断发展的，这更加有利于学生从现象到本质和规律的认知过程。
- 理解活动的特点：这个活动能够让学生有一个积极学习和创造性思维的发展过程；此外理解活动应该能让每一个学生都有多个切入点（利用多元智能）、通过不同的形式去体验；设计理解活动更重要的一点是想办法把学生的思考呈现出来，让教师能实实在在地看到学生思考的过程。
- 设计理解活动的一些原则。要贴近学生的生活；我们不能替学生去理解，不能把为什么要这么做直接告诉学生，因为这样实际上是替学生在完成学习任务，我们要做的是在学生的思维障碍点上设计精巧的理解活动激发学生思维的火花；要让学生经历类似于科学工作者那样的一个研究过程。

"我们如何知道学生掌握了什么内容？"

"为理解而教"的教学模式提供的答案：持续性评估。

定义持续性评估的标准是定期检查学生的理解情况和理解程度。为什么要这么做？因为我们的教学目标是通过调整学生下一阶段的学习来促进学生进步。这个模式认为评估是学习过程的一个中心环节。不同的人都可以进行评估（如教师、学生自己、同学），评估可以是非正式的（如交流、讨论、观察、开放式思考），也可以是正式的（如建立在评估标准表基础上的考试、测验或正式的反思）。这些标准是：

- 在教学过程中进行，而不是在教学结束以后。
- 重点在学习和理解，而不是评分或划分等级。
- 评估方式因评估者和执行方式的不同而不同。
- 评估标准对学生要公开。

实践一年后，我们的体会是：

- 要关注评价者是谁。很多教师其实都会说学生可以作为评价者，教师也可以作为评价者，但是不能仅仅将这种认识停留在形式上，要深入到教学理念上去理解这种形式的转变。现在提倡合作型学习模式，教师要转变观念，学生也要转变观念。教师要引导学生主动参与到自我评价和学生之间相互评价的过程中。教师在进行单元设计的时候，能够主动地设计一些环节，让学生有兴趣，而且非常乐于参与到这个评价过程当中，那肯定涉及一些具体的教学策略和艺术。
- 关于正式评价和非正式评价所对应的评价标准。对于非正式评价，我们可以采用一些比较简单的标准，这些标准可以定得稍微粗线条一些，让学生有空间自己进行自我反思；而对于正式评价，一定要在给学生标准的同时给他等级，这样学生才能够知道我们下一步的发展方向是什么。

作为教师，你是不是在思考这在实际教学中会是什么样的情况呢？任何基于“为理解而教”教学模式的教学场景中（课堂、网络、实际生活经验等），学生通过积极参与和思考形成并加深对启发性论题的理解。也就是说，教学空间是繁忙的、有重心的，学生所做的和所要解决的问题是关于某些常见的、但专家认为重要的论题。理解目标可以帮助学生把活动重心放在有关论题的一些关键概念或理论上，这样我们就可以有目的地将学生的活动与公开陈述的理解目标紧密联系。学生的理解通过持续性评估方式进行评估，包括自我评估、相互评价和教师反馈。因此，学习过程包括定期的、各种方式的思考与反思。

✲ 决定：以合适的理论工具引领课堂变革

初步了解“为理解而教”，是我校率先在网络上学习“为理解而教”教学理念的6位老师的经验介绍。他们回校以后，运用“为理解而教”的理论设计实施了跨学科的综合课程——“能量”。学生在活动中认识不同学科的能量，拓宽了思路，提高了应对未知问题的能力。在一次课程交流活动上，我们听到学生这样的反馈：“我们学会了一些研究化学的方法，我们学会了像化学研究者一样思考问题。”

我们发现，“为理解而教”这个项目似乎是能够带来教学改进的一个项目。对教师而言，“为理解而教”把对理解的新认识、新见解转化为一种教师可资借鉴的教学设计模式；对学生而言，“为理解而教”强调以“理解”为中心，它使批判性思维和灵活解决问题成为可能，使学习者能够在新情境中迁移技能和应用知识，也就是帮助学习者实现高阶思维和高阶技能，从而让学生面对新问题和新情境时游刃有余。这不就是我们要让学生“创造未来”的目标吗？“为理解而教”给了我们一个从课堂上的切入点。

> 中等教育和高等教育机构必须拿出更多进取精神，以帮助自己的学生应对全球化……我们真的不能允许年轻人将关键的几年浪费掉，只为接受方法过时的教育，以取得与当今社会脱节的学位，并在这个过程中挥霍掉全社会的资源。
>
> ——英国《金融时报》专栏作家卢克·约翰逊，《教育面向未来》

真正深入了解“为理解而教”理论，是在2013年学校暑期全员培训的时候。在这次培训过程中，学校校务委员和部分骨干教师组成一个小组，全程参加了来自哈佛大学的Martha Stone Wiske教授的培训。在四天的培训时间里，大家深刻感受到了“为理解而教”项目的特色——理论与实践的彼此交融和紧密结合。

学校领导发现了这个项目对促进学校教学改进的重要价值，决定实施“为理解而教”项目。

变革，从课堂做起。

✻ 行动：课堂变革的实践

准确定位：教学改进项目

在决定了要实施此项目后，我们系统地思考了制度、管理、技术、评价等问题，制订了“为理解而教”教学改进项目的整体规划（表1-1）。在制订这个规划之前，学校领导层组织骨干教师深入思考了如下问题：

1. 你对学校的梦想是什么？
2. 为了实现梦想，你必须面对的是什么？
3. 你打算采取什么样的行动？
4. 你要如何来评价和指导进程（搜集什么证据）？
5. 你打算如何创建专业的学习环境？

这五个问题其实是“为理解而教”理论在学校管理层实现“为理解而领导”的一次应用。因此，与以往的各种项目计划不同的是，这个计划是根据“为理解而领导（Leading for Understanding）”的理论框架制订的：从项目主题、项目目标、项目活动和项目支持的角度用“为理解而领导”的框架要素重新解读，保证目标、活动和评估的一致性。

表1-1 海淀区教师进修学校附属实验学校2013—2014学年“为理解而教”项目整体规划

要素	具体内容或行动
项目主题（启发性论题）	学以致用，面向未来
项目目标（理解目标）	总目标：创设“理解”文化（“为理解而学、而教、而领导”） 1. 建设责任共担，反思、合作型的团队 2. 形成“为理解而学”的课堂 3. 形成学生为了“未知”的学习能力（批判性思维） 4. 建设并整合支撑教师“为理解而教”的环境与资源

续表

要素	具体内容或行动
项目活动 （理解活动）	活动主题："请你走入我的课堂"（第一学期） 1. "请你走入我的课堂"项目方案发布 2. 建设项目沟通交流的网络平台和制订相应的评价标准 3. 组建学校项目顾问组、年级项目管理组以及各项目实施团队 4. 借助网络平台公开项目计划 5. 各项目组的自主研究和实践 6. 中期的交流和研讨 7. 分享与表彰
	活动主题："请你走入我的课堂"（第二学期） 形式：团队进行单元设计的展示 1. "请你走入我的课堂"学期项目方案发布会 2. 制订网上研讨任务，明确单元设计的框架 3. 借助网络平台公开学期项目计划 4. 各小组根据网上任务开展自主研究和实践 5. 中期交流和研讨 6. 分享与表彰 保障措施： 1. 时间保障：备课组备课时间——每周每个学科半天、星期四下午学科会 2. 展示时间：年级可根据教师需要协调课表
项目评估 （持续性评估）	1. 能看到持续性的信息收集过程：每个备课组的持续性信息（案例、课例、反思、实施计划、反馈等） 2. 项目组制订一个课堂反思和评估量表。教师思考并修正自己的课堂教学并利用这样的标准进行反思；听课教师用这样的标准去反馈 3. 能够制订针对"为理解而教"项目的持续性推进计划；出版阶段性成果；一个学期一次活动、一次表彰、一本书

续表

要素	具体内容或行动
项目支持（反思性、协作性环境）	1. 培养“无责备”文化 2. 鼓励创新和承担风险 3. 促进草案工作的分担 4. 网络建设：提供随时带有反馈的指导，包括学习者的自评和互评

考虑到“为理解而教”的设计框架既有深刻的理论基础，也具有非常强的实践可操作性，它提供了丰富的网络文本资料和同行教师资源，易于教师操作和生成；同时，考虑到教师培训的效果必须在教学实践中进行检验，能落脚到实践的培训更有价值，因此学校领导层达成了共识：我们要将“为理解而教”作为学校的一个教学改进项目，而不是教师培训项目。

理论准备：为了未知的教育

2013 年 7 月，美国哈佛大学教育研究生院的 Martha Stone Wiske 教授为我校教师作了题为“为理解而教——为了未知的教育”的专题培训。权威的专家指导，让教师乐于接受新的理念，使全体教师初步了解了“为理解而教”的理论框架，并思考它对于教学的意义。

培训主要围绕“为理解而教”的意义、内涵和核心要素展开。培训过程中，Wiske 教授采用体验式培训方法，结合具体案例的剖析，让教师在参与和思考的过程中，对“为理解而教”的意义、内涵和教学模式的五个要素（启发性论题，理解目标，理解活动，持续性评估，反思性、协作性环境）有了整体的认知和深入的理解。

为了保证培训效果，学校采取了一系列措施：

（1）培训分组打破年级、学科的界限。这种跨学科的讨论，让小组交流成为智慧碰撞的过程，便于教师在培训过程中分享和交流。

（2）设计培训出勤表和发言贡献率，每天对各组成员情况进行小结，督促教师真正学有所得。

（3）注重培训过程中教师的参与和交流，重视反思和消化。白天，组织教师以大字报的形式梳理所学。晚上，教师们以学科组为单位，在学科带头人的组织下，围绕白天的培训内容展开进一步研讨。这种大范围的学科研讨让教师结合学科特点深入思考培训与学科教学实践之间的内在联系，有助于教师更好地消化和吸收。

（4）重视与培训者的互动，发挥学校骨干教师的引领作用，随时调整培训进程或方式。当天培训结束后，学校会搜集教师对当天所学的疑问或困惑，Wiske 教授会在第二天培训之前进行讨论，骨干教师会结合自身经验帮助教师解惑。例如，当教师对“数学学科如何设计启发性论题”遇到困惑时，会有教师及时提供“测量旗杆高度”的案例予以阐释；当教师不明白“理解目标”与“三维目标”的关系时，也有教师主动为大家答疑解惑。

（5）注重培训对课堂教学的指导作用。这主要体现在两个方面：一是在培训过程中引导教师结合学科内容讨论与分享教学设计；二是要求每个学科组按年级制订下学期单元教学设计的初步设想，培训结束时上交教学处。

教学实践：请你走入我的课堂

要实施为理解而教，需要教师对平时的教学行为做出一些改变。为了促进教师自觉地践行“为理解而教”或者说减少教师的抵触心理，我们在设计培训活动和教学改进任务时也按照“为理解而教”的理念进行。也就是说，像“为理解而教”教学设计理解活动那样去组织“为理解而教”教学改进活动。

我们参照的标准是能调动学习者积极思考（布置有思维量的任务，减少简单、重复的劳动），学习者感兴趣，指向理解目标（学以致用）。

基于这样的思考，在项目推进过程中，我们设计了“请你走入我的课堂”教学研究和实践活动。

对教师来说，研究课是展示教学思想的舞台，是与同伴交流的有效载体；对学校来说，研究课是宝贵的校本教研资源，是提高教师专业素养的重要方式。以前，青年教师每学期都有研究课任务，打磨研究课成为教师快速成长的重要途径之一。借用研究课这个有利平台，我们的第一项任务就是基于“为理解而教”的“请你走入我的课堂”展示活动。

第一学期，教师们热情高涨，学校十几个学科开放了100多节课。但是跟踪评估发现，多数教师的研究课教学设计仍旧是针对一节课的教学设计。

因此，我们在第二学期修改了这项“理解活动”。各备课组针对下面的任务组织研讨：什么是单元教学设计？为什么进行单元教学设计？单元教学设计能实现什么？不能实现什么？这个任务在开学初就公开通告教师，教师在本学期的任何时候只要做好了教学设计，就可以申报研究课，这样可以使教师在单元教学展示上不至于太过紧迫，也不会不干扰教师的正常教学。同时，为了进行质量监控，“为理解而教”项目组成立了评估组，提交的单元教学设计要有2/3的评委认可方能通过，不通过者根据评委提出的修改意见和建议进行修改。第一轮申请的单元教学设计通过率约为50%，后来通过率逐渐提升。这样的制度既帮助教师监控了教学设计质量，也给学校积累了部分优秀的教学资源。

专业氛围：“为理解而教”网络学习

随着现代科学技术的不断发展，虚拟的网络世界也正在成为人们实际生活的一部分。网络学习灵活便捷，提供了充分的交流和分享平台，既能让教师感受新技术在教学中的应用，也能解决工学矛盾，让教师利用各自空余时间进行碎片化学习，是集中学习之后的重要补充。

尽管哈佛大学的Wiske教授在2013年给我校教师进行了为期三天的理论培训，但是对多数教师来说，要消化吸收这些理论知识并运用到实践中无疑是一件难事。因此，学校骨干专家组把“为理解而教”理论框架和工具拆成了6个单元的小任务，分散到一学期的不同阶段进行，让教师分学科进行网络学习，同时给教师提供大量的学习资料，帮助教师用网络学习的理论和工具指导自己的教学设计。网络学习的终极任务是设计一个单元的教学设计，这与“请你走入我的课堂”教学展示活动的目标一致，既完成了学习任务，又不增加教师负担，真正达到“学以致用”的目的。

第一次利用“校内通”网络平台开展学习，有效的管理机制非常重要。我们经过深入的思考，建立了网络平台保障团队和教练团队，同时，也建立了一个有效的沟通和交流平台（图1-5）。

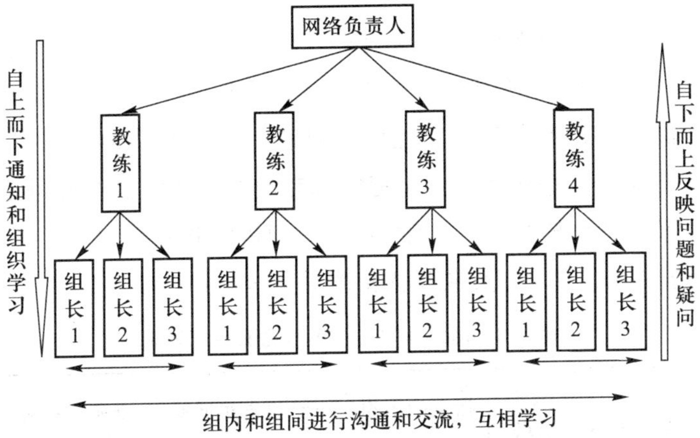

图 1-5　“为理解而教”网络学习组织结构图

● 人员保障：

网络负责人：负责组织学习，布置任务和网络建设。

教练：负责作业的评改、反馈和阶段性的总结报告。

组长：负责组员的召集和组织学习工作。

● 物质保障：

构建基于 BBS 的网络学习平台；建立在线学习手册。

● 资源保障：

网络上的各种教学信息资源和本校的优秀课例，以及“为理解而教”的相关资料、案例。

● 考核评价保障：

教练每周都会对每个组进行评价反馈，在学期结束的时候对每个组做出书面学习报告和评价，学校再把这些评价与每学期的教师考核挂钩，形成一个完整的评价体系。

我们的网络学习采取小组合作形式进行，每个小组一般由 3～5 名成员组成，每个小组成员都可以进入课程网站，所有小组成员都要阅读单元讲稿和其他规定的阅读材料，然后一起合作完成每个单元要求的作业和课程要求的其他任务。小组成员轮流担任“小组报告员”的角色，任务是将集体作业贴到讨论区（一个小组对每份作业只需出一份集体回答）。

我们发现，小组成员的定期交流（至少每单元一次）、小组成员轮流担任小组报告员、经常与教练沟通是顺利进行小组学习的关键。举个简单的例子，某学习小组4个人，分别担任以下任务：组织、协调见面会（可以制订小组见面计划表，表1-2）；完成小组会议记录（可以制订小组会议记录表，表1-3），帮助报告员完成集体作业；把集体完成的作业贴到课程讨论区；与教练、课程教师、技术支持人员就相关小组事项进行联系和沟通。任务可以轮换，尽量做到任务均衡，以使每个人都能参与学习并且从中受益。

表1-2 网络学习——小组见面会计划表

单元	会议时间、地点	指定的小组报告员	小组报告员递交作业的时间	准备向教练/讲师提的关于作业的注释或问题
1				
2				
……				

注：小组报告员负责记录会议的主要内容（即如何完成作业），并把这些记录贴到讨论区。同时，小组报告员需要记录讨论区中出现的重要意见分歧、问题，并反馈给小组成员。

表1-3 报告表

会议日期： 单元： 贴在讨论区的日期： 参加会议的人员： 会议讨论内容（讨论区的作业、阅读、实际应用、教学方案等）：   准备贴在讨论区的内容：

总结提升："学以致用，创造未来"教育论坛

"为理解而教"在学校推行一个学期以后，我们看到了一定的成绩，也看到了更多的问题。例如，部分教师的教学设计只是披上了"为理解而教"的外皮，多数教师还不知道怎么进行"为理解而教"。

什么是真正的"为理解而教"？要让教师找到这个答案，最便捷的方式就是将其全貌完整地呈现给教师。"学以致用，创造未来"论坛成为我校"为理解而教"教学改进走向深入的转折点。

基于上述思考，我们想到了以案例形式组织教师进行深入研讨。

论坛"论"什么？论坛要怎样才能"论"起来？这是论坛组织者面临的首要问题。"为理解而教"哪些内容值得教师深入研讨？学校通过问卷调查的方式，了解教师在"基于理解的单元教学设计与实践"方面的困惑与问题，分析后发现，教师们在学情把握、效果评估等方面的困惑最多。以下是调查中发现的教师们的主要困惑：

1. 单元教学设计中怎样做到对学生学情的动态掌控？

2. 如何能让学生建立起单元之间的联系，主动建构自己的知识体系？

3. 单元主题如何切入？

4. 如何判定教师建立的单元体系是科学客观且符合学生认知规律的？

5. 单元整体设计好的内容、活动、任务是否能够完全落实到课堂，如何能够高效地进行评估？

这些问题经过研讨和加工，成为论坛"论"的主题。

分论坛一：主题为"以论题贯穿目标——启发性论题与理解目标"

讨论的问题：

- 我该教什么？
- 我设计的活动怎样才有用？
- 在启发性论题中，学生应该学什么？

分论坛二：主题为"从寻找答案到解决问题——理解活动的设计与实施"

讨论的问题：

- 寻找答案与解决问题表现出哪些差异？
- 以具体学科为例讨论何种活动、任务、问题有益于促进学生的理解能力

的发展。

- 理解活动怎样促进理解目标的达成？
- 理解活动怎样带动整个单元的学习？

分论坛三：主题为“以持续评估促自主发展——‘为理解而教’的评估与反馈”

讨论的问题：

- 如何针对理解目标制订持续性评估标准？
- 如何使用形式多样的持续性评估促进学生的理解？

教师按照自己的需求报名选择分论坛进行交流和研讨。

在这次论坛中，论坛发言教师经过案例的反复修改、打磨和专家有针对性地点评指导，对“为理解而教”有了更深的认识，又一批教师脱颖而出，扩大了学校的种子教师队伍。同时，绝大多数教师看到了“为理解而教”带来的变化，对“为理解而教”的兴趣日益浓厚。

附：“为理解而教”时间表

◆ 2011 年 6 月，我校赵志永等 6 位老师参加了北京广播电视大学引进的美国哈佛大学教育研究生院“为理解而教”教师网络专业能力研修课程，前后持续 6 个月。

◆ 2012 年，赵志永、孙瑞、赵桢楠等老师依据“为理解而教”教学模式设计的跨学科课程——“能量”，在我校初三昆玉班正式开课，获得师生好评。

◆ 2013 年 7 月 13 日—16 日，以“为理解而教”为主题，学校邀请哈佛大学教育研究生院教育博士 Martha Stone Wiske 来校进行了为期 4 天的全员培训。学校领导层深入思考“为理解而教”项目自身的价值及其与学校教学改进的关系，决定在全校开展该项目。

◆ 2013 年 9 月，学校成立“为理解而教的单元教学设计与实施”项目组，设立由骨干教师组成的顾问组、常务组、外联组、网络支持组，初步建立“进修实验学校为理解而教”网络平台。

◆ 2013 年 9 月—11 月，各学科以备课组为单位展开网络学习。

◆ 2013 年 11 月—2014 年 1 月，课题组申报“请你走入我的课堂”活动并进行课堂教学展示。

◆ 2014 年 2 月 12 日—14 日，学校再次邀请 Martha Stone Wiske 博士来校，并举办“学以致用，创造未来——2014 年为理解而教”教育论坛。我校 27 位教师与来自北京、宁波、郑州、深圳等 20 多个“为理解而教”项目单位的教学同仁以案例研讨的形式展开了深入探讨。

◆ 2014 年 2 月—4 月，以小组为单元，全体教师再次开展校园网络学习，加深对“为理解而教”的认识。同时，设置年级网络学习管理员，对网络学习成果进行单元总结，加强学习反馈与评价。

◆ 2014 年 4 月—6 月，19 名教师申报了新一轮哈佛大学“为理解而教”网络学习课程，壮大了学校核心成员的力量。

◆ 2014 年 5 月开始，依托“请你走入我的课堂”课堂展示活动，开展单元教学展示活动。项目核心组认真评价和研讨教师提交的单元教学设计。

中篇　案例：来自课堂变革的真实教学案例

在学校推进“为理解而教”项目的过程中，教师不仅进行了教学理念和教学模式的全方位理论学习，各学科教师也进行了深入的“为理解而教”课堂实践尝试。在教学设计和实施的过程中，教师们结成研究团队，在理解中行动，在行动中理解。经过不断的研讨、实践、推翻、修改、完善，各个学科都涌现出很多优秀的单元教学设计案例。在这一部分，我们精选了其中的一些优秀教学设计案例，涉及初高中语文、数学、英语、物理、化学、政治、历史、生物等学科。

> 高水平教师培训有利于开阔教师的视野，启迪教师的智慧，激发教师改变现状的勇气和潜能。然而，只有当这种热情和愿望转变为课堂教学行为，并真正落在学生身上时，改变才算真正开始。

这些案例基本包含四个部分：单元教学设计概览；启发性论题的设计；单元理解目标的确定；理解活动的设计与评估。后三部分重点阐明教师是如何依据单元教学内容、课程标准、教学大纲、学生特点，以及学科核心思想、方法、能力等要素来确定启发性论题、理解目标、理解活动和持续性评估，真正使教学的设计能够促进学生的理解，并对教学设计的合理性进行了分析论证。有的学科还结合课堂教学实践的情况进行了教学反思。

这些来自课堂变革的教学案例，凝聚了来自教学一线的教研爱好者的心血和智慧。这些案例也许还不够成熟，需要在未来理解程度不断加深的过程中进一步修改完善，但“在路上”的行动体验，已经让我们这些教学实践的耕耘者在教学理念和教学行为上朝着“为理解而教”迈进了一大步！这些案例也一定能引发读者的深入思考，让人从中获得有益的启示。

✻“人物风采”单元教学设计

单元名称：苏教版初中语文教材七年级下册第一单元“人物风采”

教材内容：《童年的朋友》《一面》《我的老师》《展示华夏文化魅力》《赵普》

单元学时：9 课时

设计人员：齐艳、汪磊、唐敏、王晓楠、陈灿、张玉欣、鲁瑛、马淑芳、刘鑫

单元教学设计概览（图 2-1）

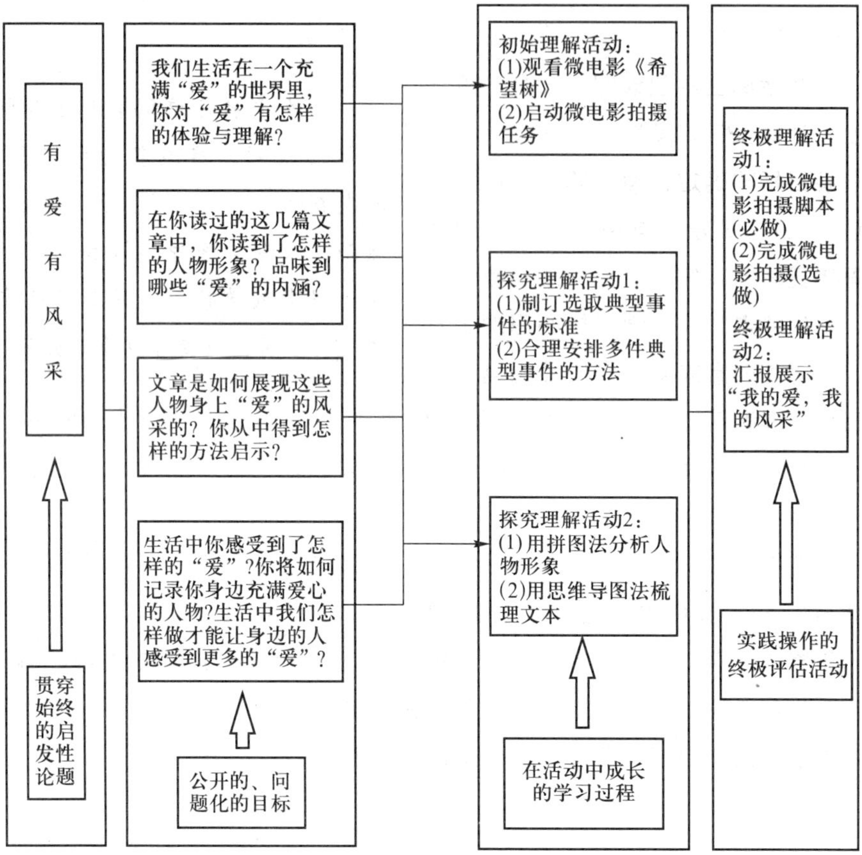

图 2-1 “人物风采”单元教学设计概览

一、启发性论题的设计

（一）寻找启发性论题的过程

1. 教材分析

苏教版七年级下册第一单元的教材，介绍了五位风采各异的人物：高尔基笔下对世界充满“无私的爱”的外祖母，为普通工人所敬仰的文学大师鲁迅，挚爱着孩子们的女教师，建筑大师、美籍华人贝聿铭，还有“以天下事为己任”的古代人物赵普。这些人都在为人类的文明与进步贡献着自己的一切，展示了自己身上独特的风采。走近这些人物，将会提升师生们的精神和品格。

关键概念

启发性论题：有一定深度和重要性的论题、事件、主题、概念、想法等，与生活中的许多方面有联系，并能从多种角度帮助学生深入理解。通常该类论题在一个或多个学科或领域中起中心作用，学生和老师都感兴趣并能找到很多相关资源。

2. 学情分析

学生在军训时写过《我的教官》等写人记事的作文，大部分学生能够感受到所写人物是独特的、有风采的，但写作中所选事例不典型，尤其是描写人物时不会用细节描写来表现人物的特点；有些学生不能准确地理解和把握人物的“风采”，作品中会出现不能体现人物神韵的问题……

那么，什么是“风采”、什么样的人是“风采人物”、为什么有爱的人有风采等一系列问题便出现了。对此，依据“有爱有风采”这一启发性论题，我们确定了两个教学重点：一是学会选取典型事件展现人物风采；二是学会通过人物描写方法展现人物风采。

3. 教学困惑

经过对本单元文本的深入分析，我们发现，本单元的文本承载的教学任务比较多。从语文知识的角度来看，包括人物描写手法（肖像、动作、语言、神态等）、典型事件的选择标准、细节描写方法、修辞方法等；从语文阅读写作技能来看，包括概括情节、多角度描写人物、展现人物性格品质等；从情感态度价值观的角度来看，本单元应该向学生渗透人物风采对青少年成长的影响。面对如此繁多的教学任务，如何用一个核心问题来聚焦这些知识点、能力点呢？如何能在课堂上巧妙地渗透情感态度价值观的元素呢？这成为我们在备课时的主要困惑。

4. 深入研讨，确定启发性问题

全组教师集思广益，深入分析了单元教学中的人物。我们发现，这些人物中有世界顶级的大师，也有我们身边的普通人，都是值得亲近、值得学习的，而且他们身上都有各自特有的闪光点：外祖母对孙儿无私的爱；鲁迅对普通进步青年的关心、爱护和鼓励；小学女教师对学生的慈爱，处事的公平，为师的伟大；美籍华人建筑师贝聿铭对祖国文化的热爱和对祖国的眷恋；“以天下事为己任”的赵普为国荐贤不惧杀身之祸的忠诚……

起初，我们把启发性论题聚焦在人物的精神品质上。后来，我们发现，每个风采人物身上都有独特的性格品质，而优秀的性格品质有很多，很难穷尽。深入分析后，我们发现这些作品都围绕共同的核心“爱”来展现人物风采。最终，我们认为，这种“爱”和中国的传统文化非常契合。“老吾老以及人之老，幼吾幼以及人之幼”说的就是要从自己身边最亲近的人爱起，到爱自己的事业、自己的后辈，爱自己的国家，乃至对全世界的“无私的爱”。可以说，“爱”穿起了整个单元（图 2-2）。因此，我们确定启发性论题为“有爱有风采”。

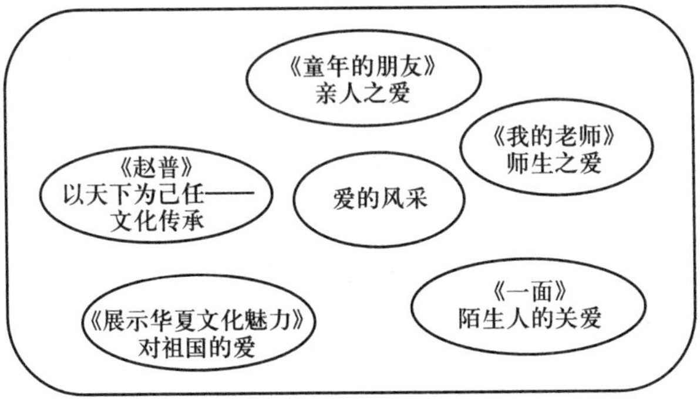

图 2-2

（二）论证启发性论题

1. 论题是否体现了语文学科的核心作用

语文学科作为人文学科，人性的魅力是阅读写作的核心之一，写作的重心是写人叙事，语文阅读重在培养学生“理解、鉴赏文学作品，受到高尚情操与趣味的熏陶，丰富自己的精神世界”的能力，写人叙事的作品能对学生产生直接影响，人物所言所行能让学生在阅读中更易理解生活中的人应具有的价值观、人生观。因此，以“有爱有风采”为启发性论题，是紧扣核心而设的。

2. 论题是否能够吸引学生

“人物形象”是学生在阅读时比较喜欢的内容，他们对每一个有故事的人物都有一种探究的兴趣，尤其是引导他们将自己所读与自己身边的人建立联系，更符合他们的心理，他们有想要表达的愿望，这样的话题与他们的经历联系紧密，更能引起学生共鸣。

3. 与论题有关的资源是否丰富并且容易获得

在实际阅读训练中，学生自己喜欢读一些叙事性文学作品，因此，涉及这些“风采人物”的文学传记会成为学生喜欢读的作品。他们也会查找一些有关这些人物的相关报道，从而全方位地了解他们心目中的这些人物更多的“风采”。这些人物的音频、视频资料也很容易得到，也是学生了解这些人物的一个渠道。

4. 论题与学生的生活、其他学科或其他主题是否有明显的联系

人物风采的话题在很多学科中都有体现。例如，历史课中历史人物的影响，英语学科中写人的文章也会提到人物的精神品格等。生活中，学生每天都与人打交道，偶像人物、身边人物对他们的影响都很大。“成为一个有风采的人”是每个人心中的目标，人物的“风采”也是人人都应当具备的。只有当这些人物的风采真正引发学生的共鸣，他们的品质才能转化为学生的品质，从而外化为行动，进而推动社会发展。

二、单元理解目标的确定

（一）理解目标搜寻行动

“人物风采”这一主题的学习学生并不是第一次接触，与“有爱有风采”这一启发性论题有关的内容也易于学生理解和接受，但是通过这样一个单元的学习，学生需要理解或者达成的目标究竟是什么呢？

> 理解目标对教师和学生来说都是非常重要的。教师通过理解目标知道自己所教的重点是什么，学生知道自己应该在这个时间学习什么。教师和学生对目标的认识和想法越一致，课堂效果就越好。

在以往的教学过程中，我们也依据学生的学情，结合课程标准，从知识、能力和情感态度与价值观三个角度去思考并制订相应的学习目标。但是，我们在制订理解目标时很容易习惯性地只关注知识目标，习惯性地从教师的单一方面去思考教学目标，而没有从学生的角度去考虑。同时，以往学习目标的制订往往是一节课的目标，不利于引导学生形成关于学科核心的能力、方法和思想。

要学生理解什么，怎样实现理解，用什么样的形式呈现理解，为什么要理解它们等，都是非常重要且值得深入思考的内容。

1. 目标搜寻行动

在确定本单元理解目标之前，我们让学生回顾自己印象最深的写人文章，并用自己喜欢的方式推介给大家。通过这样的活动来了解学生学习的起点，同时也营造了本单元的学习氛围。

在确定本单元理解目标的过程中，备课组的教师围绕下面这些问题展开了深入思考和讨论。

○ 语文学科的本质是什么？

○ 学生为什么要在这个阶段学习这个单元？

○ 参照课程标准，这一单元的核心教学要求是什么？

○ 这个单元最值得学生理解的知识、方法是什么？

○ 学生走入社会后仍然能从中获益的情感体验或应用的能力、方法是什么？

○ 教师在这个单元中最值得引导学生体验、学习与思考的是什么？

○ 如何让本单元的学习对学生的生活具有启发性，能贴近学生的实际生活并对学生未来的生活打下基础，真正体现学生从本单元的学习中理解了什么？

○ 这个单元是学习通过典型事例来塑造人物特征的写作方法，还是学习文章中人物的“爱”的风采？还是两者都有，如果是两者都有，那两者之间又是什么样的关系？

2. **头脑风暴**

在确定本单元理解目标的过程中，学科组、备课组多次进行深入思考和讨论，碰撞出了很多意想不到的火花……

> 理解目标在单元教学中无疑是重要的，而不断修改和完善理解目标是单元设计过程中的一个重要步骤。即使在开始课堂教学之后，这个过程仍在继续，因为学生可能会添加一些目标，或者他们的提问和反馈会给我们提供一些思路和灵感，需要我们重新修改理解目标及其表述方式。

○ 语文学科作为人文学科，人性的魅力是阅读写作的核心要素之一，在阅读、写作教学中起重要作用。

○ 课程标准中指出，语文阅读重在培养学生“理解、鉴赏文学作品，受到高尚情操与趣味的熏陶，丰富自己的精神世界”的能力。

○ 写作的重心是写人叙事，这一能力是学生能写好记叙文的前提条件。

○ 本单元的教学重点有两个，一是选取典型事件表现人物风采，二是运用人物描写方法展现人物风采。

○“人物形象”是学生在阅读时比较喜欢的内容，他们对每一个有故事的人物都有探究的兴趣，这种兴趣来源于他们可以将自己所读与自己身边的人建立联系，更符合学生的心理，能引起他们共鸣。

○ 在“有爱有风采”这一启发性论题的聚焦下，学生阅读这些写人叙事的作品，能对他们的身心成长产生直接影响。

○“成为一个有风采的人”是每一个人心中的目标，在生活中，人物的“风采”也是社会上人人都应当具备的，只有当这些人物的风采真正引发学生的共鸣，他们的品质才能转化为学生的品质，从而外化为行动，才能推动社会发展。

（二）目标锁定

备课组教师多次讨论以后，围绕“有爱有风采”这个启发性论题，根据课程标准、单元的整体要求、学情以及语文学科的特点，备课组从知识、方法、目的和形式这四个角度进行全方位思考，制订了“人物风采”这个单元的学习目标。

陈述句形式：

目标1：学生将理解只要用心去感受和体验，就会发现我们的生活处处充满爱；学生将理解"爱"让生活更美好。

目标2：学生将理解不同的人物具有不同的特点和风采；爱有很多种表现方式，不论是对国家、对社会、对生活，还是对长辈或晚辈，只要心中有爱，人物就会有风采。

目标3：学生将理解文学作品中人物身上"爱的风采"是通过选择典型事例及多种人物描写方法来体现的。

目标4：学生将理解在生活中应细心观察、用心感受身边的人和事，体会别人心中的"爱"，并运用一些写作方法记录下来，通过文字等形式向其他人展示"爱"的风采；爱是值得人一生去实践的能力，懂得什么是爱并为之付出努力。

疑问句形式：

目标1：我们生活在一个充满"爱"的世界里，你对"爱"有怎样的体验和理解？

目标2：在你读过的这几篇文章中，你读到了怎样的人物形象？品味到哪些"爱"的内涵？

目标3：文章是如何展现这些人物身上"爱"的风采的？你从中得到怎样的方法启示？

目标4：生活中你感受到了怎样的"爱"？你将如何用你的文字记录身边充满爱心的人物？生活中我们怎样做才能让身边的人感受更多的"爱"？

> 采用问句形式来表述理解目标，使教师和学生在课堂上更容易聚焦，目标明确，效率更高。同时，问句形式的理解目标可以展示给学生，这对于学生明确自己"在学什么、学习的目的是什么"起到了非常重要的作用。

教这个单元的第一天，我们就把问句形式的理解目标张贴在教室里，学生对目标好像有些疑惑，但还是非常愿意翻开课本或者与同学讨论来回答这些问题。

（三）目标论证

这些目标涉及理解层面的多个层面。例如，目标1主要着眼于知识层面，目标 2 主要着眼于知识、方法层面，目标 3 主要着眼于方法层面，目标 4 主要着眼于形式、目的层面。这种立体多元的目标设计让整个教学活动更加科学、合理。

知识、方法、目的、形式是理解目标的四个维度，是指引我们思考理解目标的工具。知识是论题的“内容”，即“是什么”，也就是教学内容；方法即要学生理解学科专家是如何做的，而不是教师使用的教学方法；目的即让学生理解为什么要学习这个知识；形式即要学生理解知识是如何被分享的。这四个方面是相互联系、不可分割的一个整体。

同时，这些目标紧扣单元的启发性论题，关注的不是学生能从中学到多少知识，而是学生从中能理解到什么，即要理解“爱”，理解“有爱有风采”，理解不同的人物具有不同的语言、动作等，理解自己周围的人身上所展现出来的真善美，理解自己笔下的人物并展现他们的风采，体现了“理解”的真正含义——学生能将教育中的知识与人生经验融合起来，使知识的意义显现出来。

可以帮助教师反思和修改理解目标的问题

1. 目标是否与课程标准中的要求一致？

2. 目标是否注重理解学科中的重要概念、方法、价值观、过程和形式？

3. 目标是否描述的是学生将要理解的重要内容而不是学生的行为？目标是否能够让同事、家长、学校领导等非本专业人员看懂？

4. 目标是否用易于学生理解的问句和详细的陈述句清晰地表达？

5. 目标是否反映了多个理解层面（知识、方法、目的和形式）？

6. 目标是否集中在常见的错误理解和潜在假设，以及可能阻碍学生形成对主题的深刻理解的瓶颈内容上？

三、理解活动的设计与评估

理解活动是基于多元智能的，学生以新的方式或者在新的情景下运用原有知识来增强对论题的理解的活动。基于这样的认识，我们围绕理解目标，同时充分考虑学生的兴趣及活动的效果，设计了三类理解活动。第一类为初始理解活动，用来激发学生的学习兴趣，总揽整个单元；第二类为探究理解活动，用来深入学习相关知识、方法等内容；第三类为终极理解活动，用来在活动中评估学生对理解目标的掌握情况。

如何能准确客观地评估学生在活动中的理解程度？这是一直困扰我们的问题。我们认为，真正能促进学生理解的评估应该注意以下问题：

> 我们发现，当把学生的理解作为我们的教学目标时，评估的过程就不只是评估了，而是一个不断促进学生理解的过程。

1. 评估学生在每一个理解活动中达到的理解水平。

2. 评价者检验学生进行的理解活动，根据具体的标准找到理解的证据。

3. 评价的结果作为反馈信息，用来改进教学或指导、促进学生的学习。

4. 由多人对学生的学习从不同的角度进行检查。

5. 对理解活动的评估有非正式和正式两种形式。

经过一番商讨，我们最终决定设计一份包括几个阶段的任务，让教师能清晰地了解学生在不同阶段的学习效果，能够更密切地关注学生的理解程度，并在学生需要时提供帮助；同时也让学生及时得到反馈，用以调整、改善自己的学习过程。

课堂活动一：学情前测

1. 活动目标

（1）挖掘学生对写人文章的相关积累，激发兴趣，营造本单元学习氛围。

（2）学生通过阅读初步感知本单元主题“有爱有风采”。

（3）了解学生的学习起点，帮助教师聚焦学习难点。

2. 活动课时

1 课时。

3. 活动流程

（1）回顾你印象深刻的写人文章，用你喜欢的方式推介给大家。

（2）成果展示：

① 用展板展示每个人的推介材料。

② 采用投票方式选出 10 篇最值得阅读的文章，精读其中 2 篇，填写读书卡片（表 2-1），有意识地梳理文章内容并尝试寻找写作方法及如何展现人物风采内涵方法上的共通点。

表 2-1　优秀写人文章读书卡片(参考示例)

题目、作者	用简洁语言概括典型事件	印象深刻的人物描写片段（外貌、动作、语言、神态、心理描写）	文字赏析（修辞、用词、手法、感受……）
篇目一			
篇目二			

4. 活动评价

评价者：学生、教师。

评价方式：学生自评、互评，教师点评。

评价内容：学生填写表格的详细程度和精彩片段的多样化。

评价标准：

（1）每个学生至少通过一种方式推介自己印象深刻的写人文章，内容充实，表达清晰，符合要求。

（2）精读推荐文章，详细填写表格，要求内容充实、表达清晰。

课堂活动二：初始理解活动——组织学生观看微电影《希望树》并启动微电影拍摄任务

1. 活动目标

学生将理解只要用心去感受和体验，就会发现我们的生活处处充满爱；“爱”让生活更美好。（目标 1）

2. 活动课时

1 课时。

3. 活动流程

（1）全体学生观看微电影《希望树》。

（2）选取最感动你的一个人物，谈谈自己被感动的理由。

（3）启动单元综合性实践任务——微电影拍摄：这部表现平凡支教老师风采的微电影曾经感动了很多人，你想不想也以身边的普通人为素材拍一部微电影展示他们的风采？

> 《希望树》是一部根据真实人物刘寅的亲身经历改编的微电影。讲述义务支教教师来到云南省丽江市烂泥菁乡大拉坝支教的故事，在三年多的无偿支教生活中，山区的原始魅力及孩子们的纯真质朴，让他感受到了从未有过的责任。

（4）学生小组讨论，初步完成微电影拍摄脚本主题内容（人物风采）的填写（表 2-2）。

表 2-2 微电影拍摄脚本主题内容

镜号	人物风采 （思考拍摄主题，聚焦人物风采）	典型事件选择	备注

> **微电影拍摄要求**
>
> 1. 脚本要求：有内容具体详实、可操作性强的拍摄脚本。
>
> 2. 拍摄要求：
>
> （1）至少有一个人物正面肖像的镜头并配一段能够突出人物精神的肖像描写文字。
>
> （2）精心选取典型事件，通过精心设计人物对白、动作等展现人物风采（必要时可以配上画外音）。
>
> （3）可通过其他人物表现衬托核心人物的风采。

4. 活动评价

评价者：学生、教师。

评价方式：学生自评、互评，教师点评。

评价内容：是否围绕感动的人物说出感动的理由。

评价标准：

（1）能够至少描述出一个感人的场景：主要事件、主要人物的言行等。

（2）对被感动的理由的阐述条理清楚、有说服力。

（3）能够初步理解短片的主题，能用自己的语言恰当地表述。

【说明】这个标准在交流之前就出示给学生，一方面给学生的交流内容做适当的规范，另一方面也给学生之间的互评提供评价的标准。

> **活动示例**
>
> 学校初一语文组齐老师因表现突出被评选为北京市师德标兵，颁奖典礼上需要用一段微电影展现齐老师的先进事迹和风采。（说明：学生可选择示例素材也可自行选择其他素材）

课堂活动三：探究理解活动1——制订选取典型事件的标准以及合理安排多件典型事件的方法

1. 活动目标

学生将理解文学作品中人物身上“爱”的风采是通过选择典型事例及多种人物描写方法来体现的。（目标3）

2. 活动课时

2课时。

3. 活动流程

（1）文本研读

① 浏览式阅读《我的老师》，学习作者选择了怎样的事件表现蔡老师的形象？ 为什么这么选择？

② 拓展阅读《保姆》（程青衣）、《藤野先生》（鲁迅），梳理文中作者选

> **探究的必要性**
>
> 人物性格有多面性，体现人物形象的相关事件很多，微电影因为时间因素限制，更需要选取典型事件凸显人物风采。
>
> 为此，我们设置了探究理解活动：通过浏览式阅读规定篇目，梳理文章选择的典型事件是如何刻画人物形象的。再以小组座谈研讨的方式分析典型事件，并制订选取典型事件的标准。

择了怎样的事件表现人物，为什么选择这些事件？

（2）小组研讨，制订选取典型事件的标准。

（3）对比阅读《我的老师》（魏巍原文）及《我的老师》（教师修改版，详略安排不当），学生进一步探究合理安排典型事例的方法（材料的详略安排）。

（4）参考表 2-2 完成拍摄脚本相关部分内容的填写。

合理安排多件事

我们倡导选取典型事件刻画人物形象，并不是说要选取少量的事件，面对七八件难以取舍的事件时，我们该怎么办？为此，我们以《我的老师》（魏巍）为范本，并以范本为基础对事件进行详略修改，让学生在课堂上通过原文与修改文的对比，了解并掌握通过合理安排详略选取事件的方法。

4. 活动评价

评价一：

评价内容：学生是否掌握了典型事件的选取标准及安排材料详略的方法并能够迁移到阅读和写作中。

评价方式：学生自评、互评，教师点评。

评价标准：

（1）通过研讨得出有价值的典型事件的选取标准；各组用大字报的形式展示；小组之间通过互相评价、研讨，完善自己的作品。

（2）通过研讨对多件事的详略安排方法有正确的认识。

评价二：

评价内容：脚本中选择的典型事件够不够典型，是否能够体现人物风采？

评价方式：学生自评、互评，教师点评。

评价标准：

（1）事件的选择符合典型事件的选取标准。

（2）事件有表现力，能够集中展现人物“爱”的风采。

（3）事件便于表现，有画面感。

（4）能够按照六要素清晰描述事件：时间、地点、人物、起因、经过、结果。

【说明】评价完成之后，各小组依据反馈信息，同时借鉴吸收其他小组的优势进一步修改完善自己的脚本内容，教师再进行评价反馈。

课堂活动四：探究理解活动 2——用拼图法分析人物形象并用思维导图法梳理文本

1. 活动目标

（1）学生将理解：不同的人物具有不同的特点；爱有很多种表现方式，不论是对国家、对社会、对生活，还是对长辈或晚辈，只要心中有爱，人物就会有风采。（目标 2）

（2）学生将理解：文学作品中人物身上“爱”的风采是通过选择典型事例及多种人物描写方法来体现的。（目标 3）

> **拼图法阅读**
>
> 学生最喜欢分享，向他人阐释。为了向同伴展示自己的阅读成效，他们会自己思考和设计问题，同时还要考虑同伴会提出什么样的问题。这可以使学生的阅读更加投入和有效。因此我们可以采用拼图法提高阅读效率。

2. 活动学时

2 课时。

3. 活动流程

（1）用拼图法阅读文本

文章载体：《童年的朋友》《一面》《我的老师》

三个人物：外祖母、鲁迅、蔡老师。

活动方式：每组 3 个学生，分别从《童年的朋友》《一面》《我的老师》这三篇文章中选择一篇作为自己深度阅读的文本。其中，选择《童年的朋友》的同学编为 A 组，选择《一面》的同学编为 B 组，选择《我的老师》的同学编为 C 组。具体任务是：全班编号为 A 的同学聚在一起成为一大组，共同阅读《童年的朋友》，并根据文中的具体描写深入分析外祖母的形象及其身上所体现的某种爱；全班编号为 B 的同学聚在一起成为一大组，共同阅读《一面》，并根据文中的具体描写深入分析鲁迅的形象及其身上所体现的某种爱；全班编号为 C 的同学聚在一起成为一大组，共同阅读《我的老师》，并根据文中的具体描写深入分析蔡老师的形象及其身上所体现的某种爱（如果小组人数过多，可以根据需要分成 2 个小组——A1 和 A2——研讨，再进行小组交流）。A、

B、C 三个大组完成任务后，再回到自己原来的三人小组，分享自己在 A、B、C 组研读的成果，最终让每个同学都对三篇文本中的形象有比较深入的认识和理解。最后，为了帮助学生厘清人物描写方法与人物风采的关联，尝试让学生动手画出思维导图，并进行展示。

（2）深入阅读，文本探究

① 深入阅读《童年的朋友》，探讨作者用什么方法表现外祖母对我的关爱。（作者是怎样把外祖母对我的关爱写出来的？）

拓展阅读《我的一位国文老师》（梁实秋）。

② 深入阅读《一面》，研讨作者怎样通过"一面"就把鲁迅的内在特点表现出来。强调阅读时"透过外貌读精神"。

拓展阅读《故乡》中的杨二嫂、闰土形象。

思维导图法细读文本

小组成员通过拼图法分析了外祖母、鲁迅、蔡老师的形象及他们身上所体现出的某种爱，并进行了小组内部交流。此外，为了帮助学生厘清人物描写方法与人物风采的关联，可以尝试让学生动手画出思维导图，并进行展示。

（3）小组总结，深化认识。

【预设】

① 爱的表达在不同人物身上有不同的特性和风采。

② 人物之所以有风采是因为采用了不同的描写人物的方法，如肖像描写、心理描写、语言描写、动作描写等。

（4）完成拍摄脚本相关部分内容的填写（表 2-3）。

表 2-3 微电影拍摄脚本一

镜号	人物风采	典型事件选择	画面内容（聚焦用不同的方法表现人物形象）		音乐	备注
			人物动作、神态等设计	人物对白、旁白设计		

4. 活动评价

评价一：

评价内容：能否正确运用拼图法和思维导图法分析人物形象。

评价者：教师。

评价标准：

（1）学生在用拼图法阅读文章时聚焦学习内容并进行深度讨论，形成自己的认识，有说服力。

（2）学生在用思维导图呈现作品时做到关联明确、逻辑清晰，并能用清晰流畅的语言向同伴展示。

评价二：

评价内容：学生是否掌握了人物描写方法并能够正确使用这些描写方法进行拓展阅读。

评价者：教师。

评价标准：

（1）学生明确掌握人物描写的相关方法。

（2）学生能够理解人物描写方法与人物形象刻画之间的关系。

评价三：

评价内容：脚本中设计的画面内容有没有表现力，是否能够很好地表现人物风采。

评价者：学生、教师。

评价方式：学生自评、互评，教师点评。

评价标准：

（1）人物动作、肖像、神态、对白等设计符合人物身份，符合生活逻辑。

（2）设计典型，有表现力：人物动作设计恰当，能准确运用有表现力的动词；肖像、神态刻画能够透出人物内在的神采；对白设计精炼、口语化、围绕中心、表意准确。

（3）能够恰当地展现人物风采。

（4）脚本书写表述清晰、用词准确、符合逻辑。

课堂活动五：终极理解活动1——完成微电影拍摄脚本（必做）并完成微电影拍摄（选做）

1. 活动目标

（1）学生将理解文学作品中人物身上“爱”的风采是通过选择典型事例及多种人物描写方法来体现的。（目标3）

（2）学生将理解在生活中应细心观察、用心感受身边的人和事，体会人心中的“爱”，并运用写作、视频拍摄等方法记录下来，将“爱”的风采展示给其他人。学生将理解“爱”是值得一生去追求的美好品质，并付诸实践。（目标4）

> 探究理解活动1和探究理解活动2旨在让学生理解并掌握展现人物风采的方法，而如何正确使用这些方法并付诸实践，我们围绕微电影的拍摄设置了“完成微电影拍摄脚本”的任务，这有利于考查学生对展现人物风采方法的使用能力以及文字表达能力。教师可以针对学生拍摄脚本的完成情况进行点评，帮助学生不断完善拍摄脚本，为微电影的拍摄做好充分的准备。

2. 活动课时

3课时。

3. 活动流程

完成微电影拍摄脚本（表2-4）（必做）

（1）小组合作完成拍摄脚本。

（2）组间交流，完善脚本。

表2-4 微电影拍摄脚本二

镜号	人物风采	典型事件选择	画面设计、人物动作设计、人物对白、旁白设计	旁白及背景音乐	备注

【分享要求】

① 全班共分成 6 个小组，每组 6 个人合作完善脚本内容。

② 每个小组选派一名评估员，评估员需客观公正，理解能力、表达能力强；6 名评估员加上教师形成仲裁组，评价各小组脚本。

③ 完成微电影拍摄（选做）

【拍摄要求】

① 至少有一个人物正面肖像的镜头并配一段能够突出人物精神的肖像描写文字。

② 精心选取典型事件，通过精心设计人物对白、动作等展现人物风采（必要时可以配上画外音）。

③ 可通过其他人物表现衬托核心人物的风采。

> 单元阅读结束后，学生要以课上、课下的准备为基础开展微电影拍摄工作。微电影小而精、时间短，但内容丰富多彩，主题鲜明，言简意赅。这对学生在选取人物正面镜头并配以恰当的解说语言，设计符合人物身份的动作、语言，选取典型事件等方面都有很高的要求。由于微电影的拍摄还涉及一些技术因素，所以我们把重点聚焦于微电影拍摄脚本的写作，而把拍摄微电影作为选做题，学生如果有兴趣，可进行尝试。

【说明】学生可选择示例素材，也可自行选择其他素材。

【分享要求】

① 全班共分成 6 个小组，每组 6 个人自愿进行拍摄活动。

② 每个小组选派一名评估员，要求客观公正，理解能力强；6 名评估员加上教师形成仲裁组。

4. 活动评价

评价一：

评价内容：脚本是否符合拍摄要求，能否选择典型事件并恰当设计人物动作、语言等表现人物形象。

评价者：学生、教师。

评价方式：正式评价，打分。

评价标准：参考表 2–5 所示的评价量规

表 2-5 微电影脚本评价量规一

评价指标（20分）	典型事件选择（5分）	画面设计（人物肖像、对白、动作、神态等（8分）	主题：人物风采（3分）	旁白及背景音乐（2分）	语言表述清晰明确、可操作性强（2分）
A	4～5分：事件选择典型、有表现力、画面感强；能凸显人物风采；事件表述清晰，六要素齐全	6～8分：人物相关设计符合人物身份，符合生活逻辑；设计典型，用词精准，有表现力；能够很好地凸显人物形象和展现人物风采	2～3分：脚本设计中心主题突出，很好地展现人物风采	1～2分：旁白恰到好处地交代事件；背景音乐选择、剪辑合适，很好地烘托人物形象	1～2分：脚本写作语言表述准确，逻辑清晰；有很强的操作性
B	2～3分：事件选择较典型、表现力较强、有一定的画面感；能够表现人物风采；事件表述大致清楚	3～5分：人物相关设计基本符合人物身份，基本符合生活逻辑；设计不够典型，语言表现力不够；能够基本展现人物风采，但不是很突出	1～2分：脚本设计中心主题较为突出，基本展现了人物风采	0.5～1分：旁白能较为清楚地交代事件；背景音乐选择、剪辑较为合适，与短片主调基本一致	0.5～1分：脚本写作语言表述基本准确，逻辑基本明确；操作性尚待加强
C	0～1分：事件选择不够典型，表现力不强；不能较好展现人物风采；事件表述含混不清	0～2分：人物相关设计不符合人物身份，比较造作，不太符合生活逻辑；设计欠典型、较平庸，表现力不够；不能清晰地展现人物风采	0～1分：脚本设计中心主题不够突出，不能展示人物风采	0～0.5分：旁白不够精练，交代不清晰；背景音乐选择欠妥，不能很好地表现主题	0～0.5分：脚本写作语言表述不清，逻辑较为混乱；操作性不强

评价二：

评价内容：评价各组的微电影拍摄是否达到拍摄标准。

评价者：学生、教师。

评价方式：正式评价，打分。

评价标准：参考如表 2-6 所示的评价量规。

表 2-6 微电影脚本评价量规二

评价指标（共 20 分）	有正面肖像的镜头并有恰当的解说（2 分）	人物的语言、动作等符合人物特点（6 分）	选取事件能凸显人物形象（5 分）	人物形象鲜明，能体现“有爱有风采”的主题（4 分）	画面清晰流畅，音质效果好（3 分）
第一组					
第二组					

课堂活动六：终极理解活动 2——汇报展示“我的爱，我的风采”

1. 活动目标

在生活中学生能细心观察、用心感受身边的人和事，体会人心中的“爱”，并运用写作、视频拍摄等方法记录下来，将“爱”的风采展示给其他人。学生将理解“爱”是值得一生去追求的美好品质，并付诸实践。（目标 4）

2. 活动课时

2 课时。

3. 活动流程

（1）小组合作，实践体验。学生分小组，利用周末时间设计外出体验活动，用自己的实际行动践行“爱”，展现自己“爱”的风采。

学生分组活动，利用周末时间设计外出体验活动。用自己的实际行动践行“爱”，展现自己“爱”的风采。例如，可以为孤儿院等需要帮助的地方送温暖、志愿者服务、角色扮演等，最后形成小组汇报。

之所以设计这样的理解活动，是因为文学是来源于生活并高于生活的，学生要在生活中寻找文学的源头，寻找自己阅读中的感受是如何产生的，因为所有的体验都不是凭空而来的。在实践后学生分工合作汇报既能锻炼学生的整合思考能力，又能把人物描写的相关能力训练到位。

【提示角度】

① 为孤儿院等需要帮助的地方送温暖。

② 志愿者服务。

③ 角色扮演。

……

（2）小组汇报分享

【汇报要求】

① 有体验过程图片。

② 各组有体验记录（主要事件、心理感受等）。

③ 自选汇报形式：演讲、PPT 交流、体验报告、作文等。

4. 活动评价

评价内容：小组汇报情况。

评价者：学生、教师。

评价标准：参考表 2-7 所示的评价量规。

表 2-7 “我的爱，我的风采”展示评价量规

评价指标（共 20 分）	体验的主要事件传递了“爱”；讲述清晰（8 分）	体验完的感受真诚，展现了自己“爱”的风采（8 分）	有体验过程图片（3 分）	选择的汇报形式效果好，准备精心，有感染力（3 分）
A	6～8 分：主要事件讲述清楚，六要素清晰，讲述有感染力；事件传递了“我的爱”，较好地展示了“我的风采”	6～8 分：很真诚地谈了自己经历后的感受，有自己的深度思考，对别人有启发，很好地展示了自己“爱”的风采	2～3 分：图片丰富，很好地辅助了自己的讲述，让主题更加凸显	2～3 分：选择了恰当的汇报形式，效果好，准备非常精心，讲述声情并茂，感染力很强

续表

评价指标（共 20 分）	体验的主要事件传递了“爱”；讲述清晰（8 分）	体验完的感受真诚，展现了自己“爱”的风采（8 分）	有体验过程图片（3 分）	选择的汇报形式效果好，准备精心，有感染力（3 分）
B	3～5 分：主要事件讲述较为清楚，但讲述感染力稍差；事件基本传递了“我的爱”，展示了“我的风采”	3～5 分：很真诚地谈了自己经历后的感受，但思考欠深度；基本展示了自己“爱”的风采	1～2 分：有零星图片，证明自己的经历真实；对辅助讲述起到一定作用	1～2 分：选择的汇报形式基本恰当，基本传达了主要意思，准备一般，感染力欠佳
C	0～2 分：主要事件讲述不清楚；事件基本没有传递“我的爱”	0～2 分：只是讲述事件，没有提到自己经历后的感受；不能展示自己“爱”的风采	0～1 分：没有图片	0～1 分：选择最简单的汇报形式，准备潦草，讲述不清晰

注：评价量规最好是教师与学生共同商议制订出来的，而且评价量规要先让学生在展示之前心中就有评价的标准，这样能够帮助和促进学生做出更充分的准备。

✲ “小说之林”单元教学设计

单元名称： 苏教版初中语文教材八年级下册第四单元“小说之林”

教材内容：《孔乙己》《范进中举》《变色龙》《窗》

单元学时： 10 课时

设计人员： 白云霞、王晓楠、张海英、高欣、张玉梅、赵时艺、李焕聪

单元教学设计概览（图 2-3）

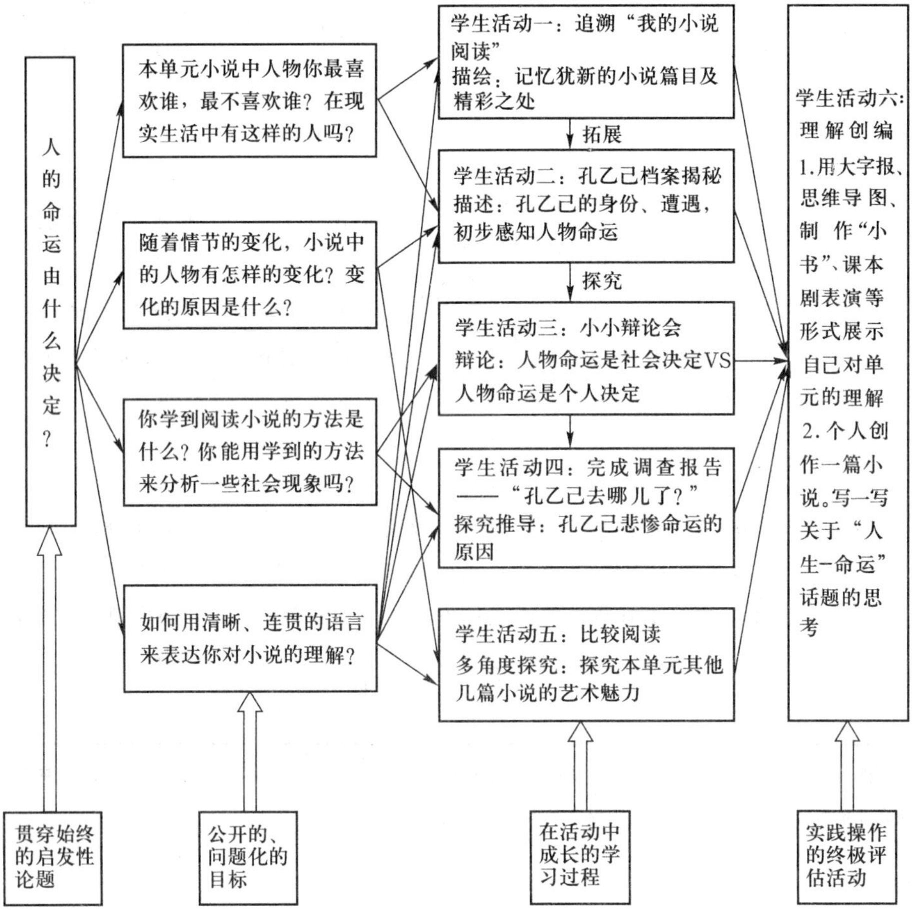

图 2-3 “小说之林”单元教学设计概览

一、启发性论题的设计

（一）寻找启发性论题的过程

1. 教材分析

最能广泛地反映生活、读者最多、对人们生活影响最大的文学体裁就是小说。小说的内容最为丰富，讴歌美好、神圣、庄严，鞭挞丑陋、污秽、邪恶……生活中的一切，都可以成为小说表现的对象。小说的表现力极强，三言两语就写活一个个人物，无论是孔乙己、范进、奥楚蔑洛夫，还是不知名的病人，都折射出了一个时代。他们的命运变幻莫测，到底是什么决定了他们的命运？读懂了他们，可以更好地认识社会、品味生活、感悟人生。

2. 理论支撑

当备课组的八位老师坐在一起准备用“为理解而教模式”设计这个单元的时候，最吸引我们的就是启发性论题部分。我们首先需要思考：什么是启发性论题？启发性论题用什么形式表现出来？为此，我们开始翻阅《为理解而教的教学指南》，重温了对启发性论题的认识——启发性论题是指有足够深度和意义的问题、主题、概念和理论等，这些论题要能与其他学科以及学生的校内外生活建立联系，并从多种角度帮助学生发展深度理解。论题表现有多种形式：可以是一个问题，也可以是一个概念，还可以是一个主题……

> 确定启发性论题的第一步是明确启发性论题的概念，并了解其表述方法。

3. 学情分析

学生在学期初就已经情不自禁地阅读了单元的小说，对小说中感兴趣的情节和人物已经有了初步的了解，能简单地复述小说的内容，并发表自己对人物的简单看法，有一定的探究基础。但是如何系统地分析小说中的人物，如何多元解读小说的主题，学生体会得还不够深。如何将小说中的人物和生活建立联系，学生还缺少这样的思想方法。所以，教师需要带领学生深入思考人物的社会意义，也就是小说的主题。这也应该成为启发性论题的核心所在。

4. 从问题出发，确定方向

大家开始思考制订本单元的启发性论题。有的老师就开始提问：“我们为什么要读小说”“读小说对我们有什么用？”这样的问题使我们进入深深的思考中。平时大家都很喜欢看小说，但确实没有仔细思考过这些问题，于是七嘴八舌地讨论了起来：

> 确定启发性论题的第二步是和同事一起讨论，思考你最感兴趣的内容，还有过去教学中最能激发学生兴趣的论题。

“读小说有意思，它可以帮助我们消除紧张的情绪，放松身心。”

“通过阅读小说还可以看尽天下兴废事。”

“小说的情节曲折，可以帮助我们了解人性。”

“小说可以让我们认识百态人生。”

“小说可以丰富我们的生活和情感。”

……

那么，学习小说对学生有什么帮助呢？

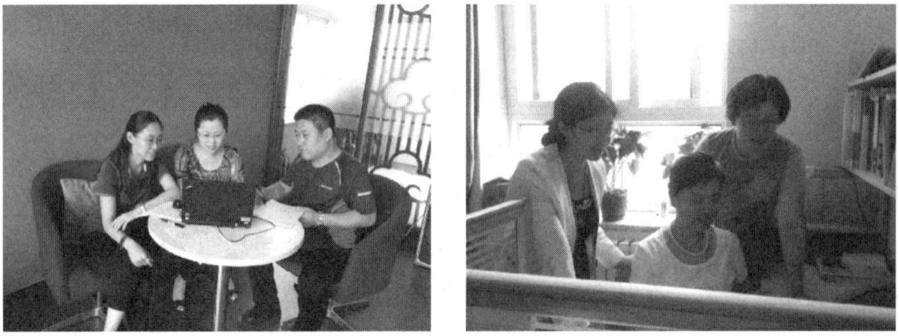

图 2-4 寻找启发性论题的过程

这一句话又将讨论集中到学生身上，我们翻开《义务教育语文课程标准（2011 年版）》，找到现代文部分阅读的要求：欣赏文学作品，能有自己的情感体验，初步感悟作品的内涵；对作品中感人的情境和形象，能说出自己的体验；品味作品中富有表现力的语言。由此，我们不能不理性回归。我们又开始回归小说的本质思考：小说反映生活的手段主要是塑造人物形象，塑造人物就不能不涉及人性。于是我们初步确定启发性论题的方向——“如何看待人性的本质”。

5. **跨学科深入思考**

带着这个方向，备课组的教师开始了各自的探索。“读懂‘人性’这个论题学生会有兴趣吗？”“我的学生是不是不需要理解就能做这个活动？”“这样的设计和之前咱们讲小说单元有区别吗？是不是只换了个形式？”于是我们找到学生来证实我们的设想，但是，当学生毫无创新、机械地回答我们的问题时，我们觉得还是有些失望（其实也不能怪学生，我们的教学不就是这样吗？学生的思维需要我们开启）。但是单元设计又不能不进行。

于是我们和英语组以及数学组的老师一起讨论，问他们是否对“人性”的话题感兴趣，他们直接给出了中肯的意见。我们还是不肯罢休，又选择了很多表述方法，比如“从……中读懂人性的多面”、小说中的“变与不变”、“从小说中读人生”……总之，我们用很多没有离开“人性”的论题，来和他们讨论，问他们对哪一个论题感兴趣。他们的回答虽然一度让我们对这些想法灰心，但终究还是告诉我们，“人性”不是大家阅读小说的兴趣点。

就这样，在平时的教学之余，我们苦苦地思索着、寻找着，每次有了一个新的想法，大家就迫不及待地分享交流，但很快我们就会否定自己的想法。就这样，大家带着满脑子的思考，开始了一周后的集体“研磨”。

6. 回归单元思维网络图（图 2-5）

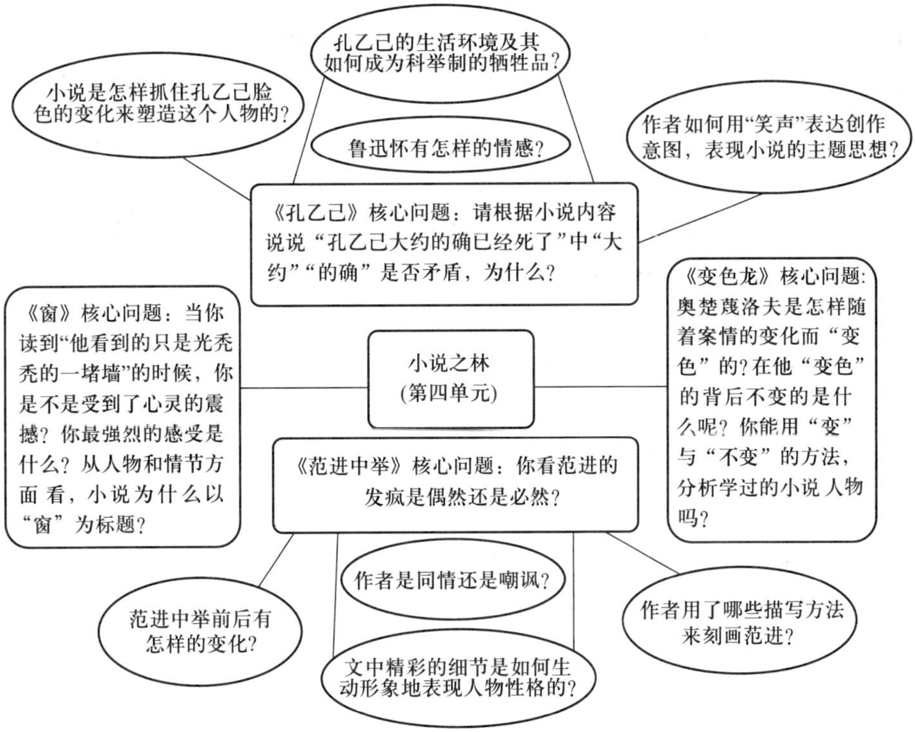

图 2-5 本单元思维网络图

从单元思维网络图中，我们发现了小说中的人物是“什么人就会有什么‘样儿’”，而决定他的“样儿”的，有性格原因，还有社会因素。到底如何把握自己的命运，这是成长过程中人人都应该思考的问题。当我们拿着这个论题再次回到教师和学生中间时，教师说：“他们有时是有‘认命’的想法的，希望有机会探讨这样的问题。”学生也说：“这个话题我们觉得很有意思。”

……

于是，我们最终定下了启发性议题：人的命运由什么决定。

> 明确了启发性论题之后，围绕这些论题要与老师和学生进行交流讨论，并用思路网进行论证。交流的目的是寻找到有争议的、从多角度考虑的、需要学生提出自己看法的论题。

（二）论证启发性论题

1. 论题是否体现语文学科的核心或起着核心作用

本单元的启发性论题“人的命运由什么决定”，旨在引导学生在分析情节的变化、人物的比较中，发展多视角的对比思维习惯。我们试图培养学生从小说中认识社会、品味生活、感悟人生。要理解这个论题，学生需要经历这样的思维过程：发现作品中人物的命运—思考影响人物命运的因素—努力改变自己的命运—命运靠自己把握，对学生形成正确的价值观起着重要的作用，所以这一论题在语文学科中起着核心作用。

2. 论题是否能够吸引学生

初二的学生已经有了一些理性思考，他们喜欢思辨。每个人都应该把握自己的命运，但是自己的命运怎么把握？在看到别人命运变化的时候，如果教师能够引导他们将自己所读与社会和生活经历建立联系，会更符合他们的心理，作品就更能引起他们的共鸣。

3. 与论题有关的资源是否丰富并且容易获得

在实际阅读训练中，学生自己喜欢读一些小说作品，可以从《小说之林》《长篇小说精选》等杂志中读到很多现代小说，也可以从图书馆借阅经典名著，甚至有些同学的家里就收藏了很多经典名著，这些都能成为阅读资源。

4. 论题与学生的生活、其他学科或其他主题是否有明显的联系

本论题与第五单元《人生感悟》有紧密联系，与思想品德和历史学科有一定的联系。学生在成长过程中，有太多的时候需要做出正确的选择，在选择的过程中需要深入思考一些深刻的问题。因此本论题与学生的校外生活有明显的联系。

二、单元理解目标的确定

（一）理解目标搜寻行动

1. 搜寻依据，初步制订三维目标，为理解目标奠定基础

这个单元我们最想让学生理解什么呢？对这一问题的解读分析应该包括学生需要理解的概念、过程和能力等层面。

> 制订单元理解目标非常重要，应该清晰地表述学生通过本单元要掌握的概念、学习的方法、锻炼的能力和呈现的成果。三维目标对思考理解目标很有帮助。

老师们先根据以前的教学经历，结合课程标准对第四学段文学作品的阅读要求，同时考虑到小说体裁的具体特征，初步确定了小说单元的三维目标：

知识与能力：能复述小说的情节；能描述主要人物的特征和命运。

过程与方法：能找出描写人物的方法，说出人物描写的作用。

情感、态度与价值观：能结合个人阅读和生活经验，理解作品主题的时代意义，明确人的命运应该由自己决定。

上述三维目标是一个主要的目标方向，还不是理解目标，但是方向的确定能帮助我们制订更细致和准确的理解目标。

2. 搜寻核心，制订理解目标

在“为理解而教的教学模式”培训中，专家告诉我们设定目标可以从四个方面入手：知识、方法、目的、形式，这样我们就有了确定理解目标的抓手。讨论通常从头脑风暴开始：

> 组员间的讨论必不可少，思维的碰撞往往会出现意想不到的火花，也会将困顿中的我们带向更远的光明大道。

○ 我们为什么读小说？

○ 我们可以从小说中得到什么？

○ 好的小说应该有哪些组成因素？

○ 如何形成对小说的独特理解？并用证据来支持你的理解。

○ 如何用清晰、连贯的语言来表达对小说的理解？

○ 本单元小说中的人物你最喜欢谁？为什么？

○ 你认为本单元的小说好不好？说出你的理由。

○ 你从本单元的学习中学到了什么样的小说阅读方法？

○ 你对小说是否有自己的独特理解，能否用文中的证据来支持你的理解？

○ 为什么孔乙己、范进、奥楚蔑洛夫等人物让人们难忘，他们身上有哪些特点和品质？

○ 作者为什么要写这些人物？

○ 这些人物的命运和我们有什么关系？

通过对这些问题的讨论，我们的理解目标从笼统模糊变得清晰具体，目标的指向更加明确。从人物着手，难度较低，也容易引起学生兴趣，继而关注到情节的变化，进一步引导学生关注到小说中人物的言行举止也不是一成不变的。这样的目标设定既遵循了学生的思维规律，又有一定的思维空间和思维张力。

（二）目标锁定

老师之间通过多次交流讨论，最终将“小说之林”这个单元的单元学习目标定为：

陈述句形式：

目标1：学生将初步理解人性具有复杂性，我们在面对身边的人和事的时候要有基本正确的思考。

目标2：学生将理解小说的情节是一波三折的，人物性格是多样的，自然环境和社会环境对人物性格以及命运的发展有重要的影响。

目标3：学生将理解小说中的人物折射了一个时代特点，人物的命运一定会受到社会的深远影响，但是最终命运的发展是由个人的性格和价值观决定的，每个人都可以通过自己的努力改变自己的命运。

目标4：学生将理解学习小说中的人物，最终是为了更好地认识社会、品味自己的生活和感悟属于自己的人生。

疑问句形式：

目标1：本单元小说中的人物你最喜欢谁，最不喜欢谁？在现实生活中有这样的人吗？

目标2：随着情节变化，小说中的人物有变化吗？变化的原因是什么？

目标3：你学到阅读小说的方法是什么？你能用学到的方法来分析一些社会现象吗？

目标4：如何用清晰、连贯的语言表达你对小说的理解？

（三）目标论证（表2-8）

表2-8 单元目标论证

本单元目标指向	
1. 理解目标注重理解学科中的重要概念、方法、过程和形式	重要概念：小说的三要素，即人物、情节、环境 重要方法：阅读小说的方法 过程和形式：在学习本论题的过程中，学生通过梳理小说的情节、分析小说的人物，理解小说的中心主旨，思考对自己人生的启示与帮助
2. 目标主要针对的不是行为（描述的是学生将理解的内容，而不是学生将要做的行为，如探索、分析、预测、说明等）	四个目标从不同角度详细描述了学生需要理解的具体内容。例如，学生将要理解到人性具有复杂性，小说情节是一波三折的及小说人物折射了一个时代的特点
3. 目标要用易于学生理解的问句和详细的陈述句两种形式清晰地表达，针对学生需要理解的重要内容	制订目标的时候要从学生的角度出发，对应地以陈述句和疑问句的方式进行表述。疑问句表述要尽量让学生感兴趣、有话可说、有思维深度，并引导学生理解到主旨
4. 理解目标表述清晰，可以公开给课堂以外的人员，如家长、其他教师、学校领导等	请其他教师、学校领导、学生家长针对理解目标提出建议，我们结合大家给出的建议不断修正

续表

本单元目标指向	
5. 理解目标反映多个理解层面（知识、方法、目的和形式），但是不需要每个目标都反映所有的层面	四个维度都涉及了，而且呈现层层递进的关系：目标 2 主要是知识层面，目标 3 主要是方法和形式层面，目标 1 和目标 4 主要是目的层面。目标 3 与前两个目标紧紧相连，同时，又做了方法上的提升，将自己的思考与本单元的文章和社会现实生活联系起来，这样学生会有更多的心得体会。目标 4 将本单元的学习成果沉淀、固定下来，并锻炼学生的文字表述能力，是一种知识和方法上的总结，也是一种能力上的提升。四个目标围绕启发性论题，使学习过程层层递进
6. 目标可以集中在常见的错误理解、潜在假设，以及可能阻碍学生对论题形成深刻理解的瓶颈内容上	本目标集中在可能阻碍学生对论题形成深刻理解的瓶颈内容上。学生看待问题的思考角度比较单一，如果没有这样的目标，学生对小说的理解就会比较浅显，只能看到情节，不能深入理解主题

经过多次修改后的理解目标，体现了“理解”的真正内涵是在学习所学知识的基础上应用所学的知识，力求将学到的知识和方法变成认识世界和改变世界的本领。在学习中体悟，在体悟中应用，让学生亲身感悟到语文就是生活，生活就是语文。

三、理解活动的设计与评估

备课组的八位教师又聚集到一起，开始讨论理解活动如何进行。首先我们重新温习了理解活动的核心特征，要求学生用新的方法或在新的场景中使用已经掌握的知识，形成并加深对课堂的理解。在理解活动中，学生对已经学习的知识进行重组、延伸、推断和应用，这样的活动对学生的学习技能是一种挑战，更是对学生创新思维的一种挑战。理解活动的实质是学习活动，需要学生公开展示他们的思考过程。

备课组的教师将课下自己收集的可能成为理解活动的想法进行交流。我们发现辩论是孩子们最喜欢的课堂活动之一，对改编课本剧和分角色朗读也饶有兴趣。我们需要把这些学生喜闻乐见的形式运用到理解活动中，激发学生的兴趣和学习的积极性。

然后备课组开始讨论，我们根据以往的教学经验和学习《为理解而教的教学模式》所获得的一些活动方法，列出了一系列的理解活动。在此基础上，我们根据已经制订的理解目标，将最有助于达成理解目标的活动挑选出来。

设计具体的理解活动时，有的教师提出了对辩论的担心："这些学生非常聪明，而且也很会表达，他们有可能不根据小说的内容表达自己的观点，而是按照自己的想法来表达，这样就失去了学习本单元小说的意义。"他的担心不无道理。为了解决这个问题，我们设计理解活动的时候要考虑到具体的过程和操作策略。

选择了理解活动后，我们试着将它们排序，分布在单元的各个不同阶段。逐渐引导学生在情节的变化和人物的比较中发展多视角的对比思维习惯，培养学生从小说中认识社会、品味生活、感悟人生。

课堂活动一：追溯"我的小说阅读"

1. 活动目标

调动学生已有知识，为本节课的学习做准备。

2. 活动学时

课前准备。

3. 活动流程

（1）学生搜集自己感兴趣的小说篇目。

（2）与小组同学讨论，谈谈小说有什么精彩之处让自己记忆犹新。

4. 活动评价

评价者：学生。

评价方式：学生自评。

课堂活动二：孔乙己档案揭密

1. 活动目标

（1）学生将初步理解人性的复杂性，对身边的人和事有基本正确的思考。

（2）学生将理解小说中情节的曲折和变化，关注具体的环境，分析环境和个人性格对人的发展的影响。

2. 活动学时

1 课时。

3. 活动流程

（1）初步感知孔乙己的人物形象——孔乙己档案揭秘（表 2-9）。（温习人物形象分析的知识）

表 2-9 孔乙己档案揭秘

姓名		曾用名（绰号）	
性别		籍贯	
职业或特长		工作单位	
年龄		身高	
外貌特征			
语言特点			
我对孔乙己的第一印象			
通读全文，分析人物性格（不少于三个方面）			
从文中不同人物的视角、不同时代的视角和不同身份评价孔乙己			

注：此表格，用于阅读起始阶段，使学生对《孔乙己》文本有一个全面的感知，对孔乙己这一人物形象有一个初步印象，为深入分析孔乙己的人物形象和理解作品的主题做铺垫。

（2）我为孔乙己记日记：穿越到孔乙己所在时代，以孔乙己的身份写四篇日记。（片段自述）

4. 活动评价

评价者：学生、教师。

评价方式：学生自我评价，教师点评。

评价标准：

（1）依据原文以孔乙己的身份写日记。

（2）孔乙己做了什么事？ 自己有什么感受？ 别人对孔乙己是什么态度？

（3）配上插图（图 2-6）。

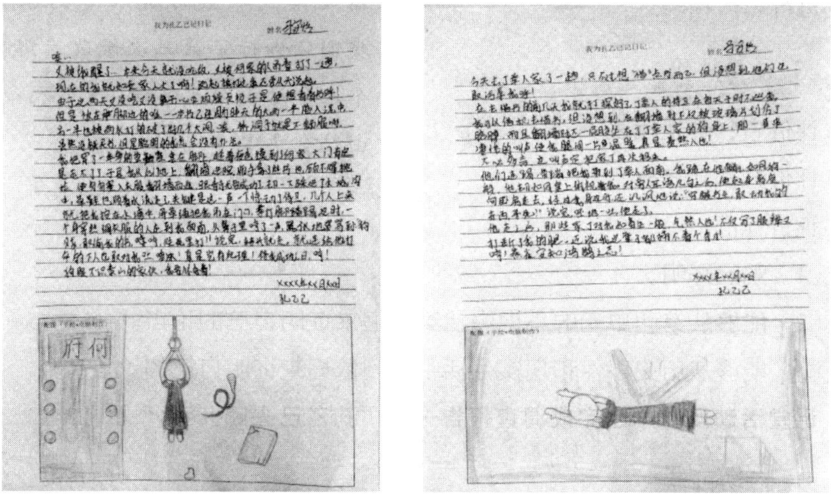

图 2-6 “穿越”日记

课堂活动三：小小辩论会

1. 活动目标

（1）学生将初步理解人性的复杂性，对身边的人和事有基本正确的思考。

（2）学生将理解小说中情节的曲折和变化，并关注小说中的具体环境，分析环境和个人性格对人的发展的影响。

2. 活动学时

1 课时。

3. 活动流程

（1）启动辩论会，选出学生评委，展示辩题：命运由个人掌握 VS 命运由社会决定。

（2）学生从第四单元的小说中找到依据，证明自己的论点。

（3）学生从历史事件和现实生活中找到依据证明自己的论点。

（4）学生根据自己的理解，自愿归队，进行思辨和表达。

> 理解活动的设计是一个不断修改的过程。我们在教学过程中进行了几次修改：第一次，学生填写表格，在自己的回忆中能够讲述记忆犹新的篇目及精彩之处。接着进行了第二次修改，以《孔乙己》为例，先为孔乙己进行档案揭秘，然后探究孔乙己的命运是谁造成的。考虑到只关注了单篇文章，学生的思维受到限制，我们又进行了第三次修改，辩题：个人命运由个人掌握 VS 个人命运由社会决定。

4. 活动评价

评价者：学生代表。

评价方式：打分。

评价标准：

（1）观点鲜明。

（2）能够从第四单元的小说中找到依据来证明自己的论点。

（3）能够从历史事件和现实生活中找到依据来证明自己的论点。

课堂活动四：学生完成调查报告——“孔乙己去哪儿了？”

1. 活动目标

（1）学生将形成他们自己对小说人物和主题的理解，并从文中找出依据来证明自己的观点；在完成本单元学习的基础上，初步探索分析人物命运的决定因素。

（2）学生将根据自己的理解，结合文章内容，从多角度证明人的命运由谁来决定。

2. 活动学时

2 课时。

3. 活动流程

在辩论赛的基础上，学生已经了解到人物命运受社会环境影响，同时也受个人性格制约，于是，我们希望深入探究更本质的问题，以《孔乙己》为例，完成调查报告——“孔乙己去哪儿了？”思考孔乙己的死因，具体探究影响人物命运的因素。

（1）教师引导

① 必须依据小说原文内容做出合理的分析。

② 不同的小组从不同的角度进行分析：

a. 孔乙己的身体和生活境况。

b. 孔乙己的性格和精神状况。

c. 何家、丁举人对孔乙己的态度和行为。

d. 短衣帮、掌柜的、小伙计对孔乙己的态度和行为。

e. 时代背景。

（2）学生自学，小组讨论，完成调查报告（表 2-10），全班分享

表 2-10 “孔乙己去哪儿了？”调查报告

孔乙己本人	孔乙己身体和生活境况	
	孔乙己性格和精神状况	
社会环境	何家、丁举人对孔乙己的态度和行为	
	短衣帮、掌柜的、小伙计对孔乙己的态度和行为	
	时代背景	
调查结果		

注：此表格是学生在把握了人物特点的基础上，从多角度思考孔乙己的命运，探究造成人物悲剧的深层原因，从而理解小说的主题。

（3）教师总结

① 立体的孔乙己。

② 众人对孔乙己的态度：孔乙己的悲剧 ⟶ 看客的悲剧 ⟶ 社会的悲剧。

在辩论赛的基础上，学生已经了解到了人物命运既受社会环境影响，同时也受个人性格制约。于是，我们希望深入探究更本质的问题，以《孔乙己》为例，完成调查报告——“孔乙己去哪儿了？”思考孔乙己的死因，具体探究影响人物命运的因素。

4. 活动评价

评价者：学生、教师。

评价方式：学生根据评价标准自我评价、修改，教师点评。

评价标准：

（1）学生能根据原文从自己小组选择的角度找到合理和充分的依据说明孔乙己的命运。

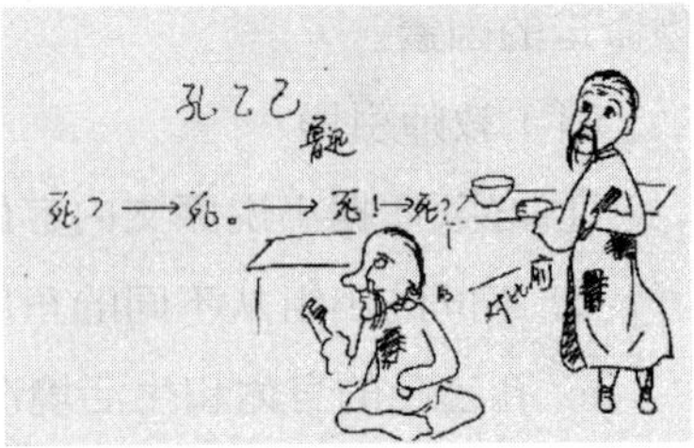

图 2-7

（2）学生能认真观察并记录。

（3）学生能分析出一个全方位的孔乙己。不同的小组从不同的角度进行分析。

① 孔乙己的身体和生活境况。

② 孔乙己的性格和精神状况。

③ 何家、丁举人对孔乙己的态度和行为。

④ 短衣帮、掌柜的、小伙计对孔乙己的态度和行为。

⑤ 时代背景。

课堂活动五：比较阅读

1. 活动目标

（1）学生将形成他们自己对小说人物和主题的理解，并从文中找出依据来证明自己的观点；在完成本单元学习的基础上，初步探索分析人物命运的决定因素。

（2）学生将根据自己的理解，结合文章内容，从多角度证明人的命运谁来决定。

2. 活动学时

4 课时。

3. 活动流程

探究本单元其他几篇小说的艺术魅力。个人探究、小组合作形成一份报告。

（1）以《变色龙》为例，从不同情节中人物表现的对比来看人物（表 2-11）。

表 2-11 从情节发展中"看"人物

具体情节、环境	人物表现及性格分析	人物表现原因分析（时代背景、作者意图、个人性格）	小结：是谁制造了变色龙

注：此表格是在学习《孔乙己》的基础上，引导学生从小说的情节发展变化和人物描写角度，自主探究《变色龙》的人物形象特点及文章表达的主旨。

（2）以《范进中举》为例，从前后对比中看人生百态（表 2-12）。

表 2-12 从对比中分析人物

	中举前表现及性格分析	中举后表现及性格分析	人物表现原因分析（时代背景、作者意图、个人性格）	小结：是谁逼疯了范进
范进				
胡屠户				

注：此表格也是在学习《孔乙己》的基础上，引导学生从对比的角度分析人物形象的特点，从而把握小说的主旨。

（3）以《窗》为例，在与作品中的人物对话中感悟人性的美与丑，品悟人生真谛。

创意改写：让远窗人与近窗人互换一个位置情形又会是怎样的呢？

讨论：如果是我躺在近窗或者远窗的位置，我会怎么做？

4. 活动评价

评价者：学生、教师

评价方式：学生自评、互评，教师点评。

评价标准：

（1）学生能根据原文，有理有据地说明影响人物命运的因素。

（2）学生有多角度思考问题的能力，初步具备综合分析问题的能力。

课堂活动六：理解创编

1. 活动目标

（1）学生在完成本单元小说探究的基础上，思考自己的命运谁做主。

（2）通过对小说人物的分析，理解小说中的人物和生活的关系，自己创作一篇属于自己的小说。

2. 活动学时

2 课时。

3. 活动流程

（1）学生阅读小说，在和作者的对话中，在时代流中漫步，与作品中的人物对话，感悟人性的美与丑，思考我的人生谁做主。

（2）通过阅读，形成自己对本单元小说独特的思考，并创作小说。

要求：

① 选择生活中自己感兴趣的场景和人物。

② 思考所创作的小说中的人物和生活的关系。

③ 根据小说的三要素创作小说。

（3）学生展示自己的作品。

（4）教师总结：小说是生活的反映，源于生活而又高于生活，读小说是这样的，写小说也是这样的。

4. 活动评价

评价者：学生、教师。

评价方式：学生自评、互评，教师点评。

评价标准：

（1）小说要反映现实生活。

（2）符合小说的基本要求。

（3）形成清晰连贯的表达。

✲“微写作——情境描述”单元教学设计

单元名称： 高考语文“微写作专题”中“情境类描述”复习

教材内容： 整合教材、考试说明、参考样题、模拟练习资源

单元学时： 4 学时

设计人员： 于景魁

单元教学设计概览（图 2-8）

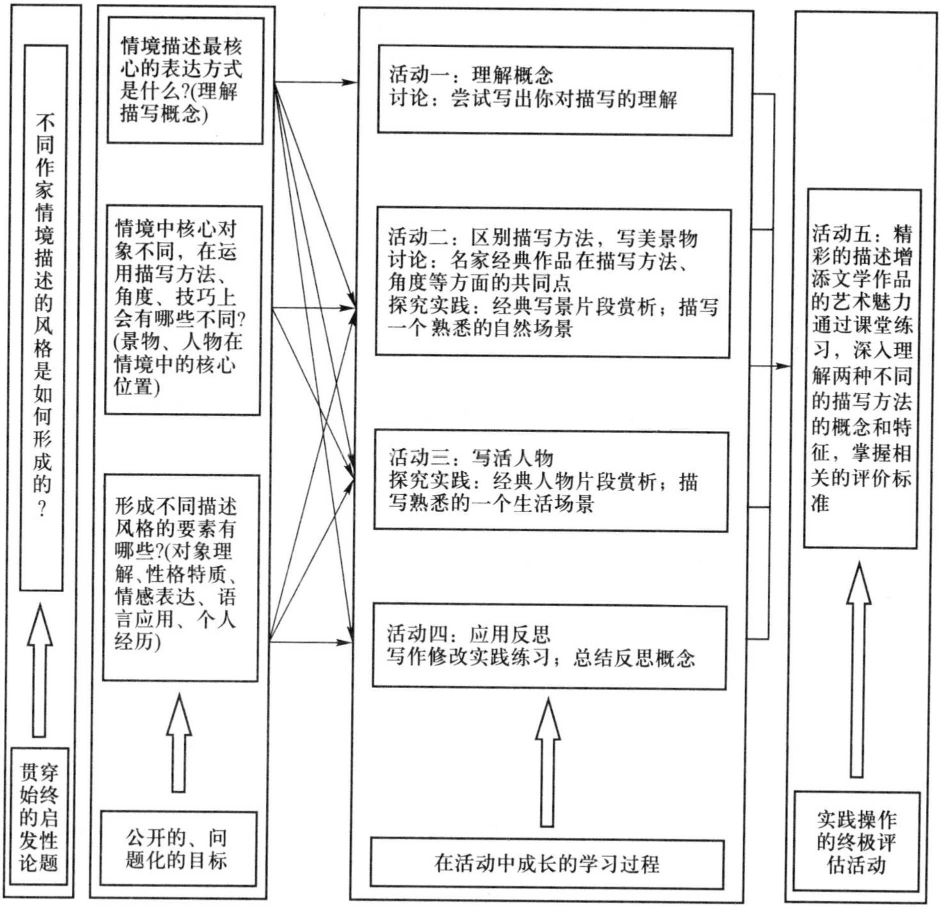

图 2-8 “微写作——情境描述”单元设计概览

一、启发性论题的设计

（一）寻找启发性论题的过程

在确定“微写作之情境描述”这个单元的启发性论题时，我们首先综合考虑了“描述表达方式”“新课标的知识、技能”“写景状物作文”“考试说明”和“学情现状”，以确定教学的重点内容和教学目标。在此基础上，深入思考“评估‘为理解而教’教学单元的反思指南”中关于“启发性论题的自我评价”部分，采用“比较学习”的方法，最后确定了“你和李白、白居易、朱自清一起站在晚8点的北京西北四环南坞桥上，面对远处的山影、头顶的星空、脚下的车流……你会怎样把自己所见、所想、所思具体、形象地描述出来？”的启发性论题，以实现对知识的梳理、技能的锻炼以及写作能力和审美能力的提升，最终高效完成教学任务。

（二）论证启发性论题

1. 中心性：论题是否体现语文学科的核心或起着核心作用

情境类微写作主要考查表述——描写、记叙结合的表达方式，是记叙类文章的基础表达方式，对文学作品的“表情达意”，提高学生的审美能力很有意义。它的核心知识是描写方法、描写角度、艺术技巧。三位作家的作品是此类描写作品的经典，可以作为优秀的范例和参考，帮助学生理解核心知识，提高表达能力、涵养和情操。

2. 吸引力：论题是否吸引学生

论题来自生活实际，学生容易获得直接体验。挑战名家的代表作，会激发学生的好奇心和好胜心，这样设计既总结了相关知识和方法，又培养了思维习惯，学生可以迁移所学去独立解决问题。同时，学生进入备考关键期，这也有助于调节学生的心态。

3. 资源易得性：与论题有关的资源是否丰富并且容易获得

与论题有关的资源丰富，如自身的生活经验、同学的生活经验、教材资料、学生习作、相关的网络支持以及课内、课外资源等。

4. 联系性：论题与学生的生活、其他学科或其他主题是否有明显的联系

情境描述是微写作的一类，以小见大，通过小场面、情境观察、体悟生活，拓展延伸可以应用到写景状物、写人记事、议论抒情等其他大作文上，打通小、大作文通道；通过学习一类文体，培养一种学习思维方式，触类旁通，进而提高独立学习其他表达方式的能力；作为语言工具，还可为其他学科的描述、理解提供支持。

5. 挑战：论题是否可以调动学生的全部潜能，激发探索欲望

该论题可以调动自己的间接阅读体验和直接生活体验，理解核心知识和技能，体会参与学习的乐趣。比较教学方式对学生的分析、概括、审美能力要求较高，具有挑战性。而且也可以激发学生深层的挑战欲望，提高学生对学习的兴趣。

二、单元理解目标的确定

（一）理解目标的搜寻

1. 对理解对象的再认识

微写作是2014年北京高考新增加的考点。2014年北京卷考试说明中将其阐述为“能用精练的语言描述事物、表达观点、抒发情感”。它篇幅虽短，但可以考查学生的语文应用、审美、探究等综合能力。形式上虽属于“具体而微”的作文，但其既具备大作文表情达意的内核，又能体现其独特之处——短小精悍，灵活多样，为学生个性化表达提供了宽广的平台。情境描述属于微写作中描述事物的范畴。

2. 对理解目标的核心再提炼

“为理解而教”的“理解”包含知识、方法、目的和形式四个层次，代表四种不同层次的理解水平。知识是在课标中明确规定的教学目标和内容；方法是获取知识、达到目标的过程中所使用的方法和手段；目的是我们学习这部分内容的意义；形式是学生利用哪些方式表达所学的知识及方法，体会知识的意义。

（二）理解目标的论证与确定

基于以上认识，在制订情境描述类微写作单元理解目标的时候，我们首先考虑课程标准和考试说明中的知识目标；其次比较不同表达方式的特点，确定以理解“描述概念”为核心，带动知识和技能的提高；再次考虑学情，学生掌握相关知识的程度和能力的提升点、侧重点落在表达应用上；最后与生活应用对接，通过解决实际问题，逐步实现持久理解。所以我们围绕“为什么学习”“将学习什么”“如何学习”“将达到什么程度”四个问题，分别从知识、方法、目的、形式四个维度进行了论述，同时使用疑问句及陈述句对目标进行表述。目标描述如下：

陈述句形式：

目标1：理解情境描述中绘景、摹形时常用到的外貌、动作等描写方法，感官、情态等描写角度，以及比喻、比拟等艺术技巧。

目标2：理解紧密围绕情感，选准对象，层次分明，选择一个或多个角度运用一种或多种描写方法、艺术技巧，描摹出生动、形象的文字。

目标3：深入理解精彩的描述可以再现生活情境、表情达意以及提升文学鉴赏审美能力。

目标4：理解规范表达和反思修改的学法，会有效提高思维严谨度、描述水平和文学鉴赏能力。

疑问句形式：

目标1：情境描述有哪些常用的描写方法、角度和艺术技巧？

目标2：如何运用描写方法、角度、技巧写出具体、生动、形象的文字？

目标3：精彩的描述有哪些意义？

目标4：规范表达和反思修改的学法有什么意义？

> 用问句形式来表述理解目标，可以使老师和学生在课堂上更容易聚焦，目标明确，效率更高。同时，问句形式的理解目标可以展示给学生，这对于学生明确自己“在学什么”“学习的目的是什么”起到了非常重要的作用。

可以帮助教师反思和修改理解目标的问题

1. 目标是否与课程标准中的要求一致?

2. 目标是否注重理解学科中的重要概念、方法、价值观、过程和形式?

3. 目标是否描述的是学生将要理解的重要内容，而不是学生的行为?目标是否能够让同事、家长、学校领导等非本专业人员看懂?

4. 目标是否用易于学生理解的疑问句和详细的陈述句清晰地表达?

5. 目标是否反映了多个理解层面(知识、方法、目的和形式)?

6. 目标是否集中在常见的错误理解、潜在假设，以及可能阻碍学生对主题形成深刻理解的瓶颈内容上。

三、理解活动的设计与评估

通过调查得知，在复习情境描述类微写作之前，学生对于描述概念的理解差异较大。学生比较熟悉常见的描写方法和修辞方法，而对于描写角度、艺术技巧的掌握不够全面、系统，尤其是方法、修辞、角度、技巧，一旦脱离文本阅读语境而联系生活实际，就有很多学生茫然无措，不知该如何使用。这样就很难做到对所学知识和方法有深入理解，并应用到实际问题的分析解决中，进而影响语言的表情达意和交际功能。基于学情，我们设计了由浅到深的递进式理解活动。为了实现理解目标，完成教学任务，准确把握动态学情，在教学活动过程中需要尽可能多地从学生那里得到准确的信息或者反馈，从而持续监控并适时调整教学，以更好地促进学生理解。根据"反思指南"关于持续性评估的指导，我们确定了持续性评估的原则:

评估标准由师生合作完成。师生共同研讨理解目标、理解活动，结合具体学情制订统一的标准，课程伊始所有人都清楚地知道自己学习的方向及目标。

评估主体是自我、小组和教师。坚持学生自我评估，由多人在不同的学习阶段对理解进行多次检查;教师评估每一个学生在每一个理解活动中达到的理解水平，并检验他们在整个单元中逐渐形成一个或多个理解目标。

评估内容包括学法、过程、结果评价。评价内容和标准的确定与理解目标、理解活动保持一致。注重对学生的行为、活动中的学生的研讨和作品的评价。

评估形式有正式和非正式的，如学情分析、课堂观察、问答交流、开放式反思、讨论质疑、作业评分、单元反思、专题报告等。

评估反馈及时、有据可查。评估标准公开，评估结果及时反馈给学生，同时给出改进建议。

根据以上原则，师生一起探讨评估角度、评估内容、评估细则，分别为每一个理解活动制订了有据可依的持续评估标准。

（一）初始理解活动——理解概念

初始理解活动设计的目的是让学生尝试回归核心概念的理解，从感性到理性的认知思维转换。思维主线，是回忆概念本质——间接、直接体验，从感性到理性认知——深入理解概念的内涵和外延；思维路径，从起点到终点形成螺旋上升的回环过程；学习方式，通过自己入境式的参与和比较学习，让学生能够对所学内容感兴趣，并对为什么面对同一场景不同人的表述会有天壤之别有进一步探究学习的欲望。最后准确梳理出描写的方法、角度、技巧等知识和技能，进而加深对描述概念的理解。

1. 活动目标

（1）学生初步理解描写的概念。

（2）学生归纳出常见的描写方法和描写角度。

（3）学生初步理解描写的应用方法。

2. 活动学时

1 课时。

3. 活动流程

（1）活动 1：学生尝试写出自己对“描写”的理解。

（2）活动 2：分析描写及其作用。给出启发性论题——“你和李白、白居易、朱自清一起站在晚 8 点的北京西北四环南坞桥上，面对星空、车流……会怎样把自己所见、所想具体、形象地描述出来？”

（3）活动 3：“概念再认识”——完善整理概念。

4. 活动评价

（1）评估“活动 1”

评价者是谁：学生、教师。

评价方式：学生互评，教师点评。

评价内容：概念表达具体、规范；学习过程。

评价标准：

① 基本清楚描是描绘，写是摹写，具体描绘。

② 知道描写与情感的关系。

③ 清楚描述的语言特点是生动形象。

④ 学生至少提一个问题。

（2）评估“活动 2”

评价者是谁：学生、教师。

评价方式：互评、抽查、点评；展示、互评、点评、修改。

评价内容：描写方法和角度归纳准确、全面；写作质量、艺术效果；学习过程。

评价标准：

① 掌握常用的写人方法，常用修辞手法、艺术技巧。

② 考查写作耗时，文章篇幅，书写是否美观；文字是否突出中心，线索明晰。

③ 学生语言表达规范：口头，书面；简洁、流畅、得体。

④ 学习过程的投入程度：质疑，解惑，专注，思维活跃。

⑤ 学生所提问题的价值。

（二）探究理解活动 1——区别描写方法，写美景物

此活动由阅读分析、写作体验两个方面活动组成。探究活动是初始理解活动的细化和深化，从两个角度延伸。不同的生活场景，其组成对象是有区别的，大体可以分为景物和人物两类。在具体描摹和再现生活场景时，二者的描写方法、切入角度以及所选择的艺术技巧是有很大差别的。这也是学生提升描写水平的一个障碍点。所以探究活动就要深入、细致地区别两者的概

念，以形成对概念内涵（多角度、多侧面）的深度挖掘，并且通过探究描写的作用深入思考不同对象的描写意义，这也就拓展了概念的外延理解。同时结合大量的实践评点、修改作文，让学生从实践层面获得丰富的体验，课堂的学习效率会明显提升。思考活动的最终指向放在描写概念的理解上，多个层面的探究会对描写概念形成持久的理解，并为终极理解活动奠定基础。

1. 活动目标

（1）学生持续理解描写的概念。

（2）学生理解景物描写的相关概念。

（3）学生区别出常见的人物描写方法、景物描写方法，描写角度以及抒情方式。

（4）尝试进行自然景物、生活场景描写，深入理解体会景物描写的作用。

2. 活动学时

1 课时。

3. 活动流程

（1）活动 1：讨论修改后的小作文并复述概念。

（2）活动 2：重点探究“景物与人物描写的区别”。

① 分析体会《林黛玉进贾府》中“王熙凤出场”“王夫人室内陈设”两个片段中人物描写、场景描写的区别。

② 体会景物描写片段。分析《荷塘月色》中“月下荷塘”、《子夜》中“白渡桥”、《静静的顿河》中“乌云压河”、《阳关雪》片段中描写的特征：写景衬托人物心情；写景点明时令、地点；写景表现人物关系；写景表现人物性格。

③ 景物描写实践：限时 12 分钟完成，课上练习或课下作业。包括：描写自己熟悉的一个场景（自然或社会）；选取学校的一角（茶室、方知书屋、曲水流觞）进行描绘；描写自己班级中最熟悉一个人（不写出名字）；讨论修改后的小作文，根据自己的写作实际复述景物描写和人物描写的概念。

4. 活动评价

（1）评估“活动 1”

评价者：学生、教师。

评价方式：学生自评、互评，教师点评。

评价内容：描写表述的比例，描写对象，表达得体，学习过程。

评价标准：

① 描述占总文字量的五分之四，描写占描述的四分之三。

② 描写对象具体。

③ 情感氛围明确。

④ 表达生动形象。

⑤ 学生至少提一个问题。

（2）评估“活动2”

评价者：学生、教师。

评价方式：学生自评、互评，教师点评。

评价内容：景物描写的方法、作用，学习过程。

评价标准：

① 区别人物描写和景物描写。

② 景物描写的方法、角度：描写类别体现出观察精细，抓住景物特征摹形，写出场景顺序；角度独特；渗透人情；运用比喻、对比、象征等手法。

③ 学习过程中主动合作，体现思考的广度、深度。

④ 景物描写作用评估：再现自然景色、事物情状，描绘人物的外貌及内心世界，使人物活动的环境具体化。

⑤ 学生独立解决问题的能力。

（三）探究理解活动2——写活人物

1. 活动目标

（1）学生持续理解描写的概念。

（2）学生深入理解人物描写的概念。

（3）尝试绘形、绘声、绘色地进行客观、生动的人物描写，深入理解和体会人物描写的作用。

2. 活动学时

1课时。

3. 活动流程

活动1：讨论修改后的小作文；复述人物描写和景物描写的概念。

活动2：深入理解人物描写。

（1）阅读分析《林黛玉进贾府》中“王熙凤出场”、《装在套子里的人》中“别里科夫”的外貌、《围城》中“十五岁少女”、《欧也妮·葛朗台》中的“葛朗台”、《三国演义》中的“温酒斩华雄”、《背影》中的“父亲”以及《牛虻》中“牛虻”片段中人物描写的方法和特点。

（2）人物描写实践：描写自己班级最熟悉一个人。

（3）修改体验：作文互评、修改。

活动3：梳理归纳人物描写的注意事项。

人物描写应掌握的原则：人物性格应当从他自己的行动里流露出来，行动应当经过选择，并要兼具生动性和典型性；描写人物时，要将多种方法综合起来灵活运用；要善用侧面渲染、烘托。

4. 活动评价

（1）评估“活动1”

评价者：学生、教师。

评价方式：学生自评、互评，教师点评。

评价内容：描写表述的比例，描写对象的生动性，表达得体，学习过程。

评价标准：

① 描写占文字的五分之四。

② 描写对象具体，生动形象，条理清晰。

③ 情感氛围明确，情感深入。

④ 表达生动形象，有感染力。

⑤ 学生至少提一个问题。

（2）评估“活动2”

评价者是谁：学生、教师。

评价方式：学生自评、互评，教师点评。

评价内容：人物描写的方法，人物描写的特点，学习过程。

评价标准：

① 掌握外貌、语言、动作、心理、细节等描写方法。

② 清楚人物描写的注意事项。

③ 学习过程中主动合作，体现思考的广度、深度。

④ 学生能独立或在帮助下解决问题。

（四）终极理解活动——应用反思

终极理解活动由测试和评点总结两部分组成。通过终极理解活动，学生在规定的时间内把自己三个课时里对描述知识、技能的掌握程度，对学习、思维方法的应用能力，对概念的理解深度，以有形的产品形式（小作文）展示出来。根据每个人描写对象的差别，有的学生采取“一文双写”的方式，分别侧重景物或人物；教师同时提醒学生参考启发性论题写出自己的语言风格和审美特色。在总结梳理环节，根据等级评价、评语建议，收集整理同伴、小组、教师给出的不同反馈，学生通过数据分析，进行自我评估，总结学习课程前后的变化情况，以及心得、收获和今后的改进策略，促进对课程的理解。

1. 活动目标

（1）学生持续理解描写的概念。

（2）通过实践练习深入理解情境描写——景物描写和人物描写的概念。

2. 活动学时

1 课时。

3. 活动流程

活动 1：选择 2014 年考试说明中的一道测试题。

阅读下面的材料，按要求完成微写作。

清晨，36 名身着戎装的国旗护卫队员和 62 名武警军乐团队员护卫着国旗从天安门拱形门洞走出，跨过金水桥和长安街来到天安门广场举行升旗仪式。现场演奏三遍国歌，国旗升起时，在四周观看的各族同胞，凡是军人要行军礼，少先队员要行队礼，其他人也应立正行注目礼。天安门广场的国旗从地面升到杆顶需 2 分零 7 秒，而这个时间正好是升旗时奏三遍国歌的时间。

参照上述材料，写一段 200 字左右的描写天安门广场升旗仪式场景的文

字。（要注意描写的对象和特定的氛围，要综合运用多种表达力式）

【说明】着重考查考生用精练的语言描述场景、抒发情感的能力。

活动 2：总结梳理——等级评价，描写概念，学习总结

4. 活动评价

评价者：学生、教师。

评价方式：学生互评，教师点评。

评价标准：

（1）描述占比：描述文字占总文字量的五分之四，描写占描述的四分之三。

（2）描写对象：具体全面，点面结合，突出重点。

（3）描写方法：采用恰当的描写方法，可以多种，也可以突出一种。

（4）描写角度：多角度关照，可以突出一点。

（5）描写条理：线索明确、行文条理清晰。

（6）语言表达：遣词造句准确生动，善用修辞手法；书写整洁、美观；语言有感染力。

（7）情感指向：中心明确，情感深入。

（8）上交批改：上交及时，批改详细，按照“阶梯反馈”完成，态度端正。

（9）字数要求：达到 200 字。 文字不够则依照等级赋分。

（10）确定层级：参照高考小作文评价标准确定四个参考等级。

✲“数据的收集、整理与描述”单元教学设计

单元名称：人教版七年级数学下册第十章“数据的收集、整理与描述”

教材内容：“统计调查”“直方图”

单元学时：6 课时

设计人员：刘莹瑛、赵青梅、冯艳、武亚军

单元教学设计概览（图 2-9）

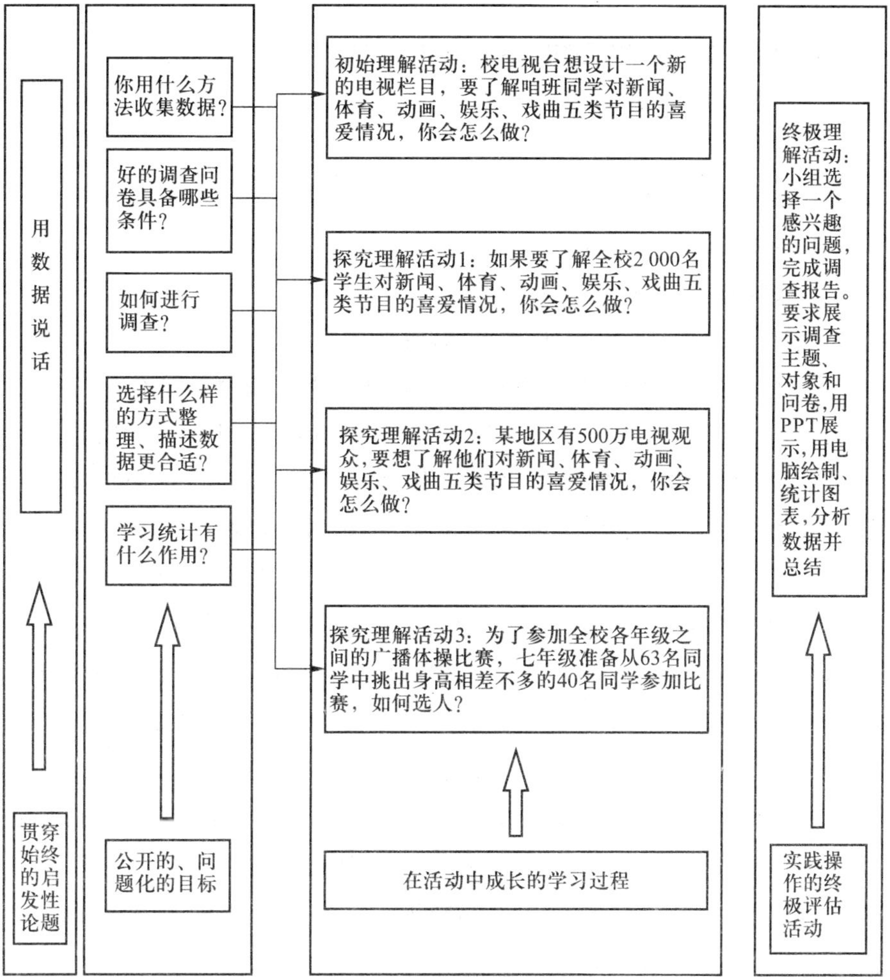

图 2-9 "数据的收集、整理与描述"单元教学设计概览

一、启发性论题的设计

（一）寻找启发性论题的过程

本单元是人教版七年级数学下册第十章"数据的收集、整理与描述"，属

于统计学习中的一个单元。统计主要研究如何利用数据进行推断，它通过收集、整理、描述和分析数据，来帮助人们对事物的发展做出合理的推断。数据分析是统计的核心。为了确定本单元的启发性论题，我们备课组的老师进行了多次讨论，发现本单元的内容集中讨论的是全面调查、抽样调查，设计调查问卷，利用频数分布直方图解释数据中蕴含的信息，通过统计图表做判断和预测。

再看教材，本单元集中讨论了三个问题。问题一是“如果要了解全班同学对新闻、体育、动画、娱乐、戏曲五类节目的喜爱情况，你会怎么做？”问题二是“某学校有 2 000 名学生，要了解他们对新闻、体育、动画、娱乐、戏曲五类节目的喜爱情况，该怎样进行调查？”问题三是“为了参加全校各年级之间的广播体操比赛，七年级准备从 63 名同学中挑出身高相差不多的 40 名同学参加比赛，如何选人？”通过对这三个问题的研究，让学生经历收集、整理、描述和分析不同类型数据的过程；体会抽样的必要性，简单了解随机抽样，会制作扇形统计图，能用统计图直观、有效地描述数据。为了有效利用书中的问题，并且能激发学生的研究兴趣，我们想到了学校的校园电视台刚好正在不断进行栏目创新，学生每周三都很爱看校园电视台的节目，我们完全可以把这个事情作为论题，学生一定很感兴趣，喜欢研究。为此，我们设计了这样的启发性论题“校园电视台想设计一个新的电视栏目，想要了解同学们对新闻、体育、动画、娱乐、戏曲五类电视节目的喜爱情况，你会怎么做？”我们觉得这个论题由于调查对象可以不同。例如，在班级内调查引出全面调查和如何设计调查问卷；在全校内调查引出简单的随机抽样调查。在解决这个论题的过程中，本章要学习的内容（如何收集、整理、描述和分析数据）将一气呵成，学习也能逐步深入。

但当我们再次用启发性论题的标准论证时，发现这个论题并不能统领全章的内容，而且这个论题在统计这个大的领域中缺乏中心性，也很难从不同的视角支持学生发展深刻的理解，更难与其他学科建立联系。于是我们组的老师再次围绕初中阶段的统计学习创建了概念网（图 2-10）。通过梳理，我们清楚地看到统计的所有概念都集中围绕在“数据”这个概念上。如果我们能够帮助学生对数据处理的全过程提出质疑，就可以吸引学生参与整个单元的讨论。而这种讨论是统计学习的核心，也可以帮助学生形成用数据说话的实事求是的态度。

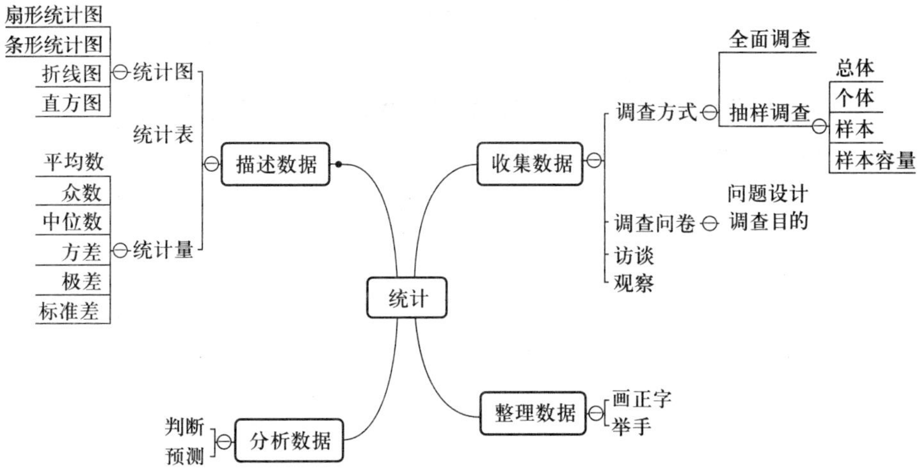

图 2-10　初中阶段统计概念网示意图

于是，我们把这个单元的启发性论题设定为“用数据说话”，然后我们给学生列举了报纸、杂志等媒体上提供的数据，问学生，“这些数据你知道是怎么来的吗？”“看到这些数据你有什么想法？”这些问题学生看似熟悉，又很陌生，从而激发学生学习的兴趣，使启发性论题与学生个人的需求结合起来。

对教师而言，与学生共同处于大数据时代，每天需要面对纷繁复杂的数据信息，判断分析数据的真伪，分析数据背后蕴含的信息和规律，所以我们最终一致认为“用数据说话”是一个不错的启发性论题。

（二）论证启发性论题

1. 论题是否体现数学学科的核心或起着核心作用

我们为学生所选择的论题可以让学生经历收集、整理、描述和分析数据的全过程。 在当今的信息社会里，数据是一种重要的信息，统计概率所提供的“运用数据进行推断”的思考方法已成为现代社会一种普遍使用并且强有力的思维方式。 重视对数据的使用和能够对数据进行处理已成为信息时代每个人必备的素质。

2. 论题是否能够吸引学生

论题是与学生生活紧密相关的，生活中处处都有数据。 如何有效利用数据解决问题，了解世界的现状和变化规律，是学生有兴趣研究的问题。

3. 与论题有关的资源是否丰富并且容易获得

学生从报纸、杂志、电视、互联网等媒体上可以看到很多统计数据和统计图表。

4. 论题与学生的生活、其他学科或其他主题是否有明显的联系

（1）与其他学科联系紧密：统计数据的整理、描述可以借助计算机整理。

（2）与现实生活紧密相连：学生学习统计方法可以用来研究生活中的很多问题，便于学生拓展自己想要研究的问题。

（3）与本学科其他问题的联系：与高中频率分布直方图有联系，初高中一体化。

二、单元理解目标的确定

（一）理解目标搜寻行动

在制订理解目标的时候，我们首先问了自己几个问题：

○ 学生为什么要学习本单元？

○ 学生学习本单元的起点在哪里？学习本单元时会遇到怎样的挑战？

○ 学生学习完本单元后可以丰富哪些方面的认识？

○ 学生学完本单元后可以获得怎样的方法？学科素养在哪些方面有所提升？

○ 有什么证据可以证明学生是否实现了我们的期望？

根据多年的教学经验，结合个人的生活体验，我们头脑风暴式地为上述问题寻找答案。在当今的信息社会里，数据是一种重要的信息，统计概率所提供的“运用数据进行推断”的思考方法已成为现代社会一种普遍使用并且强有力的思维方式，重视对数据的使用和能够对数据进行处理已成为信息时代每个人必备的素质。学生在小学已经接触过简单数据的收集整理，也能读懂不同的统计图，并能做出简单的分析，但是对于复杂的数据，以及实际问题如何转化为数据，数据收集后如何选择合适的统计图表进行描述，尚不具备根据数据结果做出分析和判断的能力。

学生在学习中遇到的挑战是，本单元的学习没有知识理解上的难度，很多词汇和做法都耳熟能详，很容易让学生失去学习兴趣，学生的认识只停留在纸上谈兵的层面上，所学知识和需要解决的实际问题不能很好地结合在一起。为此，我们研读了课程标准中关于统计领域的总目标和本单元的教学目标以及相关教材，明确了我们将带领学生去往何处：

学生通过学习本单元内容，可以丰富以下认识：

○ 收集数据可以有举手投票、电话采访、短信、调查问卷、邮寄、电脑辅助、访问等形式。

○ 能够从多个角度考虑设计调查问卷。

○ 选择什么样的统计图描述数据取决于两个方面：一是你面对的是什么样的数据，二是你要用统计图展示什么信息。

我们希望学生能够根据自己收集到的数据类型和调查目的，初步感知和讨论描述数据应选取的方式；通过讨论，在教师的引导下，学生能根据不同的数据类型选取不同的统计图表来描述数据，有效完成自己的调查；能分析不同的统计图表表述数据时的不同特点和优势；能从统计图表中提取或读出所需信息。

另外，学生通过学习本单元内容，可以学会多种抽样方法。选择全面调查还是抽样调查的关键是取得精度和成本之间的一种平衡。还可以理解怎样抽样才能让样本具有代表性，学会根据数据所反映的信息做出初步判断和分析的方法。

学生通过本单元的学习不只记住了课本上的概念，不只记住了数据处理的流程，不只为了应对单元考试，而是真正学会了“用数据说话”。学生以小组为单位对自己感兴趣的话题展开调查、搜集、整理和描述数据，并在班级内展示汇报。从学生的展示汇报中我们既可以找到学生对本单元知识目标理解情况的证据，也能看到学生在方法层面目标上的实现情况，还能从学生的互评和自评中感受到学生亲身经历的数据处理过程对他们带来的深远影响。

（二）目标锁定

备课组老师多次讨论以后，围绕“用数据说话”这个启发性论题，根据论题、课程标准、单元的整体要求、学情以及数学的特点，通过几次备课组的讨论，从知识、方法、目的和形式等四个角度进行思考，将这个单元的单元学习目标定为：

陈述句形式：

目标 1：学生将了解收集数据可以采用举手投票、电话采访、短信、调查问卷、邮寄、电脑辅助、访问等形式。

目标 2：学生将理解设计调查问卷要从多角度考虑。

目标 3：学生将理解选择全面调查还是抽样调查的关键是取得精度和成本之间的一种平衡。

目标 4：学生将了解选择什么样的统计图描述数据取决于两个方面：一是你面对的是什么样的数据，二是你要用统计图展示什么信息。

目标 5：学生将体会利用统计数据帮助我们了解世界的现状，为我们制订决策提供依据。

疑问句形式：

目标 1：你用什么方法收集数据？

目标 2：好的调查问卷应具备哪些条件？

目标 3：如何进行调查？

目标 4：选择什么样的方式整理、描述数据更合适？

目标 5：学习统计有什么作用？

（三）目标论证

理解目标确定好后，我们把自己想象成学生、家长或者不太了解本章内容的老师，体会语言的表述有没有歧义，表述够不够清楚，能不能找到目标实现的证据。通过论证，我们进一步确定目标是根据课程标准并结合学生学情制订的，注重让学生理解统计中的重要概念和方法，让学生经历统计的全过程，并能以小组独立完成调查报告。我们制订的每一个目标都是针对学生将要理解的内容而不是行为。例如，“目标 3 的学生将理解：选择全面调查还是抽样调查的关键是取得精度和成本之间的一种平衡”，而不是学生“会选择调查方法”。我们制订的每一个目标都是用疑问句和陈述句两种形式表达，学生容易理解。例如，“目标 4 的疑问句：选择什么样的方式整理、描述数据更合适？”陈述句为“学生将了解：选择什么样的统计图描述数据取决于两个方面：一是你面对的是什么样的数据，二是你要用统计图展示什么信息。”

三、理解活动的设计与评估

我们在针对本单元的理解活动进行讨论时，有的老师提出了自己之前教学时的困惑和问题，总感觉统计部分的学习与生活联系应该是非常紧密的，但是实际教学时却往往又回到了“学习—练习—考试”的老路上，还有就是统计部分新学知识不多，很多内容学生在小学阶段已经学过了，初中再讲总有一种“炒剩饭”的感觉。经过讨论，我们认为产生上述困惑和问题的原因主要有以下几个方面：

原因 1：教学时老师选取的例子离学生的实际生活较远。

原因 2：教师设计的教学活动多是针对某一个具体的知识或技能，学生没有经历一个完整的收集、整理、描述和分析数据的过程，只是参与了过程中的某一个片断，这对培养学生使用数据解决问题的能力是不利的。

原因 3：老师给出的例子东一个、西一个，例子之间缺少联系，缺少对单元整体的设计。

原因 4：老师舍不得花时间让学生真正去“‘做’数学”，总觉得即使学生活动了、展示了，也不知道效果如何，还不如踏踏实实讲了放心。

原因 5：对学生的学情分析不够准确，没有找到能够引发学生兴趣的、能够在学生已有知识和经验的基础上进一步发展的理解活动。

教材上给出的两个问题是：如果要了解全班同学对新闻、体育、动画、娱乐、戏曲五类电视节目的喜爱情况，你会怎么做？某学校有 2 000 名学生，要想了解他们对新闻、体育、动画、娱乐、戏曲五类电视节目的喜爱情况，怎样进行调查？

我们的老师认为这两个问题具有一定的连续性，涵盖了本单元的核心知识和技能，但还是有一些问题。首先，这个问题离学生的生活较远，学生可能会想：“我为什么要了解别的同学对这五类电视节目的喜爱情况，这和我有什么关系？”于是，我们把这个问题改成了“校电视台想设计一个新的电视栏目，如果要了解咱们班同学对新闻、体育、动画、娱乐、戏曲五类节目的喜爱情况，你会怎么做？”这样，就拉近了知识和学生之间的距离，让学生产生了研究的兴趣。在课堂实施的过程中，学生们饶有兴趣地猜测结果会是哪一个，班级调查的结果出来后，学生还可以在此基础上进一步研究“具体喜欢哪种类型的娱乐节目？喜欢某类节目的原因是什么？”其次，教材中提出这两个问题后，就直接“步入微观”，进入到具体知识讲解过程中。我们的老师认为这个问题的设计最重要的是让学生首先能够从宏观的角度考虑整体的调查方案，然后再进入具体的研究。因此，在课堂实施的过程中，我们让学生充分表达自己的观点，在课堂讨论的基础上进行必要的知识学习。再次，我们在以上两个问题的基础上，又进一步提出了“某地区有500万电视观众，要想了解他们对新闻、体育、动画、娱乐、戏曲五类节目的喜爱情况，你会怎么做？”这三个理解活动贯穿了三节课，学生在分析、对比这三个问题的时候对本单元知识、技能和思想方法的理解层次逐渐提高。

我们设计的第四个理解活动是“为了参加全校各年级之间的广播体操比赛，七年级准备从63名同学中挑出身高相差不多的40名同学参加比赛，应如何选人？”这个问题也是学生生活中能够遇到的问题，解决这个问题不仅需要统计的知识，还需要学生具备分析、综合、决策等思考技能。

在上述活动的基础上，我们设计了本单元的终极理解活动：结合学生生活实际选择感兴趣的问题以小组为单位进行调查，并在班级内汇报调查结果，同学们结合评价量规进行评价。

学生在小学时就接触过调查问卷设计，但是问卷的设计还存在很多问题，导致调查结果无效或者意义不大。为了能让学生逐步学会设计一份好的调查问卷，我们集体讨论得出了一个好的调查问卷应具有的要素。然后商量决定采用让学生尝试设计简单问卷，并不断丰富问卷内容的方式，让学生体会一份好的调查问卷所具有的要素。学生设计好一个简单的调查问卷后，要不断丰富和完善，师生最后共同确定一个简单的调查问卷评价标准。

课堂活动一：初始理解活动——校电视台想设计一个新的电视栏目，要了解咱班同学对新闻、体育、动画、娱乐、戏曲五类节目的喜爱情况，你会怎么做？

1. 活动目标

（1）学生将了解收集数据所采用的举手投票、电话采访、短信、调查问卷、邮寄、电脑辅助、访问等形式。（目标1）

（2）学生将理解设计调查问卷要从多角度考虑。（目标2）

2. 活动学时

1 课时。

3. 活动流程

环节 1：你用什么方法收集全班每一位同学的数据？（列举收集数据的形式，如举手投票、电话采访、短信、调查问卷、邮寄、电脑辅助、访问等形式。）

环节 2：如何设计调查问卷？ 一份好的调查问卷要具备的要素如下：

- 调查的目的是什么？
- 调查的对象是谁？
- 调查问卷应该包括哪些内容？
- 应该从哪些方面提问题？
- 如何提问？
- 怎样设计选择答案？

师生共同总结一份好的调查问卷应达到的标准。

> 环节（4）需要学生课后完成，在第 2 节课将学生设计的问卷进行展示。展示后，按照调查问卷的评价标准对学生的设计给予反馈，学生能够清楚自己对学习内容的理解程度。师生提出相应的改进建议，进一步完善。

环节 3：怎么整理数据？（画正字，条形图等）

环节 4：以 4 人一个组为单位，选择一个感兴趣的问题（如：中学生上网情况、最喜欢的学科情况等）设计调查问卷。

4. 活动评价

评价者：学生、教师。

评价方式：学生自评、互评，教师点评

评价内容：评价调查问卷

评价标准：

学生设计一份好的调查问卷，按照下面的标准进行评价：

（1）调查目的明确。

（2）问题设计与目的一致。

（3）便于定量处理和分析。

课堂活动二：探究理解活动 1——如果要了解全校 2 000 名学生对新闻、体育、动画、娱乐、戏曲五类节目的喜爱情况，你会怎么做？

1. 活动目标

学生将理解选择全面调查还是抽样调查的关键是取得精度和成本之间的一种平衡。（目标 3）

2. 活动学时

1 课时。

3. 活动流程

引导性问题（1）：你用什么方法收集同学的数据，能做到既省时省力，又能解决问题？ 学习抽样调查，介绍相关概念：总体、个体、样本、样本容量。（学生了解即可）

引导性问题（2）：你会到哪里去收集这些数据？（例如，小明去操场上调查；李欣选了自己的好友做调查；李丽只调查了 3 个人；……从中发现，要使样本具有代表性，必须保证两条：抽取的样本容量要合适；每个个体被抽取的机会均等）

学习活动按一定次序排列，首先进行 1 个初始活动、然后在教师指导下进行 3 个探究活动。初始理解活动引导学生经历统计中全面调查的全过程，进而介绍本单元学习的内容和目标。在探究活动中引导学生理解抽样调查的方法，经历抽样调查的全过程，实现对单元目标的理解，为终极理解活动做好准备。在最后运用掌握的知识和技能完成终极理解活动。

4. 活动评价

评价者：学生、教师。

评价方式：学生自评、互评，教师点评。

评价内容：概念的理解；收集数据方法的选择。

评价标准：

（1）概念的评价标准：

在实际问题中能辨认出总体、个体、样本、样本容量。

（2）抽样调查评价标准：

① 样本容量合适。

② 样本的抽取是随机的。

③ 结合数据结构抽样。

课堂活动三：探究理解活动2——某地区有500万电视观众，要想了解他们对新闻、体育、动画、娱乐、戏曲五类节目的喜爱情况，你会怎么做？

1. 活动目标

学生将理解选择全面调查还是抽样调查的关键是取得精度和成本之间的一种平衡。（目标3）

2. 活动学时

1课时。

3. 活动流程

引导性问题（1）：能不能用探究理解活动1中的抽样方法对学生的调查数据去估计整个地区电视观众的情况呢？

引导性问题（2）：如果抽取一个容量为1 000的样本进行调查，你会怎么样调查？

可以采用的方式：分比例抽取，如青少年、成年人、老年人的人数比为2∶5∶3，则三个年龄段的抽取人数分别为200人、500人、300人，共1 000人。

引导性问题（3）：这种抽样与曾学过的抽样有什么不同？

引导性问题（4）：条形图和扇形图在直观反映统计信息时各有什么优点和缺点？

4. 活动评价

评价者：学生、教师。

评价方式：学生自评、互评，教师点评。

评价内容：收集数据方法的选择。

评价标准：

抽样调查评价标准：

（1）样本容量合适。

（2）样本的抽取是随机的。

（3）结合数据结构抽样。

课堂活动四：探究理解活动 3——为了参加全校各年级之间的广播体操比赛，七年级准备从 63 名学生中挑出身高相差不多的 40 名同学参加比赛，如何选人？

1. 活动目标

学生将理解选择什么样的统计图描述数据取决于两个方面：一是你面对的是什么样的数据，二是你要用统计图展示什么信息。（目标 4）

2. 活动学时

1 课时。

3. 活动流程

（1）学生自己设计方法，并考虑用到扇形图和条形图分析，教师展示用这两种图设计的结果，让学生意识到用这两种图很难分析连续数据的信息。

（2）教师讲解直方图。

（3）通过给出不同的组距让学生学会选择合适的分组方法。

4. 活动评价

评价者：学生、教师。

评价方式：学生自评、互评，教师点评。

评价内容：是否能读懂直方图；是否会根据情况选择直方图。

评价标准：

（1）学生能够读懂直方图中的组距、频数分布表等信息。

（2）学生能根据情况选择扇形统计图、直方图、条形图。

课堂活动五：终极理解活动——小组根据选择的一个感兴趣的问题完成调查报告。要求展示调查主题、对象、问卷，用 PPT 展示，用电脑绘制统计图表，分析数据并总结

1. 活动目标

学生将体会利用统计数据帮助我们了解世界的现状，为我们制订决策提供

依据。（目标 5）

2. 活动学时

2 课时。

3. 活动流程

（1）每组汇报 4 分钟。（全组成员上台展示）

（2）其他小组评价 3 分钟。

（3）每组汇报完，以小组为单位对各组研究性学习成果进行打分。

（4）小组课下继续完善调查报告。

学生以小组为单位设计了如下的研究课题：

世界杯你最支持的球队；

中学生追星情况；

最喜欢的学科调查；

学校食堂满意度调查；

中学生最喜欢的电视节目调查；

中学生交友方式调查……

4. 活动评价

评价者：学生、教师。

评价方式：学生自评、互评，教师点评。

评价内容：学生的调查成果，小组合作。

评价标准（表 2-13）：

表 2-13 研究性学习成果评价量规表

评价指标		分值	分数									
一级指标	二级指标		第一组成员	第二组成员	第三组成员	第四组成员	第五组成员	第六组成员	第七组成员	第八组成员	第九组成员	第十组成员
调查目的	调查问题有研究的价值	10										
调查对象	调查对象与调查目的匹配	20										
调查方法	调查问题设计合理	10										
	样本容量合适	10										

续表

评价指标		分值	分数									
一级指标	二级指标		第一组成员	第二组成员	第三组成员	第四组成员	第五组成员	第六组成员	第七组成员	第八组成员	第九组成员	第十组成员
描述数据	能恰当使用统计图和统计表	20										
调查结论	研究所得结论与调查数据联系紧密	10										
交流配合	经历小组合作学习，学会如何与人协作	20										
总分												

✻“统计”单元教学设计

单元名称：人教版高中数学教材必修 3 第二章统计

教材内容：“统计”

单元课时：8 课时

设计人员：曾辉、夏繁军、侯华芬、郝俊奎、葛亮、黄冰

单元教学设计概览（图 2-11）

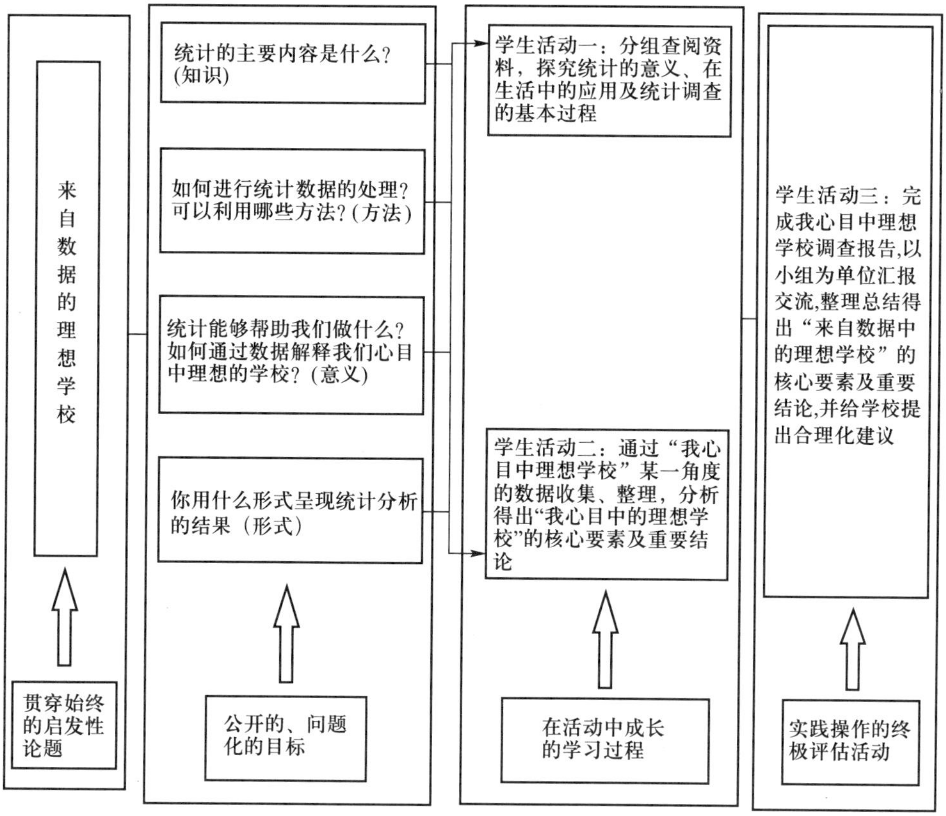

图 2-11 “统计”单元教学设计概览

一、启发性论题的设计

（一）寻找启发性论题的过程

1. 教材分析

“统计”单元是人教版必修 3 的一个单元。统计的主要任务是通过数据处理，进行预测和决策。数据处理的全过程包括收集数据、整理数据、分析数据。学生将通过实际问题情境，学习随机抽样和用样本估计总体的基本方法，体会用样本估计总体及其特征的思想；通过解决实际问题，较为系统地经历数据收集与处理的全过程，体会统计思维与确定性思维的差异，形成科学合理的决策意识。

2. **学情分析**

从数学学科来说，学生在初中接触了统计的基本知识，对于统计有一些基本的了解，知道在某个角度利用频数和简单的统计图表估计总体情况，有了研究性学习的基础。但是对于如何将实际问题数据化，如何收集数据，如何从数据中提取有价值的信息并做出科学合理的决策，学生并没有经历，对于统计的基本思想和意义体会不够深。从学生的认识来说，他们认为数学与实际的联系不够紧密。

3. **教学困惑**

○ 统计的本质是什么？

○ 统计的教育价值在哪儿？

○ 它与数学的各个模块、与社会生活、与学生的实际生活有怎样的关系？

○ 学生为什么学习？学习什么？如何学习？

4. **深入研讨，确定启发性论题**

> 确定启发性论题基于两个方面的理解：一是对于数学的理解：主要包括对数学的本质、数学的思维特征、数学教学的本质及数学的教育价值的理解；二是对于学生的理解，主要包括对学生的知识储备、思维特点、兴趣爱好、学习特点等的理解。教学活动是架构于教师与学生之间的桥梁，其中的启发性论题是桥梁架构的一大支柱。

我们备课组通过几次研讨，深入思考了上述问题，对统计有了越来越深的理解。统计的本质是利用样本估计总体，体现数据的价值，它主要是通过数据的收集、整理和分析，找到数据背后所蕴含的事实或者规律，为科学合理地进行预测和决策提供依据。由于统计是围绕数据说话的，所以刚开始时我们想到的启发性论题是“数据分析”“用数据说话”“揭开事实，改善生活”“数据的价值”等，但经过大家反复研讨论证，发现有一些问题。例如，“数据分析”仅仅着眼于知识层面，缺少更高位的目标；“揭开事实、改善生活”则涉及范围太广，事实上，不仅仅在数据统计当中，在数学以及其他学科中也会有揭开事实、改善生活的作用。经过这样的思考过程，我们再次确定要紧扣统计的思维特征和教学目的，将“用数据分析，让事实说话”当作启发性论题。

后来再次研讨论证的时候，又发现其实这个论题虽然紧扣了统计的基本思想及其应用，但还是距离学生比较远，我们不断问自己：学生为什么做？学生感兴趣吗？与学生联系最紧密的是什么？在你一言他一语的讨论中，我们想到了与学生联系最紧密的就是学校，学生每天都在学校里生活学习，对于学校比较有感情，对于学校的各种设施、各种课程、教师、同伴、饮食、校服等都比较感兴趣。联系前一段热门话题“来自星星的你”，我们最后将启发性论题确定为“来自数据的理想学校”。

（二）论证启发性论题

1. 论题是否在一个或多个学科领域起重要和中心作用

统计就是围绕数据说话，挖掘数据的价值，启发性论题包含着单元核心“数据”；此外启发性论题具有实践性意义，对于学校具有借鉴的价值，对于学生具有启发性，可以使学生全方位体会和感受学校的各个方面，便于学生更好地利用学校的资源发展自己。

2. 论题是否能够吸引学生

启发性论题“来自数据的理想学校”贴近学生的生活，学生每天都在学校里生活学习，熟悉学校的环境、设施、老师及同伴，对于这一切又有自己的看法和期待，对于论题有足够的兴趣。此外，学生可以结合自己所学的统计知识和方法解释自己的想法，从不同角度表达自己的想法和愿望，因此启发性论题对于学生有足够的吸引力。

3. 论题是否能够吸引教师

教师是学校的一员，每天和学生生活在一起，也想知道学生心目中的学校是什么样的，这对于师生关系的和谐、教师促进学生的发展、学校的发展等方面都具有实践性意义。

4. 是否可以找到多种相关资源来理解论题

基于启发性论题与学生的密切关系，学生可以找到多种资源来帮助理解，他们周围的资源丰富、易收集，如体育实施、专业教室、社团活动等。

5. 论题是否与学科里的其他论题、其他学科以及学生的校外生活有明显的联系

数据分析是一种科学决策的方法。在大数据时代，数据已经渗透在社会的各个方面，在各个方面起着举足轻重的重要，经济的发展、社会的进步、每一项政策的出台、每一个决策的制定背后都有数据的支持，因此进行数据分析、挖掘数据背后的信息是社会的各个方面必不可少的。

经过这样的论证之后，我们最终将启发性论题确定为“来自数据的理想学校”。

在实践过程中，我们发现对于这个论题，学生表示了极大的兴趣，他们非常愿意表达自己的想法，从不同的角度说明了对于理想学校的畅想，从学校的各种设施、课程、教师、学生到饮食都想到了，在教师的引导及小组的合作研讨下，每一个小组都确定了自己的研究角度，他们摩拳擦掌，蓄势待发。

二、单元理解目标的确定

（一）理解目标搜寻行动

“为理解而教”的教学模式强调学生的理解，对于理解目标来说，必须紧紧围绕启发性论题和统计的本质展开，学生的理解层面包含知识、方法、目的和形式四个层次，这四个层次代表四种不同层次的理解水平。知识是在课标中明确规定的教学目标和内容。方法是我们获取知识和达到目标的过程中所使用的手段。目的是我们学习这部分内容的意义，例如，从学习的目的来讲，学生学习的最终目的是明确所学知识与实际生活的联系，并且能够利用数学知识解决实际问题。此外，通过本单元的学习培养学生处理数据的能力及分析解决问题的理性思维能力。形式是学生利用哪些方式表达所学的知识及方法，体会知识的意义。

在制订理解目标的时候，我们首先考虑到的就是课程标准中的知识目标，学会合理收集、整理、分析数据，利用数据解释某一现象或论证某一结论；其次我们考虑学生学情，对于数学的知识、思想方法来说，学生在初中阶段接触了统计的基本知识，对于统计有一些基本的了解，知道在某个角度利用频数和简单的统计图表估计总体情况，有了研究性学习的基础；但是对于如何将实际问题数据化，如何收集数据，如何从数据中提取有价值的信息并做出科学合理的决策，学生并没有经历。对于统计的基本思想和意义，学生的体会不够深，学生普遍认为数学与实际的联系不够紧密。因此我们在充分研究课标、教材以及学情的基础上，围绕着启发性论题制订了理解目标，学生将通过实际问题情境，学习随机抽样和用样本估计总体的基本方法，体会用样本估计总体及其特征的思想；通过解决实际问题，较为系统地经历数据收集与处理的全过程，体会统计思维与确定性思维的差异。

（二）目标锁定

在描述理解目标的时候，一方面我们学习“为理解而教”的教学理论，另一方面我们研读了课程标准、教学参考书等资料，力求将课程标准中学生需要理解的知识与技能、过程与方法以及情感、态度与价值观与“为理解而教”框架中的知识、方法、目的及意义很好地融合在一起。同时利用准确的语言清晰地表达，理解目标就能够一目了然，便于其他人员（包括家长、其他学科教师）理解。事实上，在教学实践过程中，当学生看到理解目标后，就会比较清楚地明白自己的学习目标，促进学生更加自觉地为学习作准备。

我们分别从知识、方法、目的、形式四个角度进行了论述，同时利用疑问句及陈述句的描述方式，知识目标力求具体且指向明确，着眼于统计的具体方法，立足于学生学习统计的意义，这样的描述便于学生清晰地知道为什么学习、将学习什么、如何学习统计知识及将要达到什么程度（表 2-14）。

表 2-14　单元理解性目标

目标	问句	陈述句
目标 1（知识）	统计的主要内容是什么？	1. 统计的主要内容是数据处理。数据处理包括数据的收集、整理、分析 2. 利用样本的频率分布估计总体的分布 3. 明确数据的意义，会分析样本数据的平均数、方差等数字特征，估计总体的数字特征

续表

目标	问句	陈述句
目标 2（方法）	如何进行统计数据的处理？可以利用哪些方法？	1. 把现象数据化 2. 抽样方法 3. 列频率分布表 4. 画频率分布直方图、条形图、茎叶图、折线图、条形图 5. 计算平均数、方差、标准差
目标 3（意义）	统计能够帮助我们做什么？如何通过数据解释我们心目中理想的学校？	统计是研究如何合理收集、整理、分析数据的学科，它不仅可以帮助我们利用数据解释心目中理想的学校是什么样，还可以为学校制定科学合理的决策提供依据
目标 4（形式）	你用什么形式呈现统计分析的结果？	用文字、图表、公式的形式呈现分析结果

（三）目标论证

> 理解目标指向启发性论题，针对学生而制定，包括学科知识、学科思想方法、学科思维、学科能力，是教师架构学生与数学之间桥梁的主要支柱之一。

理解目标针对学生需要理解的统计单元的重要内容，清晰地采用了疑问句和陈述句来表示，便于学生明确本单元需要学习什么、如何达到目标以及达到什么程度。我们制订的理解目标能够反映多个层面的理解，针对基础知识、基本方法、统计单元思维特征、统计的基本思想等层面，即知识、方法、意义、形式四个层面。但不是每一个理解目标都能反映所有的层面。数据分析是学生理解的重点，也是学生理解的难点。不同的学生理解的层次会不同，如对于统计图表的意义及分析学生会有不同程度的理解。只有准确理解统计图表的意义，正确分析统计图表，才能够深刻理解启发性论题，所以我们的目标重点针对的是单元的核心——数据分析。

我们的目标是针对学生需要理解的重要内容描述的，是学生在本单元将要理解的统计基础知识、基本方法、统计单元思维特征、统计的基本思想等，不是针对学生的行为。

三、理解活动的设计与评估

理解活动的设计指向启发性论题，以帮助学生的理解和促进理解目标的达成。经过几次研讨，我们设计了三个理解活动，包括初始理解活动、探究理解活动和终极理解活动。其中初始理解活动是针对统计的整体认识，同时结合实际问题进行的设计；探究理解活动针对统计分析的全过程，即研究的问题—数据的收集—数据的整理—数据的分析，学生系统地经历这个过程，可以理解统计的基础知识、基本方法和基本思想。终极理解活动是学生经历了统计分析的全过程之后，得出结论，并进行反思与调整，然后在汇报交流的过程中进一步理解统计单元的核心概念及基本思想。

> 理解活动设计指向启发性论题，围绕理解性目标进行，需要围绕学科学习的核心，启发学生的兴趣，引发学生的思考，激励学生主动的探究学习，是教师架构学生与数学之间桥梁的主要支柱之一。

“为理解而教”的教学强调评估的过程不仅仅是评估，而且是一个促进学习的过程。同时评估不只是单元结束时的考试，而且是能够为学生和老师提供信息，以表明学生当前理解了什么，以及如何进行下一步的学习。在研讨的时候，首先要确定评估的指向性，针对理解活动，指向理解目标。其次，要确定评估的形式，基于理解活动的特点，形式多样化，既有口头的，也有正式书面的。最后，要确定评估标准。我们和学生一起制订评估标准，以便学生清楚地知道自己学习的方向及目标。所以在每一个理解活动开始以前，都要将评估的形式及标准清晰、明确地描述出来，让学生清楚明白。同时力求使评估与理解目标、理解活动相一致，并且持续进行反馈，这有助于丰富学生的学习过程，促进学生的理解。

课堂活动一：分组查阅资料，探究统计的意义、在生活中的应用以及统计调查的基本过程（课前完成，课上交流），同时描述同学们心目中的理想学校，确定调查研究角度

1. 活动目标

（1）查阅资料，感受统计在生活中的应用及其与我们生活的关系，激发学生的学习兴趣。

（2）学生将了解统计是研究如何合理收集、整理、分析数据的学科，它不仅可以帮助我们利用数据解释心目中理想的学校是什么样的，还可以为学校制定科学合理的决策提供依据。

（3）引发学生思考，启发学生利用数学知识和方法解决实际问题。

2. 活动学时

1 课时。

3. 活动流程

（1）课前分组查阅资料，小组汇报交流对于统计的初步认识。

（2）小组合作描述你心目中的理想学校（头脑风暴）并分类（饮食、校服、老师等）得出初步结论。

（3）小组研讨确定“理想学校”调查角度，设计调查问卷、查阅资料。（结合课余时间进行）

> 评估是为了促进学生的理解，它强调持续性。评估伴随着学生的学习过程，形式多种多样，可以是口头的、书面的，也可以是考试；评估者不仅限于教师对于学生的评价，还可以是学生的自我评价、学生之间的互相评价。评估是教师架构学生与数学之间桥梁的主要支柱之一。

4. 活动评价

评价者：学生、教师。

评价方式：学生自评、互评，教师点评。

评价内容：对于统计的认识、小组的研究角度的可行性、语言表达。

评价标准：

（1）语言表达：语言描述清晰、准确、流畅、易懂。

（2）“理想学校”的结论有依据，能呈现大家讨论的过程。

（3）小组确定的“理想学校”研究角度有实践意义，能够对学校的实际工作有借鉴价值，便于学校进行调整。

课堂活动二：通过“理想学校”某一角度的数据收集、整理，分析得出“我心目中的理想学校”的核心要素及重要结论

我们的想法是，通过分析学生的情况，发现学生对于统计的基础知识学习和理解还不够。我们设计的教学活动易于走进实际问题，却忽视了学生对基础知识和基本方法的掌握。因此，我们决定两条线一起走：一条线是实际问题，即“理想学校”数据的收集和整理；另一条线是对统计的基础知识和基本方法的学习。在初步掌握和理解统计的基本方法的基础上，把“理想学校”数据的收集和整理当作实际操作性任务来完成，这可以为完成终极理解活动奠定基础。

学生要进行统计分析，需要明确统计分析的基础知识及基本方法。对于统计的基础知识和基本方法的学习，学生可以通过自己阅读思考问题及同伴的讨论解决大部分问题，因此探究理解活动之一是“看书做笔记并思考下列问题”，教师设计问题引导学生思考，小组讨论之后，结合学生的情况进行点拨（主要从统计的基本思想、数据的意义及分析层面进行点拨），引导学生理解统计的基本思想及方法，探究统计的本质。当学生明确了统计的基本思想、基础知识及基本方法之后，再结合具体的实际问题进行数据的收集、整理及分析，在实际问题的解决过程中进一步理解统计的基本思想、基础知识及基本方法，为进行终极理解活动奠定基础。

1. 活动目标

（1）能根据“理想学校”调查的需要，选择适当的抽样方法合理地选取样本，并通过试验、查阅资料、设计调查问卷等方法收集数据，从样本数据中提取基本的数字特征（如平均数、标准差）。

（2）在整理样本数据的过程中，学会列频率分布表、画频率分布直方图、折线图、茎叶图，体会它们各自的特点并做出合理的解释。

（3）在解决“理想学校”问题的过程中，进一步体会用样本估计总体的思想，学习用样本的频率分布估计总体分布，以及用样本的基本数字特征估计总体的基本数字特征的基本方法；初步体会样本频率分布和数字特征的随机性。

（4）能借助散点图直观认识变量间的相关关系。

（5）能确定小组课题中两个变量的相关关系。

2. 活动学时

4课时。

3. 活动流程

（1）独立看书做笔记并思考下列问题。（下列问题可以帮助你检测对概念的理解程度）

① 抽样的方法有哪些？ 这几种抽样方法有什么联系？ 它们分别适用于哪些场合？

② 收集数据的常用方法有哪些？

③ 如何列出样本的频率分布表？ 如何画出频率分布条形图、直方图、折线图、茎叶图？ 频率分布表和频率分布条形图、直方图、折线图、茎叶图能够反映哪些有用的信息？

④ 平均数、众数、中位数能够反映数据的什么特征？ 标准差、方差能够反映数据的什么特征？ 如何用样本的平均数、众数、中位数、标准差、方差估计总体平均数、众数、中位数、标准差、方差？

⑤ 如何判断两个变量具有相关关系？ 如何判断两个变量具有线性相关关系？ 如果存在相关关系，如何得到回归直线方程？ 如何用回归直线方程进行预测？

（2）独立完成课后的练习题。

（3）小组之间交流，补充完善自己的笔记，核对习题答案。

（4）以小组为单位进行班级交流，教师就核心概念进行点评。

（5）小组完成自己的课题（结合课下时间进行），具体任务及要求如下：

① 收集数据：针对你选择的“理想学校”的角度，从简单随机抽样、分层抽样、系统抽样中选择适当的抽样方法抽取样本，进行问卷调查，收集数据。

② 整理数据：针对你收集的“理想学校”的数据，从数据频率分布表和频率分布条形图、直方图、茎叶图、折线图中选择适当的图表进行整理。

③ 分析数据：针对你收集的“理想学校”的数据，利用数据的平均数、众数、中位数、标准差、方差等得出结论；选取你所收集的数据中的两个变量，判断它们是否具有线性相关；如果存在线性相关，请进行预测。

4. 活动评价

（1）对于“独立学习小组交流”的评价

评价者：学生、教师。

评价方式：学生自评、互评，教师点评。

评价内容：对于统计的认识及学习方法。

评价标准：

① 能够安静地阅读。

② 能够认真做笔记，笔记应包括：思考问题的回答、核心概念及其关系。

③ 正确做答课后练习题。

④ 标注自己的疑问。

⑤ 同伴交流后能够及时补充完善自己的笔记。

（2）对于“理想学校的调查分析”的评价

评价者：学生、教师。

评价方式：学生自评、互评，教师点评。

评价内容：围绕对于统计调查的基本过程及方法。

评价标准：

① 收集数据：能够选择适当的抽样方法进行抽样收集数据；样本容量至少 50 个。

② 整理数据：至少有两种以上图表整理数据。

③ 分析数据：能够利用样本数据的平均数、众数、中位数、方差、标准差的意义分别分析估计总体的特征。

④ 得出结论，写出可行性报告，对学校提出合理化建议。

课堂活动三：完成“理想学校”调查报告，整理总结得出“来自数据的理想学校”的核心要素及重要结论，并给学校提出合理化建议

我们的想法是，学生在完成“理想学校”调查报告和准备汇报交流的过程中，需要用到统计的基础知识及思想方法，整理总结得出“来自数据的理想学校”的核心要素及重要结论，并给学校提出合理化建议。在学生汇报的时候，内容需要包含选题角度分析、收集数据（问卷调查的设计与抽样方法的确定）、整理数据（用什么图表整理数据）、分析数据（利用哪些数字特征分析）、结论分析、反思与收获等。此外，学生在互相碰撞交流的过程中，不断思考统计调查和分析的基本方法，加深对目的的理解。

1. 活动目标

通过“理想学校”的调查分析，学生较为系统地经历了数据收集与处理的全过程，得到“来自数据的理想学校”的核心要素及重要结论，给学校提出合理化建议；同时体会统计思维与确定性思维的差异，形成科学合理决策的意识。

2. 活动学时

3 课时。

3. 活动流程

（1）以小组为单位进行汇报。

（2）同伴、教师提问。

（3）小组进行互评。

4. 小组汇报要求

（1）展示时长 8 分钟，提问 3 分钟，共 11 分钟。

（2）展示内容包含选题角度分析、收集数据（问卷调查的设计与抽样方法的确定）、整理数据（用什么图表整理数据）、分析数据（利用哪些数字特征分析）、结论分析、反思与收获等。

5. 活动评价

评价者：学生、教师。

评价方式：学生互评，教师点评。

评价内容：对于统计调查的基本过程及方法的认识。

评价标准：具体请参照表 2-15。

表 2-15 小组汇报评价标准

等级	A	B	C	D
汇报语言	准确、流畅、清晰、易懂	准确、清晰	比较准确、清晰	比较生疏、难懂
研究过程	完整规范，时间安排合理，能够用多种数据处理方法进行研究，能够呈现规范的研究过程，并能反思和对研究过程进行调整或提出自己的疑问	完整规范，能够用多种数据处理方法进行研究，能够呈现规范的研究过程，并能反思和对研究过程进行调整	完整规范，能够用一种数据处理方法进行研究，能够呈现规范的研究过程，并能反思	完整规范，能够用一种数据处理方法进行研究，能够呈现规范的研究过程
分工合作	每个成员都积极参与活动，分工明确，汇报过程中学生之间积极进行互相补充	每个成员都参与活动，分工明确	每个成员都有分工，汇报过程中有互相补充的意识	分工不明确
应变能力	自信淡定、反应敏捷、解答清晰	解答较清晰	解答欠清晰	无法解答

理解活动中学生的表现

在教学实践过程中，学生进行理解活动的时候非常投入，自己独立学习的时候非常安静，从他们的表情看都是在用心思考、用心记录，标注自己的疑点，一旦进行小组讨论，我们能够看到他们答疑解惑时的兴奋；当他们进行课题研究时，我们发现学生的思考更是积极、投入的，他们的思考比老师想得要宽、要深。例如，对于社团活动的承办以谁为主的时候，他们想到的有学生承办、教师承办、专业人员承办、各方人员共同承办；校园文化建设中可以利用的场地有楼层的一角、楼层墙壁、楼梯的拐角、教室的门窗……

学生设计好调查问卷，并利用适当的抽样方法进行了问卷调查。其中遇到的最大困难是他们不知道如何与数据联系，如何将统计结果数据化，如何进行数据分析，这就是教师需要引导、点拨的地方。一方面可以引导学生自主查阅资料、相互讨论解决问题；另一方面可以借助于教师的点拨和启发来解决问题。在这个过程中，学生对于统计中的数据有了更深刻的理解和认识，这也促进了学生的深入学习，逐步促进了理解目标的达成。

学生在持续性评估中的表现

在与学生一起制订评估标准的时候，学生能够感受到自己是学习和课堂的主人，学习是自己的事情，这可以调动学生学习的积极性。此外，教师还发现，如果放手让学生参与其中，学生有很多很好的想法，基本上能够想到从哪些角度进行评估、评估什么、如何评估。学生和教师都很有收获，师生在讨论评价标准的过程中，对理解活动及其目标有了更清晰的认识，学生清楚了做这个活动的目的和标准，也明白了自己努力的方向，同时促使教师进一步反思理解活动的设计是否能够达成目标。

事实上，在教学实践过程中，评估的确促进了学生的学习和理解。当学生进行理解活动的时候，他们会参照评估标准及时调整和完善自己的学习。例如，在整理数据的过程中，一开始有些小组只用了饼状图或者柱状图整理，他们对照评估标准，发现需要至少两种图表，而且是目前学习的图表，所以他们进行了调整，思考如何利用频率分布直方图表示，这就促进了他们对频率分布直方图的理解，同时也加深了他们对统计图表意义的理解。

✻“社会实践方案设计”单元教学设计

单元名称：北师大版初中英语教材七年级下册第四单元“季节和天气”

教材内容：学校旅行方案之——“设计征集”“明确的目标”“有意义的活动”“合理的路线”“小组汇报”

单元学时：10 课时

设计人员：邓艳、曹亚光、刘郁、陈群、蔡玲昀

单元教学设计概览（图 2-12）

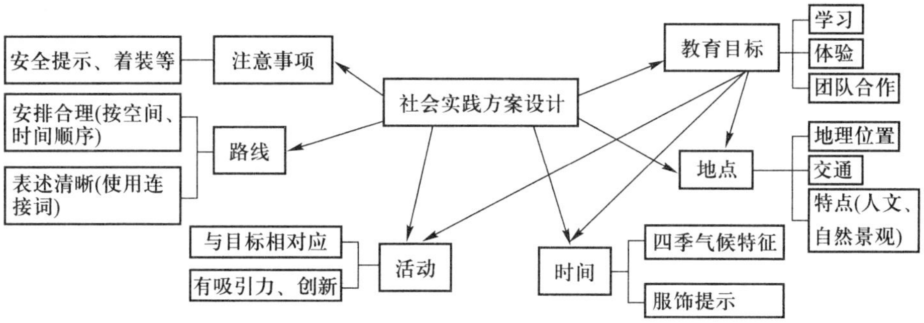

图 2-12 “社会实践方案设计”单元教学设计概览

一、启发性论题的设计

（一）寻找启发性论题的过程

第一阶段：从教材出发，分析、提炼核心话题

> 与实际生活贴近的真实的活动设计才能吸引学生，调动师生共同参与。

该单元的题目为“Weather and seasons”。根据教材内容，联系到“季节”与“天气”这两个话题，我们初步确定启发性话题为“假期去哪里玩儿？”。这个话题接近学生的生活实际，也容易引起学生的兴趣，但在此话题下我们能想到的探究任务仍旧不能脱离传统的设计模式——“假设你是旅行公司的员工，请为客户设计一份暑假出游的推荐线路”。这种让学生“伪装”出来的任务还是让我们感到缺乏创新。

第二阶段：深入挖掘教学内容的意义和价值，努力从学生的角度来思考问题

我们从另外一个角度思考课本内容：我们为什么要带着学生讨论去哪里玩儿的问题？答案可以是为了寻找和体验生活中的美好。这样，我们第二阶段的启发性论题产生了：To experience the beauty in different seasons（体验和发现四季之美）。可回到教材，我们才发现课文中所蕴含的语言材料并

没有那么丰富，而且初一学生的词汇水平还达不到这样的高度，因此目标落实起来会遇到很多困难。于是我们继续思考学生和旅行之间能建立起怎样的联系。

第三阶段：超越课本，从生活实际出发去寻找师生共同感兴趣的真实话题

我们想到了学生为学校建游泳池提供设计方案的案例，案例中教师借助这个发生在学校里的真实事件，把面积、体积等知识巧妙地融合在一起，因此整个学习过程非常有趣。那么，回到我们的教学单元，能够在学校这个背景下进行的旅行活动又能有什么呢？当然是学生的社会实践活动——“school trip”！

（二）论证启发性论题

> 启发性论题一定是老师和学生都感兴趣的话题。它能在激发学生兴趣的同时，激发老师无尽的兴趣和创造性，达到课堂效果最优化。

1. 中心性：“School trip”方案的设计涵盖了学校活动、计划与安排、天气、旅游与交通、自然等英语课标中的话题，以及听读提取信息、归纳概括、搜集加工信息、构建框架、书面表达等能力要求。此外，这个话题能加深学生对北京的了解，帮助学生更好地在国际文化交流中用英语介绍首都的特色。

2. 吸引力：这个单元让学生自己设计社会实践活动并开展年级竞选，中标方案将成为下学期年级的社会实践方案。这个论题极大地激发了所有师生的参与热情。

3. 资源易得性：学生能从课本、阅读材料、网络、生活经历等多种渠道获取资源。

4. 联系性：这个论题涉及地理、历史、科学等跨学科知识，并与学生上一次社会实践活动经历以及旅行经历密切相关。

5. 挑战：学生遇到的主要挑战为设计实践方案和汇报实践方案。对此，我们采取了教师推荐相关英文网站、设计调查问卷、提供真实的社会实践设计范例、提供及时的任务进展评估等方式来帮助学生克服这些困难。

二、单元理解目标的确定

（一）理解目标搜寻行动

> 逆向教学设计帮助我们确定终极任务、评估方案和理解目标。有了明确的教学指向，我们也开始不断丰富和充实理解活动设计。

启发性议题一旦确定，理解目标就是实现其价值的最直接体现。在这个问题上，美国的威金森博士提出的“逆向设计”教学理论为我们提供了有力的思想工具——我们从单元教学的终极任务开始思考，我们需要给学生提供什么样的帮助与铺垫，才能让他们顺利完成任务。

我们的终极任务比较明确，即学生要以小组为单位提供一份自行设计的“学校社会实践活动计划书”来参加竞标。我们参考了学校以往的中文版计划书，并上网搜集了英美国家的学校郊游策划书，明确了本单元学生必须理解的几个核心概念：教育目标、实践目的地、时间、活动安排、路线安排及注意事项等。从这些项目来看，学生在策划这一方案的过程中，除了需要用到很具体的语言支持外，还要具备查找资料、设计合理的活动及路线等各方面的能力。可见，学生通过完成这个单元的学习，可以收获的东西一定是非常丰富而又实际的。

> 丰富的国内资源和国际资源让我们的活动更加生动、真实，同时也可以考验学生自主学习能力（查资料、筛选和论证），激发学生参与的热情。

（二）目标论证

启发性论题是一个任务，所以理解目标就是学生在完成这一任务的过程中逐步需要达到的目标。我们在每一节课上都呈现给学生相应的目标，给师生以任务引导和动力。

三、理解活动的设计与评估

> 理解活动评估的作用在于不断促进教师的教和学生的学，帮助老师明确理解目标，帮助学生更清楚自己的学习进度以及需要加强之处。

本单元任务是每个小组设计一份完整的社会实践活动方案来进行竞标。我们需要帮助学生逐步加以实现，并让学生在完成任务的过程中得到及时、细致的反馈，以不断进行修正和调整。理解活动评估的作用在于不断促进教师的教和学生的学。教师可以通过制订评估标准使自己对理解目标有更加清晰、全面、深刻的认识，并在教学过程中判断和衡量学生对于特定目标的掌握程度，进而了解自己教学的效果和进展情况。同时也可以根据标准给学生提出反馈意见，帮助学生更清楚自己的学习进度以及需要加强之处。

课堂活动一：问卷调查

1. 活动目标

学生能够从社会实践的具体事例中分析成功的社会实践方案的特征和核心要素。

（1）回顾上次社会实践的内容，表达自己的感受。

（2）学生能通过问卷调查了解同学对社会实践的看法。

2. 活动学时

1 课时。

3. 活动流程

（1）学生回顾初一的汽车博物馆社会实践活动，并发表对那次实践活动的看法。

Where did you go last school trip?

Do you enjoy this school trip?

What do you like best about the trip?

（2）观看初一领导力社团去绿伞公司的社会实践录像和英文字幕，回答问题：他们去了哪里？ 他们做了什么？ 你认为你能从这次社会实践中学到什么？ 为什么？

Where did they go on the trip?

What did they do there?

In your opinion, what can you learn from this trip? Why?

（3）完成问卷调查，讨论一个好的社会实践方案所包含的要素。

According to the survey result, what makes a successful school trip?（详见附录1）

（4）学生仿照教师提供的对话范例进行小组交流，发表自己对社会实践活动的意见和想法。

4. 活动评价

（1）在观看录像后能够提取出英文字幕中的信息，回答相关社会实践活动的问题，并说出自己关于社会实践的感受。

（2）学生能在完成英语调查问卷的过程中，学习并认读关于社会实践的相关词汇。

（3）学生在小组活动中能表达自己对该话题的想法。

课堂活动二：年级社会实践活动方案征集

1. 活动目标

通过阅读征集信，学生了解本单元需要完成的任务，讨论并简要回答社会实践方案的构成要素。

2. 活动学时

1课时。

3. 活动流程

（1）阅读社会实践活动方案征集信，提取信息，然后回答：这封信是谁写的？ 这封信是给谁写的？ 作者想让你做什么？ 你要遵循什么要求？

Who writes the letter?

Whom is the letter written for?

What does the writer want you to do?

What requirements do you need to follow?

（2）讨论社会实践方案的构成要素。 What items does a perfect school trip design include?

阅读学校社会实践活动征集信，概括提炼方案的构成要素。（详见附录 2）

What are the key elements that you must conclude in your school trip plan?

Can you design a form to show your ideas?

4. 活动评价

（1）能提取征集信中的重要信息，并回答问题。

（2）学生结合调查问卷，以小组为单位讨论制订社会实践方案的构成要素（社会实践地点、目的、种类、学科话题、时间、简介、活动、路线、注意事项等）（图 2-13）。

图 2-13

课堂活动三：社会实践的教育目标

1. 活动目标

学生从教育目的角度进行思考，解释选择特定地点进行社会实践的原因。

2. 活动学时

1 课时。

3. 活动流程

问题 1：下一次社会实践去北京的哪个地方？ 为什么？ Where should we go for our next school trip in Beijing? Why?

输入北京著名旅游景点的英文地名介绍——长城、天安门广场、颐和园、香山、北京汽车博物馆、植物园、北京大学、天坛、中国科技馆、欢乐谷（the Great Wall, Tian'anmen Square, the Summer Palace, the Fragrant Hills Park, Beijing Auto Museum, the Botanical Garden, Peking University, the Temple of Heaven, China Science and Technology Museum, the Happy Valley）。

问题 2：你为什么选择这个地点？ 下面哪一项能显示理由？ Why do you

choose the place for the school trip? Which item can show the reasons?

结论：清晰的目标成就一个成功的社会实践活动。

A clear goal makes a successful school trip.

问题 3：教育目标是什么？

探究：阅读提取信息。

结论：教育目标最重要的是结合课程的学习目标，通过团队合作，获得新的经历。

课程话题和实践类型（表 2-16）：

表 2-16 课程话题和实践类型

课程话题（学习）Curriculum topics (learning)	艺术和设计 art and design 商务学习 business studies 公民素养 citizenship 设计和技术 design and technology 戏剧 drama 英语 English 工程 engineering 环境研究 environmental studies 地理 geography 历史 history 数学 math 音乐 music 体育 PE 科学 science ……	社会实践类型（获取不同的经历）Types	美术和美术馆 arts and galleries 城市旅行 city tours 垃圾处理中心 waste centers 环境中心 environment centers 工厂参观 factory visits 电影制作 film making 农场和动物园 farms and zoos 博物馆 museums 公园和花园 parks and gardens 剧院 theatres 野生动物和自然 wildlife and nature 团队建设 team building ……

讨论：汽车博物馆社会实践的教育目标是什么？ 小组讨论，汇报。

讨论：我们下一次社会实践活动的教育目标是什么？ 小组讨论，汇报。

Report:

我们计划去……（We plan to visit/go to...）

我们去那里是为了……学习/新体验/团队合作（We can go there for...

learning/new experience/teamwork）

我们能学到更多关于……［话题和类型］（We can learn more about…［topics & types］）

4. 活动评价

（1）能用英语说出 10 个以上北京常见地名。

（2）能从阅读材料中提取社会实践活动的教育目标，并思考社会实践活动和普通休闲娱乐活动的区别。

（3）能思考并说出上次社会实践活动的教育目标。

（4）能思考自己设计的社会实践活动的教育目标，并以此为依据确定合适的活动地点。

课堂活动四：社会实践活动简介（从多个角度介绍选择特定地点的理由，如教育目标、季节特点、地点特色、主要活动等）

1. 活动目标

熟悉北京的地点及特色，并引导学生综合考虑教育目标、季节特点、有吸引力的活动三方面以确定活动地点。

2. 活动学时

1 课时。

3. 活动流程

（1）问题：如何确定活动的时间？ 如何介绍你选择的地点？

听力输入：英语教材第 42 页。

信息提取：从听力中提取关于季节特点、地点特点以及相关活动的信息。

句型提取：小组合作。

A：你选择哪个季节去颐和园？ 为什么？

（Which season do you choose to go to the Summer Palace？ Why？）

B：夏天是去……的好季节，因为夏天烈日炎炎，天气很热，而那儿有很多树和湖，你会感到凉快……

（Summer is a good time to go to… because it's often hot and sunny，but there are a lot of trees and lakes to make you feel cool…)

A：你为什么选择香山作为社会实践的地点？

(Why do you choose the Fragrant Hills Park for the school trip?)

B：……是一个（爬山）的好地方；……以（红叶）闻名；……以秋季最好的观看红叶的地方而为人们熟知。

… is a good place to… (climb mountains), … is famous for… (the pretty leaves), … is known as… (the best place to watch leaves in autumn)

A：我们能在天安门广场做什么？

(What can we do in Tian'anmen Square?)

B：我们能……我们也能……（放风筝，观看升旗仪式）

We can… We can also… fly kites/watch the flag-raising ceremony.

（2）小组活动和成果展示

① 四人一组，根据教育目标确定社会实践活动的地点，并进行简单介绍。

② 记录关键信息，并采用投票方式精选三组，分享他们的选择中值得欣赏的地方，并指出需要改进的地方。

参考案例

内容	句型结构	简要介绍
教育目标	我们能去那里…… We can go there for… 我们能学到更多关于…… We can learn more about…	我认为下一次社会实践我们可以去…… I think we can go to… for our next school trip…
季节特征	春天是……的好季节，因为我认为……是我们在春季……的好地方。 Spring is a good time to… because I think… is a wonderful place for us to… in spring	
地方特色	……是一个参观的好地方。 … is a good place to visit	

续表

内容	句型结构	简要介绍
主要活动	我们能…… We can... 我们也能…… We can also... 我们要…… We are going to...	
小结	总之，……是适合我们去社会实践的好地方。 In a word,... is a good place for school trip.	

4. 活动评价

（1）学生能提取听力材料中关于气候和地点的信息。

（2）学生能在小组对话中内化关于季节、天气和地点介绍的重点词汇和句型。

（3）学生完成实践方案中前5项（教育目标、活动地点、活动时间、地点特色、相关活动）的设计。

（4）学生运用听读材料中的核心句型和相关词汇进行方案设计的初步汇报。

课堂活动五：介绍社会实践的活动（在农场能做的活动及其教育目标）

1. 活动目标

学生能运用连词、情态动词配动词短语、形容词以及一般将来时介绍该地点富有特色的活动，体现教育目标。

2. 活动学时

2课时。

本材料选自人教版七年级下册第十一单元（你们的学校旅行怎么样?）。备课组在使用北师大版教材的同时，创造性地灵活使用不同版本的教材内容，实现材料为教学服务的宗旨。

3. 活动流程

（1）词汇输入和拓展，并建立活动和教育目标的联系。

① 看图描述活动（图 2-14）。

图 2-14

② 小组讨论开展每个活动背后的教育目的。

③ 汇报（表 2-17）。

表 2-17　小组汇报表

活动	教育目标
A. 骑马	获得一次新体验
B. 给奶牛挤奶	学习做农活
……	……

④ 句型输入：通过阅读还原句子，体会活动如何体现教育目标。（详见附录 3）

句型结构分析：分析连词在文章中的作用：first，besides，in a word。

文章结构分析：“总一分一总”结构及相关表达。

语言赏析：分析文章中好的形容词和动词短语的作用，赏析有表现力的好词好句。

Read the passage aloud and pick out three sentences that you like.如表 2-18 所示。

表 2-18

Sentences that you like	Structures

（2）仿写运用：在动物园能做的活动及教育目标。（学生边看图片，边运用所学句型和词汇，讲述动物园的活动，如图 2-15 所示）

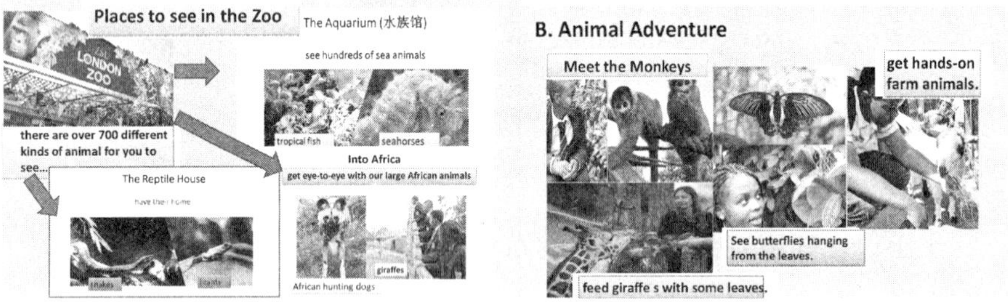

图 2-15

（3）笔头输出、小组讨论和汇报：社会实践活动设计。

图片及文字选自英国伦敦动物园的官方网站，经过教师的简化和编辑，让动物园的社会实践能真实生动起来。

4. 活动评价

（1）学生能根据图片讲述活动，并分析每项活动所承载的教育目标。

（2）学生能通过阅读短文，提取体现文章逻辑的连词和介词短语，以及体现文章内容的动词短语和体现活动特点的形容词。

（3）学生能分析文章结构并赏析文章中的语言。

（4）学生能看图，并逻辑清晰地讲述动物园能做的活动。

（5）学生能根据以下标准汇报出自己设计的社会实践活动。

活动介绍的评价标准：

（1）丰富性——学生能够在那里做各种不同的活动。

Various: students can do different kinds of activities in the place.

（2）有趣——活动足以吸引大多数学生。

Interesting: the activities could be attractive enough for most students.

（3）有意义——学生能够通过这些活动学到知识、技能等。

Meaningful: students can learn quite a lot through these activities including both knowledge and skills.

（4）实际——所有的活动都必须安全并且有时间保证。

Practical: all the activities must be safe and possible to conduct in no hurry.

课堂活动六：社会实践路线设计及注意事项

1. 活动目标

学生通过阅读，概括出介绍活动路线的方法并讨论撰写方案时要考虑的注意事项，用于完善自己的方案。

2. 活动学时

2 课时。

3. 活动流程

（1）阅读探究

① 略读说话者是谁？ 他们在对谁说话？ 他们在做什么？

② 精读两篇文章，提取路线和注意事项的信息。

③ 归纳两篇文章的作者是如何清晰而有逻辑地介绍路线的。

> 有意识地将理解性任务的深入和培养语言意识结合起来，深入浅出地习得英语语言。

（2）口头输出：角色扮演，看图复述出参观动物园或者法国的路线及注意事项。

（3）笔头输出：根据所学习语言，设计所选活动地点的合理行程和注意事项，并清楚体现逻辑性。

描述活动以及路线的动词词组如表 2-19 所示：

表 2-19 描述活动以及路线的动词词组

重要词组	重要时态和句型
① take sb. around ② on such a beautiful day ③ have a sightseeing tour ④ spend some time doing sth. ⑤ have enough time to do sth. ⑥ provide some information about... ⑦ educational tour ⑧ learn French culture ⑨ use French language as much as possible ⑩ travel in three groups	表示将来时态的一般将来时 be going to do/will do 表示事情发生先后顺序的连接词 first... second... next... finally 描述出游提示的相关句型和词组 ① please don't... /you can... ② give sth. to sb. ③ take sth. into... ④ go into/keep off ⑤ stay with sb. ⑥ take pictures

4. 活动评价

（1）学生能从阅读中提取出关于路线和注意事项的信息。

（2）学生能归纳出介绍路线和注意事项的方法和句型。

（3）学生能看图，并准确运用连接词和动词词组复述巴黎和动物园的实践活动。

（4）学生能逻辑清晰地设计出自己的社会实践活动路线，并列举出活动中的注意事项。

路线设计评价标准如表 2-20 所示：

表 2-20 路线设计评价标准

	A	B
语言 Language	1. 正确地使用丰富的动词词组和句子 Use the abundant verbal phrases and sentences correctly. 2. 正确地使用动词时态 Use the verbal tense correctly.	1. 正确地使用一些动词词组和句子 Use some good verbal phrases and sentences correctly. 2. 用正确的时态 Use the correct tense.

续表

	A	B
逻辑 Logic	3. 用连接词体现逻辑思考 Use some linking words to show the logic thinking.	3. 尽量用连接词，但出现了一些错误 Try to use the linking words, but there are some mistakes.
内容 Contents	4. 周到地考虑五个以上的友情提示，帮助老师和同学知道更多关于社会实践的注意事项 Think about more than five tips to help teachers and students know more about the school trips to show your consideration.	4. 有一些友情提示，但还有一些问题无法解释 There are some tips but there are still a few questions unanswered.

课堂活动七：社会实践活动方案展示及评价

1. 活动目标

学生使用评价表欣赏和分析他人的方案，能够从内容、语言、陈述技巧及团队合作四个方面对其他小组的方案进行评价，深入理解方案的评价标准，进而完善自己的方案。

2. 活动学时

2 课时。

3. 活动流程

（1）方案评价标准解释。

（2）任务分配：学生分为 A、B、C、D，分别布置评价任务。

（3）方案展示（PPT）及评价。

（4）各个小组根据其他人的反馈意见修改完善自己的方案，然后发布到校园网上参与评选，结果将在下学期初产生并公示。

4. 活动评价（表 2-21）

表 2-21 方案评价

	The Criteria of the Plan	☺	😐	☹
内容 contents	1. 有清晰的教育目标 It has clear educational goals			
	2. 提到了相关的课程话题，如历史、博物馆、科学等 It mentions related curriculum topics, such as history, museum, science...			
	3. 有合适的时间、季节、天气及其替代方案 It involves suitable time, season and weather, including weather alternative plan			
	4. 有合适的地点和有吸引力的理由（距离、景色、季节） It involves a proper place and attractive reasons, such as distance, scenery, season			
	5. 有合适的、实际的和有创意的活动 It covers proper, practical and creative activities			
	6. 有不同的路线介绍或最佳路线推荐 It suggests different routes or the best route for visit			
	7. 有必要的准备（如衣服、鞋、钱、背包、午餐）和安全提示 It includes necessary preparations such as clothes, boots, money, backpacks, lunch and safety tips/warnings			
演讲技巧 presentation skills	8. 声音洪亮，有目光交流 Loud voice and eye contact			

续表

小组合作 group cooperation	The Criteria of the Plan	☺	😐	☹
	9. 小组成员一起完成任务 Group members finish the task together			
语言 language	10. 清晰、有逻辑 Clear and logical			
	11. 表达和语法准确 Accurate expressions and grammar			
	12. 语言表达丰富和多样 Rich and varied language			

附录 1：

Survey： What school trip do you like best?

◆ **Time**

What season is the best time for your trip?

A. spring B. summer C. autumn D. winter

◆ **Destination（目的地）**

What kind of places do you want to go most in Beijing?

A. places of interests B. playgrounds for kids

C. picnic area D. mountains and rivers

E. factories, farms or zoos F. museums and parks

G. famous colleges H. others：________

◆ **Activities**

● In your opinion, the activities that you like best should be：

A. colorful B. attractive C. creative D. meaningful

● What activities do you choose to do in your school trip?

A. team building B. survival（生存）skills

C. business study D. design and technology

E. culture experience（文化体验） F. others：________

◆ **preparation**

What preparations do you usually make for the trip?

A. food　B. shoes　C. clothes　D. money　E. cell phones

F. routes　G. others: ____________

◆ **Goals**

What goals do you think are the most important, choose three ones.

A. education　B. for fun　C. for adventure and challenge

D. getting close to the nature　E. for sightseeing

F. learning more knowledge and skills　G. getting more experience

H. others ____________

附录 2：

The Contest For The Best School Trip Design

Dear students:

Do you enjoy your last school trip? Do you expect your next school trip? Do you know why millions of students are fond of school trips? They can go to the wonderful playgrounds for kids, many kinds of places of interest or beautiful natural parks. To make the next school trip more attractive and meaningful, here comes a BIG CHANCE for everybody! You can design the next school trip for yourselves and all the students in our grade will vote for the best plan. Big Prizes are waiting for you!

To follow the steps

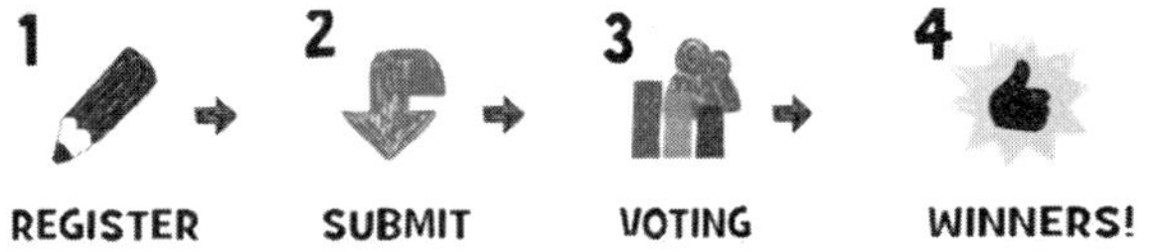

There are three requirements（要求）for the best design

1. The design should be creative, attractive, and be operated easily.

2. It should be completed in a group (3 or 4 members).

3. The best design should conclude all the key items（要素）.

How to become the winners

The top ten designs will be selected through public online voting by all the students in our grade. Then, a group of judges will review these top ten designs again in order to select grand prize winning design and three runner-up ones.

We are looking forward for your wonderful design!

Yours,

School Trip Project Team

May 26th. 2014

Answer these questions:

1. Who writes the letter?

____

2. Whom is the letter written for?

____

3. What does the writer want you to do?

____

4. What requirements do you need to follow?

____

附录 3:

For your next school trip, why not pay a visit to the Happy Farm? It can give you a different feeling about life. The farm is located at the foot of West Hill. It is a large farm with an area of 160 acres. On the farm, there are plenty of things that you can do to enjoy yourselves.

First, ______________________. This will enlarge your knowledge and relate what you learn at school to the real life. Besides, you will have a good chance to try some farm work. ______________________. I'm sure you will have a lot of fun from this. What's more, you can also take a relaxing walk around the farm or have a talk with the farmers. ______________________.

In a word, a visit to the farm will give you a great chance to learn about farming which is a totally new experience for most of the teenagers in city. At the same time, you can also relax yourself and do great teamwork with your group members.

A. For example, you can milk the cows or feed the chickens B. you can see a lot of farm animals, such as cows C. This can help you get familiar with people's life in the countryside

✻ "What's the highest mountain in the world?" 单元教学设计

单元名称： 人教版初中英语教材八年级下册第七单元

What's the highest mountain in the world?

教材内容： Geography and Nature

单元学时： 6 课时

设计人员： 冯国蕊、冯薇、高金莲、姜慧、刘彤、刘薇、刘艳、张华锋、张畅

单元教学设计概览（图 2-16）

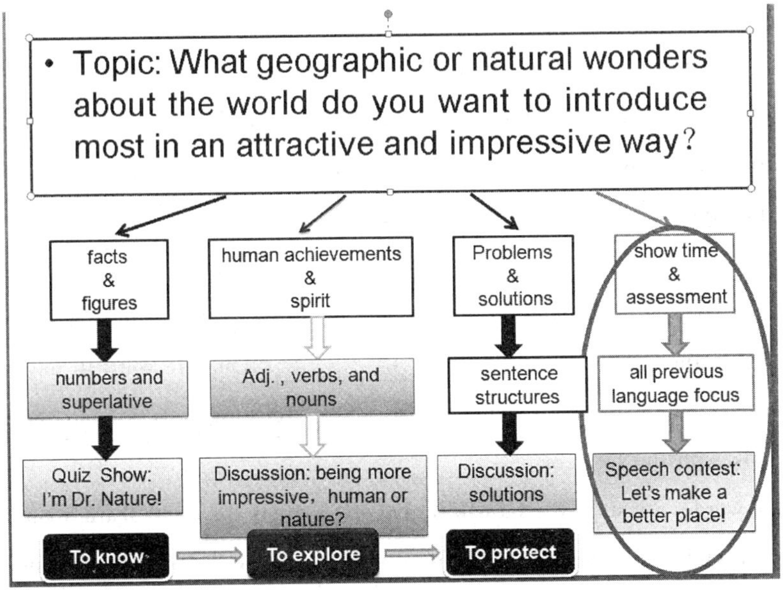

图 2-16 "What's the highest mountain in the world?"单元教学设计概览

一、启发性论题的设计

（一）第一次寻找启发性论题

人教版八年级下英语教材第七单元“What’s the highest mountain in the world?”的话题是“geography and nature”，本单元涉及地理、生物等自然科学的话题，覆盖面非常宽。为了更了解相关话题的内容，我们与学生及地理、生物等学科老师进行了交流，了解到学生在地理和生物学科中大多关注的是自然界生物或者地理环境的多样性、人类与自然的关系。在此基础上产生了相应的问题：地理环境的多样性与人类有怎样的关系？生物的多样性与人类有怎样的关系？基于这样的思考，我们将最初的启发性论题定为“介绍家乡之美，保护生物多样性”。

论证启发性论题：

确定论题后，回到教材中进行反思，我们发现本单元涉及的地理景观、生物物种等话题都是通过某些非常具体的事实性信息，介绍并结合其特征阐释人类与其关系。结合这样的思考，我们将启发性论题调整为“我们，大自然的保护者/破坏者/探索者/改造者”。

（二）第二次寻找启发性论题

把单元的启发性论题确定为“我们，大自然的保护者/破坏者/探索者/改造者”，在这个过程中，我们主要的考虑是，运用较大数字和比较级、最高级等描述世界之最的具体信息，包括介绍对象的过去和现状。通过分享这些事实性信息，期待学生能够得出一个结论，即人类与自然的关系，从而回答人类到底是大自然的保护者、破坏者，还是探索者。

论证启发性论题：

在对这个启发性论题进行论证的过程中，我们进行了预设，并访谈了一些学生。他们认为，这个话题需要自己查找大量关于世界之最的资料，阅读并进行筛选，从而理解人类与其之间的关系。在访谈过程中我们还发现，学生对自己可以选择介绍的话题非常感兴趣，他们的选择通常都是自己熟知并擅长的话题内容，而学生之间选择的话题又各不相同，涵盖范围非常广，有些内容是教师都不了解的。就着这个启发性论题，我们和学生进行了更加深入的交流。在交流过程中，我们发现学生要介绍的每一个话题都可以深入挖掘。以“最神秘的百慕大”为例，老师进行了如下的深度追问。

表 2-22 教师深度追问访谈

教师访谈	学生回答
1. 最想介绍什么话题？	百慕大
2. 为什么最想介绍它？	因为它是世界上最神秘的地方之一
3. 它神秘在什么地方？你怎么证明？	因为那里发生过很多神秘事件，具体例子得回去查一下
4. 它为什么那么神秘？	因为磁场？我们也得回去查一下
5. 你为什么想让大家知道这个地方？	因为好玩……；因为那么多人失踪，应该了解一下；因为想知道有没有办法解决这个问题

（三）确定启发性论题

启发性论题要既能涵盖单元话题，又能促进学生的理解，同时还要能够激发学生的热情和兴趣。在访谈学生的过程中，我们了解到学生的兴趣所在，同时也对学生要介绍的话题产生了浓厚的兴趣，并抱有很大的期待。所以，我们决定把访谈中对学生的追问变成一个启发性论题，这样既能保证学生用上本单元所学到的词汇、语法，也能引导学生进行深入思考。

启发性论题得出的过程是不断思考和验证的过程；验证过程的依据就是一个好的启发性论题的标准：

1. 围绕中心论题。

2. 论题对老师和学生，尤其是学生很有意义。

3. 学生积极地参与学习。

4. 课堂中能够形成真正的求知气氛。

在梳理的过程中，我们认识到了人

教版教材话题选择的脉络，初一的话题从最初的认识自己发展到了解他人，初二的话题基本上都是围绕着认识世界方面展开的。而在八年级下册第七单元"What's the highest mountain in the world?"中，教材希望通过单元学习启发学生思考人类与自然之间的关系。这恰好体现了课标中要求的"学生通过英语课程能够更好地了解世界，开阔视野，丰富生活经历，促进思维发展，形成正确的人生观、价值观和良好的人文素养"。到此为止，我们打通了课标、教材、学情之间的联系。结合学生的兴趣点。由此，我们提出这样的启发性论题：

校电视台新开创了电视节目"The Wonders of the World"，每人限时五分钟，你最想介绍的"世界之最"是什么？你为什么最想介绍它？（关于它你知道什么？它是怎样的？它和人类之间的关系是什么？）知道它对于我们同学的意义是什么？（为什么我们要了解它？）

论证启发性论题：

在这个论题中，学生要在有限的时间里对所要介绍的事物进行了事实性信息描述，从而展现描述对象的特征。通过对人类与其关系的思考，形成自己的结论，最终与其他同学分享，进而激发全班同学的思考。学生思维的发展不仅体现在自己认识的不断发展，更体现在个人的思想能够影响到身边的人和事。伴随着学生思维的不断发展，学生的语言水平也相应地得到提高，能够更好地表达自己的理解。

二、单元理解目标的确定

（一）理解目标搜寻行动

有了一个比较合适的启发性论题后，我们发现这个启发性论题在课堂实施中可以实现的目标是多维度的。但是什么样的目标更重要呢？我们几位老师通过解读课标、考试说明、分析教材并结合启发性论题，确定了这样的理解目标：

Knowledge: to master comparative and superlative, language to talk about geography and nature facts (including large numbers) about the world.

知识层面：学生掌握形容词比较级、最高级等，以及用大数字谈论自然地理事实性信息的语言。

Methods: to learn about nature facts from various aspects (history facts, geography facts, biology facts, human achievement facts).

方法层面：学生学习从不同的角度（历史事实、地理事实、生物事实、人类的成就等）来了解自然地理知识。

Forms: to demonstrate understanding of nature facts through speech, posters, videos and describe details by using superlatives and making comparison.

形式层面：通过演讲、海报、视频展示对自然地理事实信息的理解，并能通过使用最高级和作比较来描述细节。

Purpose: to know and share nature facts and human spirits, be responsible and take actions to protect the nature.

目的层面：了解并分享自然事实和人类的精神，为保护大自然负责任并采取行动。

（二）目标锁定

当得出这些单元目标后，我们发现在各个维度的目标中，学生认识和理解的发展层次不清晰。在与其他单元设计小组的交流中，学科专家也提出了单元设计应该关注学科和理解目标的要求。《义务教育英语课程标准（2011 年版）》对语言技能、语言知识、情感态度、学习策略和文化意识方面的目标都提出了明确要求。在为理解而教的模式下，我们也应该把这些教学目标作为理解目标的一部分，借助理解性目标的脚手架，从知识、形式、方法、目的四个维度来追问自己。

首先学生为什么要学习本单元这样一个话题？英语课程标准中，关于基础教育阶段英语课程的任务有这样的描述，“帮助学生了解世界和中西方文化的差异，拓展视野，培养爱国主义精神，形成健康的人生观，为他们的终身学习和发展打下良好的基础”。学习“世界知识——地理与自然”这样一个话题，旨在促进学生深入思考进而理解人与自然的关系。但是，英语课的学科性体现在哪里呢？通过本单元的学习，学生在语言层面需要理解哪些知识？在描述“世界之最”的过程中，学生少不了用数字来描述，尤其是大数字和小数字，此外，还会用到形容词和副词的比较级或最高级进行比较。

其次，学生可以采用什么样的学习方法促进知识的理解？ 初中英语课时有限，需要充分调动学生学习英语的积极性，把英语学习从课上延伸到课下。因此，设计一个学生感兴趣的任务会收到很好的效果。

最后，采用什么样的形式来呈现学生理解的成果呢？ 我们的结论是，形式可以多种多样。 比如做关于“一站到底”挑战赛，“世界之最”的杂志，环保网站或者环保演讲等。 沿着这样的一个脚手架不断进行自我追问或互相追问，我们最终将理解目标以问句（主要用于课上或者课前呈现给学生）和陈述句两种形式呈现出来。

（三）目标论证

> 结合英语学科的本质思考：
>
> 设计的理解目标应该是能够逐步实现话题之下的语言发展目标，以及语言承载的内容和思想性目标，即设计的理解性目标应该能够体现英语学科的人文性和工具性的学科本质。

理解目标设计是在单元启发性论题的辅助下，考虑每部分理解目标的过程，同时也是思考每部分目标之间逻辑关系的过程，更是考虑每个部分的理解目标与最终服务的那个单元理解目标关系的过程。 修改后的另一阶段的理解目标是学生能够在充分输入、提取信息的基础上，掌握关于介绍对象的事实性信息的词、句等。 第二阶段，学生能够提取、理解并运用事实性信息，概括阅读材料中自然地理的相关特征、人类与其的关系，从不同角度思考人类与自然地理的关系。 第三阶段，学生能够运用数据分析和比较等策略，表达自己的观点，并与身边的同学和老师交流观点，影响他人。

三、理解活动的设计与评估

在不同的情境下灵活运用所学的知识才算实现了真正的理解。 一个单元的理解活动应该与本单元的理解目标紧密联系在一起。 学生的理解活动既要指向单元语言目标，又要指向其所承载的内容目标、能力目标和情感、态度与价值观目标。同时依据理解的发展规律，我们将理解活动确定为：初始理解活动、探究理解活动、终极理解活动。

课堂活动一：初始理解活动

1. 活动目标

吸引学生进入启发性论题，了解学生对论题的认识，以及发展学生描述事实性信息的能力。

> 通过设计各种形式的理解活动，我们希望学生能够积极参与思考，并且通过不同层级的理解活动，不断发展自己的学科语言理解能力。同时，消除错误理解和发展对话题内容的正确理解。

2. 活动学时

2 课时。

3. 活动流程

学生将理解如何运用丰富的形容词比较级和最高级、大数字或小数字、度量单位等，更准确、具体地描述某些自然地理景观。经过分析得出，该目标主要解决两个问题——“是什么”和“什么样”。

听力提取 Qomolangma、the Nile、the Caspian Sea、the Sahara 等地点的信息，结合理解活动：What do you know about the place，学生选择一个自己最感兴趣的自然景观或者动植物，灵活运用事实性信息，用所学到的语言对感兴趣的话题进行三句话描述，将所有学生的描述收集上来做成“game show”的题库，设计成“一站到底”迁移运用知识的理解性活动。

4. 活动评价

在“一站到底”的班级竞猜活动中，学生对看到的描述进行竞猜，内容包括：死海、悉尼歌剧院、亚马孙河等具有特点的地理位置。

在反复应用的理解活动中发展学生对于数字和最高级的理解，同时发展自己对相应话题之下内容的理解。

课堂活动二：探究理解活动

探究理解活动通常出现在一个单元的中间。如何设计出承前启后的探究活动呢？ 在初始理解活动中学生已经了解了"是什么"和"什么样"等事实性信息，接下来我们需要加深理解，探究人与自然之间的相互作用。

1. 活动目标

将自然景观或者动植物与人建立联系，了解人类在探索自然的过程中做出了哪些不懈的努力和体现了人类哪些精神，思考人类为什么要探索自然。

2. 活动学时

2 课时。

3. 活动流程

学生进一步发展如何运用数据、最高级等事实性信息对一个自然地理或者动植物进行具体的描述，其次探究运用这种描述表现出这一自然地理或者动植物与人类之间的关系及带给人类的思考是什么。 为了实现这一目标，我们精读精讲了教材中关于珠穆朗玛峰的阅读材料，通过事实性信息我们体会到了珠峰的高和险，而人类并不畏惧山之高险，在征服珠峰上取得了一些成就，进而让学生深入理解人类克服困难、挑战极限的精神。

4. 活动评价

拓展其他几篇文章，如人类探索深海、南极、雨林以及太空等的例子，学生选择一个话题进行探究合作，与同伴共同挖掘这一话题之下事物的特征以及所反映的人类与自然之间的关系，如获取资源、做科学研究、欣赏自然、保护自然等。

课堂活动三：终极理解活动

1. 活动目标

通过对前后事实性信息的呈现和比较，揭示某一自然景观或动植物所面临的问题，进行原因分析，最后提出一些切实可行的建议。

2. 活动学时

2 课时。

3. 活动流程

了解某一自然景观或动植物所面临的问题，并进行原因分析，最后提出一些切实可行的解决建议。

首先，我们精读了一篇有关大熊猫的文章，其中介绍了大熊猫的基本事实信息，分析了大熊猫濒危的原因和人类解决这一问题的举措等。这篇文章使我们的思考更加深入，人类不仅要探索自然，更需要保护自然。

在此基础上，学生对于自己所选择的某个感兴趣的话题，围绕大熊猫的现状、所面临的问题和如何保护三个要点进行文字描述，然后以自己喜欢或者擅长的形式，如做网页、做海报或者制作 PPT 演讲等方式呈现给大家。

在前面两个活动的基础上，学生最后生成的东西令我们很惊喜。学生的组合和呈现方式很丰富。例如，有的以小组为单位，选定同一个主题，如“七大奇迹”，但每个组员选择不同的内容；有的组提前准备了图文等资料，进行 PPT 展示；有的组则选择在黑板上边讲边做简笔画的方式。总之，学生的积极性被大大调动起来，而且也充分尊重了学生的多元智能。

4. 活动评价

终极理解活动将展示学生对于整个单元知识的理解，那么学生到底理解到何种程度呢？为了评价出学生的理解程度，我们就要回到当初设计的启发性论题和理解目标，因为三者是一脉相承的。因此，结合启发性论题和理解目标，我们对学生最终要展示的理解活动做出了如表 2-23 所示的评价表。

表 2-23 评估用表

	Content（内容）				**Presentation（展示）**		
Items 评价 项目	**Part 1 Facts & figures**	**Part 2 Achievements & spirit**	**Part 3 Present situation, problem & solutions**	**Part 4 Ending**	**Speech**	**PPT**	**Teamwork**
Criteria 评价 标准	exact numbers clear comparisons	Interesting or meaningful story Clear & great spirit	Clear & real present situation At least two reasons Useful & practical advice	Encouraging Exciting	Loud enough Not too fast Good body-language	Clear Help understand better Not too many words	Help each other Everybody is involved
Judgment 学生 判断	I know more about it.	I really like the story and the spirit!	I know what to do and I think it will be helpful.	I'm eager to offer my help.	I can hear very clearly.	The PPT helps me understand better.	I'm sure it's a great team.
Score（1~5分）							
Notes & advice							

对照这个评估表，我们又回到每一部分的理解目标和理解活动中，去看我们在每一阶段需要关注的学生的理解发展是什么，从而确定了每一个阶段的持续性评价关注点，并做出了相应的评价指南，让学生对照评价指南完成每个阶段的任务（表2-24）：

表2-24 "What's the highest mountain in the world" 评价指南

<table>
<tr><th>Items</th><th>Criteria</th><th>Content clues</th><th>对应的理解活动</th><th>举例</th></tr>
<tr><td>Topic</td><td>√Interesting
√About geography and nature</td><td>√Plants
√Animals
√Cities
√Lakes
√Mountains
√etc.</td><td rowspan="2">初始理解活动：在这个活动中，我们期待学生能够将话题内容呈现出来，并且能够运用真实清晰的数据、比较级等将自己要表达的事实性信息传递出来</td><td rowspan="2">Facts about The Bermuda Triangle:
The Bermuda Triangle, also known as the Devil's Triangle, is a region in the western part of the North Atlantic Ocean.
The area is one of the most popular places for traveled ship.
USS Cyclops (AC - 4) went missing with a crew of 309 sometime after March 4.</td></tr>
<tr><td>Facts and figures</td><td>√Real
√Clear
√Specific</td><td>Facts:
√Locations
√Length
√Width
√Depth
√Height
√Weight
√Size</td></tr>
</table>

续表

Items	Criteria	Content clues	对应的理解活动	举例
Facts and figures		√etc. Figures √Specific numbers √Using proper comparisons		Carroll A. Deering was found near Cape Hatteras, North Carolina, on January 31, 1921 US Navy Flight 19 disappeared on December 5, 1945 And other missings.
Spirit and achievement	Achievements: √Real √with supportive evidence Spirit: √positive √come along with the achievements	Achievements: √the first √the most famous √poets √special people, inhabitants √fairy tales √etc. Spirits: √never give up √persistent √brave √challenge themselves √ etc.	在探究理解活动中，学生知道运用事实性信息谈论话题内容的特征，并且能够将话题内容和特征与人类关联起来，可以表现人类的精神和体现人类对其产生的影响等	Problems and solutions: Compass variations Gulf Stream Human error: One of well-known explanations is that humans mistakes in sailing caused the problems Violent weather powerful storms cost thousands of lives Other reasons

续表

Items	Criteria	Content clues	对应的理解活动	举例
Action plans for protecti-ons	Problems: √Clear √Urgent Solutions: √Practical √Helpful √Reasonable √varied ways √work for different gro-ups of people	Problems: √Lack of food √Badly polluted √Endangered √Less living space √etc. Solutions: √Who: Students/Adults/School/Governments/Public media etc. √ How: Plant more trees/Use less paper etc.	终极理解活动：学生对数据的比较分析支撑学生接下来表达话题内容的相关性，一方面发展自己的理解，另一方面激发同班的思考。	It's just an illusion! Why did so many ships and planes miss? One of the most unexpected reasons is that most of the stories are untrue. The rumors of the place shows us that seeing is believing, so why don't you pay a visit to the The Bermuda Triangle and have a good trip there.

✻ "机械和功"单元教学设计

单元名称： 北师大版初中物理教材八年级下册第九章"机械和功"

教材内容： "杠杆""滑轮""功""功率""探究——使用机械是否省功""测滑轮组机械效率"

单元学时： 9 课时

设计人员： 王新富、魏青、武赟、祝娅玲、胡慧荣、暴兴雪

单元教学设计概览（图 2-17）

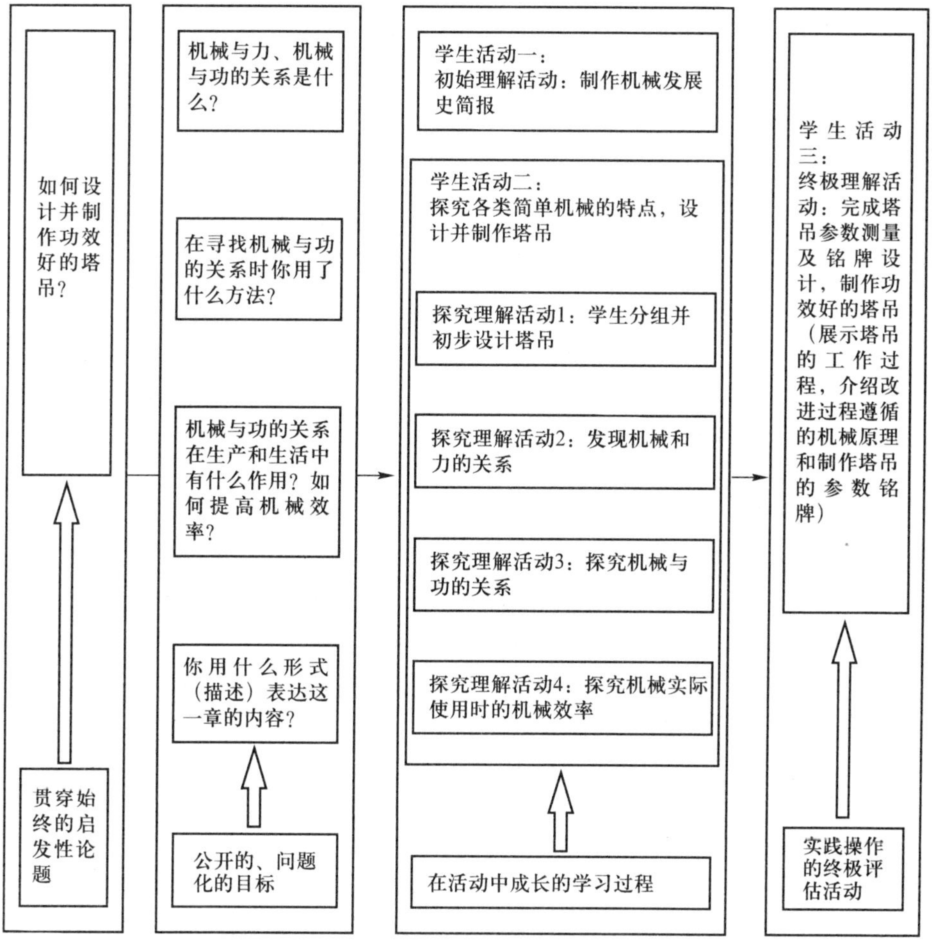

图 2-17 “机械和功”单元教学设计概览

一、启发性论题的设计

（一）启发性论题确定前的思考

1. 教材分析

在确定启发性论题前，为了能清晰地认识该部分内容，我们重新阅读、讨论了教材、北师大版八年级下册《物理教师教学用书》和《义务教育物理课程标准（2011年版）》。正如课程标准和教参中所叙述的，“机械和功”单元属于能量部分，能量的转化和守恒定律是自然界中的基本和普遍的规律。该部分内容对于学生形成可持续发展的意识以及进一步学习其他科学技术都是十分重要的。具体内容上的要求有：了解人类使用机械的历程；了解机械的使用对社会发展的作用，知道机械功和功率；用生活中的实例说明机械功和功率的含义；结合实例认识功的概念；知道做功的过程就是能量转化或者转移的过程；知道机械效率，了解提高机械效率的途径和意义。这些大方向的指引，也为我们确定本单元的启发性论题指明了方向。

2. 问题分析

在以往学习完本单元后，学生一般会知道或者了解一些物理的基本概念，也能够应用到具体的物理情境中。但是学生对于机械与功的整体认识却相当缺乏。也就是说，学生理解的是支离的知识，没有上升到对物理学中机械与功的整体认识，只见树木不见森林。有的老师指出，在之前的教学过程中，学生刚开始学习杠杆和滑轮时，对于新问题，学生的兴趣还能较好地提升起来。但是，在学习功和功率时，由于概念较为抽象，从实物认知（杠杆、滑轮是具体的机械）转变为理论认知（功、功率和机械效率的概念比较抽象），学生的学习兴趣逐渐降低。最后变成了几乎脱离生活的纯数学应用。

3. 物理追问

我们备课组成员在研讨机械的时候，首先在追问，人类在生活的过程中，为什么会发现、发明、制造机械？是什么促使人类有了这么伟大的想法？当时的人类面临了什么困难，让他们有了这么强大的精神力量去研究机械？是有目的的研究，还是在遇到困难时，经过苦苦求索之后“涌现”的在当时的生产状况下的创新？他们究竟遇到了什么困难？

其次，学生在物理学习内容上，经历过什么呢？学生熟悉了力学的基本知识，并从几个特殊的力——重力、摩擦力、压力等的角度对力进行了探究，以及对压力的作用效果覆盖的内容进行了探究。当学生的认识达到这种程度后，就初步形成了力的基本知识框架。如何把学生现有的知识结构与人类对机械的认知进行搭接呢？

随后想到的是机械对人类发展起到了非常重要的作用。学生对机械认知有多少？

（二）启发性问题的确定过程

在上述分析的基础上，“机械与人类进步”这样一个主题首先纳入了我们的思考范围，对于该启发性论题，老师们分别提出了自己的想法。

问题讨论：

❖“学生在实际生活中能够看到、接触到、使用到各种各样的机械，对于机械能够促进人类的进步，对自己的生活有巨大的作用，学生有自己的直观的、感性的认识，就算不学习该部分内容，学生也是能够意识到的。”

❖“该启发性论题不能激发学生对于物理机械的认识，其认识只是趋于表面化，在物理学中要让学生认识什么呢？”

❖“我们怎么从物理学科的角度来思考呢？”

❖“人类为什么设计并制作机械？仅仅是为了省力和省距离吗？”

❖“人类在发展机械的过程中，发现了什么物理规律或者原理？”

❖“使用机械在带给我们便利的同时，是否也带来了某些危害呢？”

带着这些问题，我们重新审视该单元的启发性论题。从能量的转化和守恒的角度来考虑，在本单元中虽然还没有出现能量的概念，但是我们希望学生能够意识到机械在使用的过程中势必要消耗能量，在机械使用过程中要最大限度地利用能源减小损耗，树立一个可持续发展的意识。这也与课标中将该部分内容定为“能量”主题的基本内容是相符的。我们进一步思考“机械与能源利用”这个启发性主题是否合适。在该启发性论题的启发下，我们可以引导学生思考如何提高机械的机械效率，能否有效地利用能源等。

问题讨论：

❖“对于初中生来说，该论题是否对学生有吸引力，机械、能源利用这些概念是否对学生来说太学术了？”

❖“对于初中生来说，他们更喜欢讨论自己身边的具体事物，机械这个概念对于他们来说是否太宽泛了？”

❖“我们能否将机械聚焦，提供一个具体的、日常生活中能够见到的机械，让学生来分析和讨论本单元内容呢？”

❖“本单元的教学内容主要包括简单机械（杠杆和滑轮）、功和能的知识

（功、功率、探究使用机械能否省功、机械效率），以及研究机械的实际使用问题和测量滑轮组的机械效率。选择哪种机械作为载体来承担本章节的内容呢？”

❖ “如何将一个单元甚至是初中物理阶段的内容串起来呢？”

我们经过多次讨论，希望找到一个具体的“东西”把物理知识和能力有机地结合起来。为此，老师们纷纷到生活中寻找机械的应用，最终将机械聚焦到“塔吊”上。原因有三：第一，塔吊在城市里几乎随处可见，应用十分广泛；第二，塔吊体积庞大，不用靠近就可以看得十分清楚，便于学生观察；第三，也是最重要的一点，塔吊的结构并不十分复杂，但包含杠杆、滑轮等学生必学必会的机械，包含力、作用距离、功、功率、机械效率等本单元必须掌握的知识，塔吊本身就是把这些知识综合运用设计出的机械，具有很强的代表性。虽然塔吊可以成为串联机械与功单元的合适实例，但只在课上“讲塔吊”，很难让学生产生兴趣，更谈不上加深对本单元知识的理解。经过大家的上述研讨，我们认为必须要让学生亲身设计并制作高效率的塔吊。在设计和制作的过程中，学生体会能量的转化和守恒，培养可持续发展的意识。

最终，我们将本单元的启发性论题定为“如何设计并制作功效好的塔吊？”我们希望学生在逐渐思考该启发性论题时，能够自行提出问题，激发学生学习的源动力，能够自我思索机械与力之间的关系、机械与功之间的关系等。同样，该论题对于物理老师们来说也非常具有挑战性。我们对于塔吊的结构、应用了哪些物理原理，特别是自升式塔吊的设计都是比较感兴趣的。

（三）论证启发性论题

1. 论题是否体现物理学科的核心或起着核心作用

本单元的启发性论题旨在让学生在亲自设计并制作机械的过程中，体会机械与功的关系。

2. 论题是否能够吸引学生

初中学生喜欢自己动手制作和设计简单的机械，但做一个真正效率高的塔吊对于学生来说是具有挑战性的。塔吊在学生日常生活中还是比较容易见到的一种机械。

3. 与论题有关的资源是否丰富并且容易获得

塔吊在城市里几乎随处可见，应用十分广泛，便于学生了解。

4. 论题与学生的生活、其他学科或其他主题是否有明显的联系

学生不仅可以以塔吊为载体来理解机械与功之间的关系，还可以借助该模型来理解功和能之间的关系、能量转化等。

二、单元理解目标的确定

（一）理解目标搜寻行动

什么是理解目标？ 就是在学习物理的过程中希望学生理解的概念、过程和技能。 本单元的启发性论题已经确定了，但是每个论题都可以引发学生多种多样的理解。 我们就思考，学生学习完本单元后，能够理解什么呢？ 要理解的主线是什么呢？ 每一节课或者说每一个阶段学生需要理解什么呢？

理解目标的确定同样也离不开课标、课本和教参的指引，具体内容如上文所述。 我们首先考虑的是如何将课标所述目标与我们实际的课程教学目标相结合。 同时，整个单元、每个环节的理解目标需要单元整体考虑，并与之前设定的“如何设计并制作功效好的塔吊？”这一启发性论题相呼应。 备课组在达到这些共同认识后，展开了围绕该单元理解目标的讨论和思考。

问题讨论：

❖“如何让学生在学完本单元后，对机械和功有更高位和整体的认识？”

❖“本章是属于‘能量’主题的基本内容，是功和能的‘前奏’。可是如何让学生通过学习来理解机械和做功之间的关系呢？”

❖“如何让学生能真正体会到机械效率对机械的重要性？”

❖“为什么要学这章的内容？它对我们的生活有何影响和作用？”

最终，我们的理解目标还是基于基本的物理问题“机械与功的关系”来制订的（表 2-25）。

（二）目标锁定（表 2–25）

表 2–25 单元理解性目标

目标 1：知识	目标 2：方法	目标 3：目的	目标 4：形式
问句： 机械与力、机械与功的关系是什么？	问句： 在寻找机械与功的关系时你用了什么方法？	问句： 机械与功的关系在生产和生活中有什么作用？如何提高机械效率？	问句： 你用什么形式（描述）表达这一章的内容？
陈述句： 学生将理解机械在使用时，省了力，或是省了距离，但是使用机械不省功。在力求增大机械的功率和效率时，应更加注重有用功的增加，提高机械效率	陈述句： 学生将学会实验控制变量法；实验数据的分析、归纳方法	陈述句： 学生将理解机械与功的关系，分析实际生产和生活中问题的思路和方法	陈述句： 学生将学会用文字、图像、公式的形式表述物理规律；用作品展示机械与功的关系（制作塔吊和塔吊的铭牌）

（三）目标论证

本单元理解目标涉及知识、方法、目的和形式四个方面。其中目标 1“机械与力、机械与功的关系”为知识层面；目标 2“在寻找机械与功的关系时你用了什么方法？”为方法层面；目标 3“机械与功的关系在生产和生活中有什么作用？如何提高机械效率？”为目的层面；目标 4“你用什么形式（描述）表达这一章的内容？”为形式层面。本单元目标——如何提高机械效率，是学生在设计塔吊时遇到的主要问题。更重要的是，对于该问题的深刻理解有助于理解本单元内容。总之，学生在学习本论题的过程中，通过自己的设计和不断解决设计中遇到的问题，来理解本单元中简单机械以及机械与功之间的关系和作用。

（四）实践效果

在课程实践中，我们首先抛出了本单元的启发性论题——如何设计和制作功效好的塔吊？ 课堂中学生的积极性被调动起来了，问题不断被提出。“什么是塔吊？”“需要自己动手制作吗？”“功效好是什么意思？”在北京的各个地方几乎都有正在建设的工地，塔吊——这个大家司空见惯的东西要在平时丝毫引不起大家的兴趣。 随着课程的持续进行，同学们路过工地时都要对这个庞然大物驻足几分钟，仔细观察它的构造和用途。 甚至在放学回家的路上，同组的学生也拿着制作的材料进行探讨和设计。 同年级的老师们也在下班的途中对之前视而不见的塔吊进行观察。 而在设计和制作功效好的塔吊的实践过程中，学生也遇到了困难和问题，而这些问题不断启发学生思考。 令人惊喜的是，有的学生自己提出的问题正是我们的理解目标。 例如，如何通过器件改变拉力的方向呢？ 怎么才能让整个塔吊保持平衡，而不容易倒塌呢？ 当学生对功、功率、机械效率等基本概念有了初步了解后，学生应用自己制作的塔吊来测定提升重物的功、功率、机械效率。“如何才能提高塔吊的机械效率呢？”等发自内心的问题，以及想要认识和学习的愿望与动机，正是学生学习的源动力。

三、理解活动的设计与评估

（一）理解活动的思考

在我们确定启发性论题和理解目标之后，本单元的理解活动也就确定下来了。 贯穿整个单元的理解活动为“设计和制作功效好的塔吊”。 那么，这个理解活动怎么再进一步细化呢？

我们讨论“如何让学生在设计和制作中产生问题，激发学生的学习兴趣？”“整个设计、制作、测量塔吊的过程是在整个单元内容学完之后进行，还是在单元学习过程中进行呢？”为了让学生能够在活动中产生问题，激发学生的学习动力，我们讨论认为整个理解活动过程应贯穿于单元的学习，而不是单元内容学完之后才进行制作。设计、制作、测量塔吊是包含了初始、探究、终极理解活动的系列理解活动，是与单元学习紧密结合的，而不是单一而孤立的。我们希望学生在制作塔吊的过程中，能够激发自己的思考，自己提出想要学习的内容。“如何通过器件改变拉力的方向呢？”“怎么才能让整个塔吊保持平衡，而不容易倒塌呢？”这些学生自发提出的问题，激发了学生学习的渴望。学生要想不断完善和修改自己的塔吊作品，需要运用到杠杆、滑轮、功、功率、机械效率等知识。学生在思考和解决自己提出的问题的过程中，就可以达到本单元的理解目标。同时，在探究机械能够省功以及机械的机械效率问题时，学生运用自己亲手制作的作品来进行实验，积极主动性高。

“让学生设计和制作好塔吊后，整个理解活动就完成了吗？如何让学生感受机械使用过程中的机械效率呢？”学生亲身设计并制作塔吊后，再测量做好的塔吊的各项参数并制成铭牌。在利用塔吊进行实验和测定铭牌的过程中，学生可以感受塔吊在实际使用中的机械效率问题。

讨论过程中，有的老师提出：“塔吊毕竟只是一类机械，如何让学生理解机械这一大领域呢？”“单元一进入，就让学生聚焦在塔吊上，会不会太过于具体，而不了解机械领域呢？”这些问题，引发了我们的思考。课标中也明确指出了解人类使用机械的历程，了解机械使用对人类发展的作用。如何让学生对于人类使用机械的历程，以及对人类发展的作用有更好的认识呢？带着这些问题，我们设计了让学生制作机械发展史简报这一理解活动。为理解而教教学模式中的启发性论题、理解目标、理解活动以及评价也是具有系统性的、连贯性的，而不是各自独立、没有关联的。

本单元的整体理解活动如下：

1. 初始理解活动：制作机械发展史简报。

2. 探究理解活动：探究各类简单机械的特点，设计并制作塔吊。

3. 终极理解活动：完成塔吊的参数测量及铭牌设计，制作功效好的塔吊。

（二）评估的思考

本单元的启发性论题、理解目标以及理解活动与我们之前的教学设计都做了较大的变动，所以在教学过程中，我们并不是特别清楚学生会出现哪些问题、哪些障碍、需要评估什么。我们又重新阅读了“为理解而教”指南中评估部分的内容。老师们各自提出了自己的想法。

问题讨论：

❖“评估的标准应该在学生进行单元学习之前就清楚，这些标准也能够帮助学生梳理自己的想法和思路。”

❖“每位学生都应该得到及时的反馈，并且这些反馈不是单纯的好与坏，而是能够帮助学生进一步修正自己的想法。”

❖“根据评估标准对学生评估后，应该给学生不断改正的机会。”

❖“持续性评估的标准应该与理解活动、理解目标和启发性论题是相辅相成的。”

正是基于持续性评估的讨论和思考，我们针对理解活动设计合适的评估方式和评估标准。

本单元以塔吊的设计制作来承载杠杆、滑轮、功、功率、机械效率的知识结构。在制作塔吊的过程中，学生会不断遇到具体问题。例如，横杆的支点确定在哪？配重到底依据什么来确定？从而促使学生去主动探究杠杆的相关知识，这样就涉及如何利用可持续的评价来进一步激发学生求知、求索的欲望，促使学生进行主动学习。为此，我们构建了三大类评估体系。

1. 关于机械发展史简报制作的评估。

2. 关于塔吊设计和制作的可持续性评估内容。

3. 关于机械的自主性探究的可持续评估内容。

那么，在实践中依据什么来确定这三大类评估体系的内容呢？

首先，我们从学生对机械的认识现状出发，让学生设计并制作机械发展史的简报，使学生感受人类智慧的伟大。为了提高这个感受的震撼程度，我们制订了关于机械发展史的评价体系和简报的展示方式。

为了把简报的作用发挥到最大程度，我们确定学习者（也是设计者和制作者）同时担当评价者。我们把所有简报展示在走廊上的学生储物柜门上，学生在课间休息时就能参观到全体同学的作品。学生既对自己的成果感到自豪，同时也能欣赏到别人的成果；既能相互学习，又能弥补自己对机械发展史认识的不足。制订可持续性评估标准，学生既可依据自己对评价标准的理解制作自己的发展史简报，又可对全部发展史简报进行评价。这可以营造一种浩大的气势，使学生学习机械的氛围更加浓厚。

针对制作机械发展史简报这一理解活动，我们讨论了与其对应的评价标准。老师提出：

❖ “在制作简报之前，学生就应该明确简报的评价标准。”

❖ “评价标准的内容应该是什么呢？”

❖ “在制作机械发展史简报后，学生可以得到什么呢？”

在课标和之前制订的理解目标中明确提出要了解人类使用机械的历程和机械的使用对社会发展的作用。所以该简报的评价标准也应该与理解目标相对应，不仅要体现机械产生、机械发展和机械作用等几个方面，还要具有感染性的创意词等。老师们还讨论了“制作简报时，学生应该注意什么呢？”基于此，简报的评价要求中还应包括简报大小、字体大小、是否美观等板报格式的要求。

其次，怎样才能让学生在设计和制作塔吊的过程中主动去研究机械的知识，是我们的主攻方向。我们的目的是当我们展示这个关于塔吊的论题时，让源自学生心底的那股力量能够不由自主地迸发。为了不抢占学生的思维空间、不剥夺学生思考的权利、不限制学生内心对自我的挑战，我们设计了关于塔吊的阶段性可持续评估。

第一阶段是设计塔吊阶段的评估。这个过程不仅仅是评估，更是一个学习的过程。评估内容应该对学生起到指引作用。设计塔吊对于学生来说是有挑战性的，有的学生甚至不知道什么是塔吊，干什么用的。那么我们提前给学生的评估标准能否给学生一个方向启示呢？所以评估内容中应包括我们希望学生能够掌握或者理解的内容。具体内容见理解活动部分设计图的要求部分。其中学生开始主动表达自己遇到的困难或质疑，如“我不知道杠杆和滑轮的原理，我该怎么设计呢？”这个疑问表达出来，说明已经激发了学生开始思考杠杆滑轮的探求欲望，学生自然会在下一步学习中去探究杠杆和滑轮的相关原理，从而才能更好地完善设计方案。

第二，关于塔吊的可持续性评估分为：设计与质疑、制作与质疑、学习与再制作、使用与参数测量几个阶段的评估。如何在塔吊的制作过程中给予学生持续性评估呢？该部分评估学生的目的是什么呢？大家进行讨论并得到这样的观点，评估的目的并不是给学生一个分数，而是希望评估的反馈能够帮助学生加深理解。在制作塔吊的过程中，我们应该围绕着塔吊评估什么呢？我们希望学生在制作塔吊时能够加深理解什么呢？老师们各自提出了自己的意见。“杠杆以及杠杆平衡原理部分内容在塔吊中的体现应该是塔吊在吊起重物时能够保持自身的平衡而不倒塌，所以对塔吊的评估应该强调塔吊能够吊起大于自重的物体，且不易倒塌。”“滑轮的特点在塔吊中的应用体现在能否用最小的力来吊起相同的重物，所以评估中应该包括提起重物的多少，同时还应该鼓励学生使用动力装置。”在评价标准中又包含了提起重物的多少以及鼓励使用动力装置的内容。“针对机械能否省功部分的内容，我们希望学生能够应用自己所做的塔吊来进行实验，所以塔吊设计中的拉力应该是容易测量的，所以评价标准中应包括使拉力可测量的内容。”“探究机械的机械效率可以让学生自行测量所设计的塔吊的机械效率，评价内容应包括塔吊机械效率的高低，学生可根据反馈内容对塔吊进行再设计和修改。”

第三类评估体系是针对学生在围绕塔吊的活动中所需要的理论支撑，而在设计实验的基础上探究相关的简单机械，在建立概念、寻找规律的过程中探究可持续性评估。在整个单元中，我们希望学生达到一种理想状态，即学生能够在实际中提出自己的问题和需求，能够自发地、主动地、积极地去寻求理论和知识支撑，并在知识运用中不断深化自己的理解。该部分评估如何进行呢？看学生状态、听学生话语，这些都是感性的评估。如何能够进行理性客观地评估呢？“能否从学生修改的设计图纸上，直观展现学生的思考途径呢？”“能否从学生塔吊作品的不断修正中，展现学生理解的加深呢？”等等。根据这样的讨论分析，我们从设计图纸的变化以及塔吊设计的不断改进方面来对学生理解本单元内容进行评估。

课堂活动一：制作机械发展史简报

1. 活动目标

了解人类使用机械的历程，了解机械的使用对社会发展的作用。

2. 活动课时

课前活动。

3. 活动流程

制作机械发展史简报

问题 1：人类为什么使用机械？

问题 2：机械的发展经历了哪些阶段？

问题 3：典型的机械有哪些？

（从简单到复杂，从古代到现代）

（1）展示每个学生的简报。

（2）评估简报成果。

图 2-18 简报成果展示

4. 活动评价(表 2-26)

表 2-26　简报评价标准

任务	评价项目	要求/标准		赋分
1	制作 简报 机械 发展 1 份/人	内容要求： 至少能够体现以下三个方面： (1) 机械的产生：人类为什么使用机械? (2) 机械的发展：经历了哪些阶段? (3) 机械的类型：典型的机械有哪些? (从简单到复杂，从古代到现代) 简报制作要求： (1) 版面大小要求：2 张 A4 纸横版上下摆放（图 2-19) 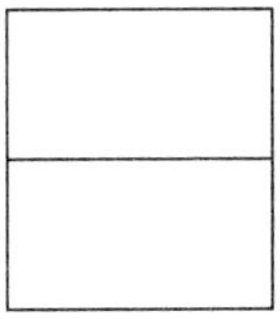 图 2-19 (2) 3~5 张图片，图片需打印彩色版 (3) 有核心思想主线 (4) 有创意，具有观赏性 (5) 写一句创意词作为题目（必须原创，不得抄袭)。题目要能激发欣赏者对“机械”发展与人类智慧的感悟 评分标准： (1) 内容是否全面展示了机械的三个问题?（共 6 分) (2) 是否有核心主线，分类是否合理，是否具有科学性?(4 分) (3) 版面：图片和文字是否整洁，是否具有观赏性?(8 分) (4) 是否具有感染性的创意词?(7 分)	5 月 26 日 8 : 00 前	25 分

全年级学生的简报在学校楼道内进行了展览、交流和评分，场面很壮观、学生反响积极。该活动立马将学生带入了机械领域，展览的简报不仅吸引了学生的眼球，也吸引了众多教师的驻足。特别是，我们在该理解活动中让学生写一句能激发欣赏者对“机械”发展与人类智慧感悟的创意词。学生们的创意词让人耳目一新，如“机不可失、功不可没”，这样的创意词也展现了部分学生对于机械与功的关系有一定的认识基础。整个评价实施效果表明，学生之间相互学习的效果比较显著，学生热情高涨，甚至有学生在看完别人做的简报后，觉得自己的简报还存在不足，提出再重新做一份。

课堂活动二：了解简单机械，设计并制作塔吊

探究理解活动，以探究的方式进行杠杆、滑轮、功、功率、机械效率的理解性学习。学生围绕任务中遇到的问题，主动寻求理论支撑，我们从物理实验的角度设置活动。学生在实验中表现出相对认真、积极的态度。例如，学生在设计和制作塔吊的过程中，不可避免地会遇到如何用最省力的办法来提升重物，怎么改变拉力的方向等实际问题。面对这些问题，学生有寻求知识的渴望。所以，我们在探究滑轮的特点这些理解活动中，直接针对学生面临的困难提出问题，如“如何运用滑轮的特点来改进你的塔吊设计？”由于问题来源于学生自己，学生思考的愿望强烈，学习主动性高。并且，学完滑轮的特点后，学生直接运用所学知识来设计、修改自己的塔吊设计，使所学知识和方法直接得到应用，进一步加深了对滑轮特点的理解。而在探究机械能否省功和探究滑轮组机械效率的理解活动中，我们考虑到学生已经制作出了塔吊作品，在探究过程中就让学生直接运用自己的作品来进行理解活动，学生热情高涨。而这些理解活动都促进了学生以探究的方式进行杠杆、滑轮、功、功率、机械效率的理解性学习。

教师给学生下发一些基本材料，如木条、乳胶、小滑轮、绳子等，学生也可以自己准备材料。完成设计图并由教师检查合格后才能开始制作塔吊。

在制作塔吊的过程中，教师要及时给予学生指导，同时搜集学生在制作过程中遇到的问题，并在课堂上将这些问题落实到具体的教学中。学生在制作塔吊的过程中难免会遇到一些问题，这样他们在上课时是带着问题的，学习积极性得到很大提高。每节课后学生根据新学习到的知识解决制作塔吊时遇到的具体问题，修改塔吊的设计或改进制作方法，第一时间应用所学知识，促进理解。

1. 活动目标

借助塔吊了解简单机械，激发学生自主学习的兴趣。

2. 活动课时

8 课时。

3. 活动流程

探究理解活动 1：学生分组并初步设计塔吊

问题 1：你了解的塔吊是什么样的，它有什么用？

问题 2：你能设计出能够工作的塔吊吗？ 请画出塔吊的初步设计图。

要求：

（1）确定小组成员及组长。

（2）明确塔吊的用途等。

（3）各小组分别绘制出塔吊的初步设计图。

学生需要课下观察塔吊、了解其基本结构和原理，再以 4~5 人的小组为单位，讨论并绘制塔吊的设计图。 设计图的具体要求：设计的时候要按照一定的要求进行，这也是之后评价的标准。

评价（表 2-27）：

表 2-27 评价要求

任务要求	设计图要求
1. 小组合作设计并制作一个可使用的塔吊 2. 使用下发的材料或自备材料（木材、PVC 管、瓦楞纸、吸管等） 3. 至少包含杠杆、定滑轮、动滑轮各一个，其他不限 4. 能够提升大于自重的物体至少 30 厘米 5. 起重臂至少长 30 厘米	1. 绘制至少一份设计图并上交，经审核通过后方可开始制作 2. 制作过程中不断修改设计图，最终随作品一同上交 3. 设计图用 A4 纸和铅笔绘制，可以用三视图或侧视图

续表

任务要求	设计图要求
6. 具有较好的稳定性，使用过程中不能倒塌 7. 结构科学、结实耐用、外型美观 8. 必须有至少一份设计图，设计图正确、规范，制作之前上交设计图，经审核通过后才可开始制作	4. 设计图中标明塔吊各部分的详细尺寸 5. 设计图结构尺寸正确，绘制规范

各式各样的设计图（图 2-20）：

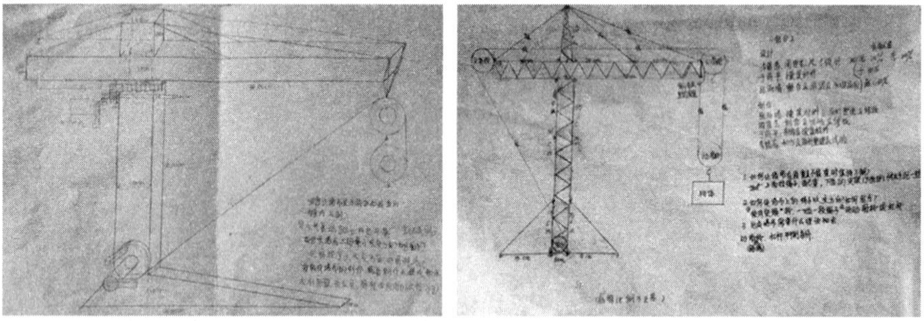

图 2-20 各式各样的设计图

学生的思考（图 2-21）：

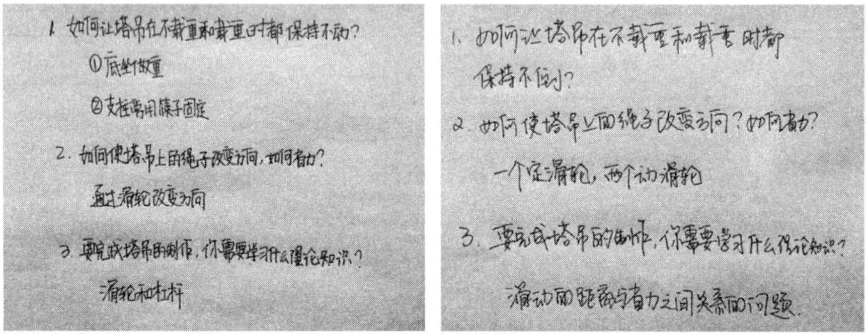

图 2-21 学生的思考

探究理解活动 2：发现机械和力的关系

问题 1：如何运用杠杆原理来改进塔吊设计？

（1）杠杆是如何工作的？

（2）杠杆中的规律是什么？

（3）如何运用杠杆原理来修改你的塔吊设计？

问题 2：如何运用滑轮的特点来改进塔吊设计？

（1）滑轮是如何工作的？

（2）滑轮的特点是什么？

（3）如何运用滑轮原理来修改你的塔吊设计？

学生制作塔吊的过程及部分成品（图 2-22）：

图 2-22 学生制作塔吊的过程及部分成品

评价：

（1）能否识别出生活中的杠杆？

（2）能否准确地画出动力、动力臂、阻力、阻力臂？

（3）能否通过实验得出杠杆平衡的条件？

（4）能否根据杠杆原理修正塔吊设计图？

（5）能否识别出生活中的动滑轮和定滑轮？

（6）是否知道动滑轮和定滑轮的区别？

（7）能否说出两种滑轮的使用方法带给我们的好处？

（8）能否根据实验得出滑轮的特点？

（9）能否说出使用机械和力之间的关系？

（10）能否根据滑轮的特点来修正塔吊设计图？

评价制作类：完成塔吊的初步制作与修改。（具体评价项目在终极理解目标中）

探究理解活动3：探究机械和功的关系

问题：怎样运用塔吊来测量功和功率？

（1）运用自己设计制作的塔吊来吊起重物时，塔吊做功了吗？ 做了多少功？

（2）运用自己设计制作的塔吊来吊起重物时，塔吊的功率是多少？

（3）与其他小组比较，你们小组制作的塔吊在吊起重物时做功的大小和快慢如何？ 如何才能提高其功率？

评价：

（1）能否说出功的概念和功的计算式？

（2）能否计算出塔吊吊起重物时所做的功？

（3）能否说出功率的概念及其计算式？

（4）能否计算出塔吊吊起重物时，所做的功率？

（5）是否知道什么是有用功和额外功？

（6）能否测出塔吊吊起重物时的有用功和额外功？

（7）知道如何比较是否省功，并得出结论吗？

（8）能否从有用功和额外功的角度，引发有关机械效率的思考？

探究理解活动 4：探究机械实际使用时的机械效率

问题：如何提高机械的机械效率？

（1）如何测滑轮组的机械效率？

（2）利用实验来说明，如何测量你所制作的塔吊的机械效率？

（3）利用实验来说明，如何提高你所制作的塔吊的机械效率？

（4）改进后再次测量机械效率。

评价：

（1）是否知道测量机械效率需要测量哪些物理量？

（2）能否从测量数据中计算出滑轮组的机械效率？

（3）能否计算出塔吊的机械效率？

（4）是否知道从哪些角度来提高塔吊的机械效率？

（5）能否继续修改塔吊设计，提升它的机械效率？

（6）能否用自己的语言说出机械和功之间的关系？

课堂活动三：完成塔吊的参数测量及铭牌设计，制作功效好的塔吊（图 2-23）

测量塔吊的各项参数并制作铭牌是终极理解活动。在此阶段中，学生需要利用所学机械与功的知识，自行测量塔吊的尺寸、起重高度、起重距离、起重量、最大功率、机械效率等。通过经历这样的过程，学生在实践中运用所学知识，加深理解，同时培养他们的实验能力。这一系列的理解活动，让学生将自己对于机械和功的理解直观展现，让学生的思考显现出来。

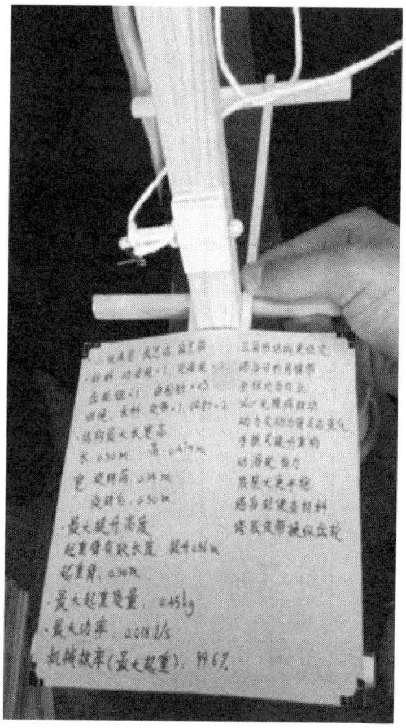

图 2-23　铭牌

1. 活动目标

综合运用所学机械的相关知识，解决问题。

2. 活动课时

1 课时。

3. 活动流程

各组利用自行设计的塔吊测量，并完成铭牌制作表 2-28。

表 2-28 塔吊的铭牌

名称	塔式起重机	
阻力臂/m		
最大起重量/kg		
最大提升高度/m		
功率/W		
最大总功/J		
设计者		
整机重量		
制作时间		
安装高度/m		
最大机械效率		

4. 活动评价（表 2-29）

表 2-29

任务	评价项目	要求/标准	上交日期	赋分
2	塔吊 设计 1 份/组	内容要求： 1. 上交至少一份设计图，经审核通过后方可制作 2. 在制作塔吊的过程中不断修改设计图，最终随作品一同上交 3. 绘制规范：结构尺寸可以用三视图或侧视图 评分标准： （1）内容是否展示出机械的基本构件？（共 5 分） （2）是否标出相关数据？（5 分） （3）是否在设计过程中不断修改设计图？（5 分） （4）是否写出遇到的物理问题？（10 分）	5 月 30 日	25 分

续表

任务	评价项目	要求/标准	上交日期	赋分
2	塔吊制作 1 份/组	内容要求及评分标准： 1. 有初步制作的样本或照片（10 分） 2. 是否展示出机械的至少 3 个基本构件（10 分） 3. 依据学习的相关理论知识改进装置（10 分） 4. 能做出塔吊的设计说明：原理、使用说明书等（10 分） 5. 能用所做的塔吊进行实验测量（10 分）	6 月 6 日	50 分
	铭牌参数 1 份/组	参数内容： 见第 7 页 标准： 1. 数据是否通过实验测得？（10 分） 2. 数据是否齐全？（10 分） 3. 装置是否有改进？（5 分）	6 月 25 日	25 分

✻“机械能守恒定律”单元教学设计

单元名称：人教版高中物理教材必修 2 第七章“机械能守恒定律”

教材内容：“追寻守恒量——能量”“功”“功率”“重力势能”“探究弹性势能的表达式”

“实验：探究功和速度变化的关系”“动能和动能定理”“机械能守恒定律”

“实验：验证机械能守恒定律”“能量守恒定律与能源”

单元学时：16 课时

设计人员：蒋瑞新、葛亮

单元教学设计概览（图 2-24）

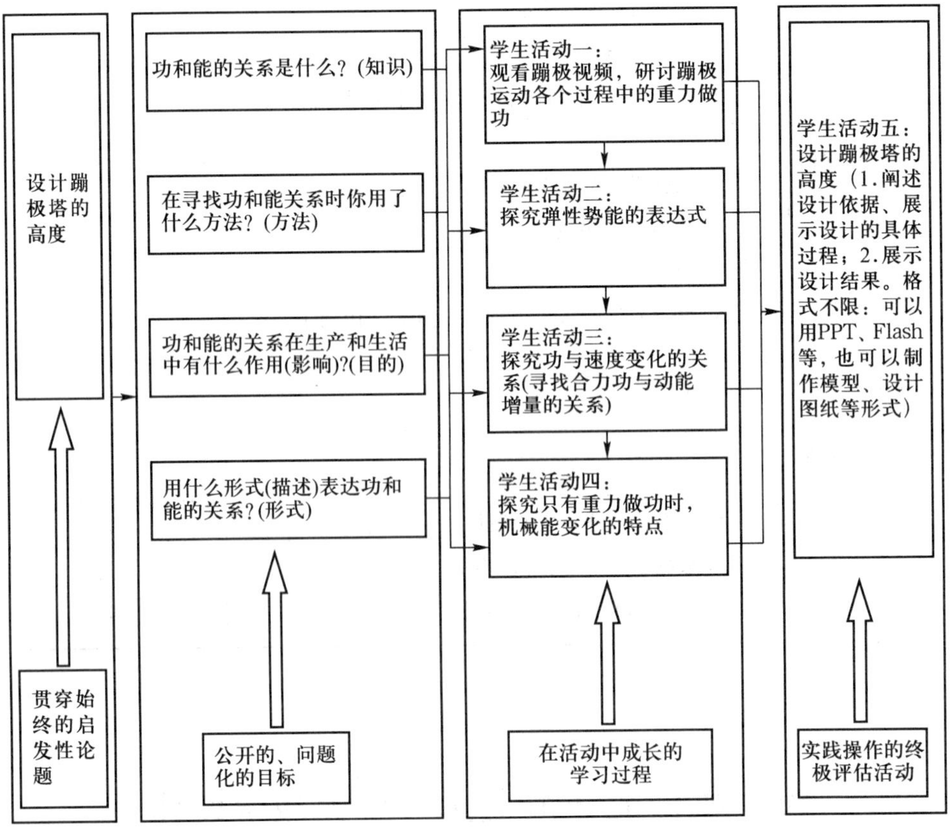

图 2-24 “机械能守恒定律”单元教学设计概览

一、启发性论题的设计

（一）寻找启发性论题的过程

1. 教材分析

我们为了设计好这一单元的启发性论题，首先从知识的角度对这个单元进行了一下梳理。 从本单元的知识网络图中我们可以看出：本单元的核心是功与能的关系（图 2-25）。

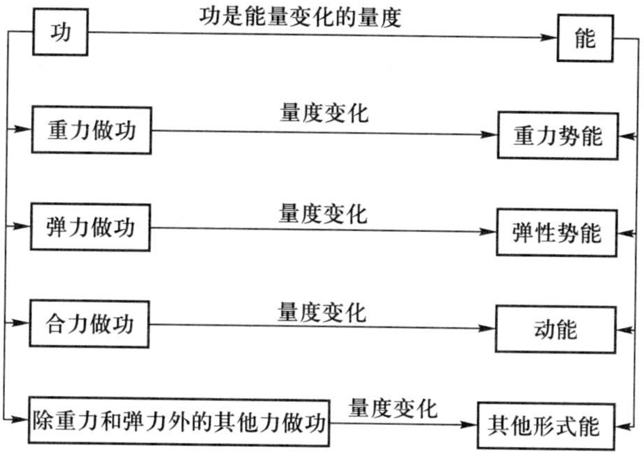

图 2-25

2. **学情分析**

学生在初中阶段已经接触了机械能的概念，知道动能、重力势能、弹性势能的概念及其影响因素，知道动能和势能统称为机械能，会分析在具体的情境中动能与重力势能的转化，对机械能守恒理解不清晰，知道机械能和其他形式能可以转化，知道力和位移同向时做功的公式和不做功的三种情况，掌握了功率的定义、物理意义、公式等。 但是没有分析多个力做功的经历，基本上没有负功的概念，不知道动能、重力势能、弹性势能的表达式，不理解机械能守恒的条件。

3. **深入研讨，确定启发性论题**

最初我们从知识出发，把"功与能的关系"定为启发性论题，但我们又质疑学生对它是否感兴趣，所以我们继续寻找一个发生在学生身边的，能使学生感兴趣的论题。 本单元涉及的主要能量有动能、重力势能、弹性势能，涉及的功主要有重力做的功、弹簧弹力做的功、合力做的功，什么实际问题能涵盖这些知识呢？ 多年的工作经验告诉我们，学生在学习这个单元时对小球砸弹簧问题、水平弹簧与小球作用问题学起来很棘手，所以我们能不能把弹簧问题渗透到我们的启发性论题中呢？ 基于这样的思考，能不能把我们的启发性论题换成"谈谈蹦极运动中的功和能"。 如果我们在学习重力势能时用这个论题，让学生分析某一过程中，重力势能的变化只用重力做功来度量；在学习弹性势能时用这个论题，让学生分析某一过程中，弹性势能的变化只用弹力做功来度量；在学习动能定理时用这个论题，让学生分析某一过程中，动能的变化只用合力做功来度量。这样进行单元设计，分解了难度，再综合在一起，蹦极的综合问题学生就不会觉得难了。另外，如果这个问题解决了，同类的问题也就相应地得到了解决，如小球砸弹簧问题、水平弹簧与小球作用问题等。后来我们学科组经过研讨发现，学生对既动脑又动手的任务更感兴趣。如果改成“设计蹦极塔的高度”会更好，学生在完成任务的过程中，更能深入理解功与能的关系，所以我们最终就把它确定为本单元的启发性论题。

（二）论证启发性论题

1. 论题是不是一个开放性的问题（一项任务）

设计蹦极塔的高度是一项任务。完成任务不限定条件，设计过程不唯一，最终呈现的结果具有多样性，因此本任务具有开放性。

> 设计启发性论题时应注意：
>
> 1. 论题对学生和老师都有意义。
> 2. 学生能积极参与学习。
> 3. 课堂中有真正的求知氛围。

2. 论题是不是吸引学生和老师

蹦极运动很刺激，对处在高中年龄段的学生很有诱惑力，他们对与蹦极有关的问题很感兴趣，教师和学生都很想知道确定蹦极塔的高度时需要考虑哪些因素。这既能激发学生积极思考，又能促进学生持续深入探究。

3. 论题是否具有多个切入点

要完成“设计蹦极塔的高度”这个任务，需要很多的知识和技能做支撑，这些知识和技能来源于这一个单元，只有理解了本单元的主要思想、观点，才能完成任务。在本单元的教学过程中，无论是研究重力势能变化与重力做功的关系，还是研究动能定理、机械能守恒、机械能的变化与重力和弹簧弹力以外的力做功的关系，都能从设计蹦极塔的高度切入。

4. 与论题有关的资源是否丰富且易得

学生可以通过网络查阅相关的文本信息，观看相关的视频，也可以亲身体验。

二、单元理解目标的确定

（一）理解目标搜寻行动

设计理解目标时应注意：

1. 理解目标表述清晰，并在课堂上公开张贴。

2. 具体单元的理解目标和总体理解目标紧密关联。

3. 老师和学生定期讨论和思考单元理解目标和总体理解目标，以帮助学生明白他们在学什么，以及为什么要学这些内容。

我们从课标上找知识目标，把课标上要求的知识点一个一个列出来，再制订出本单元的知识网络图，经过学科组的老师们研讨得出本单元的知识包括：功、能以及功与能的关系，并确认功与能的关系是本单元的核心内容，进而得到本单元的知识目标。

从教材中找方法目标，经过备课组研讨发现：在本单元重力势能和探究弹性势能的表达式这两节课中体现出的微元法，可以化曲为直，化变为恒，这是物理学中重要的思想方法；在探究弹性势能的表达式和探究功和速度变化的关系这两节课中体现出的图像法是分析两个物理量间关系时常用的方法；在探究弹性势能的表达式、动能定理这两节课中体现出的类比法是同类问题迁移的重要途径，它们都是科学家研究物理学时常用的思想方法，同时也是学生应该学习的方法。这就得到了本单元的方法目标。

从课标上找目的目标，把课标上关于学生学习目的的观点一个一个列出来，学科组的同事们一起逐条讨论，因为能量的转化和守恒是自然界中普遍适用的规律，它对能源的利用和开发有指导作用，能量转化了多少，可以用功来度量。最后归纳总结出目的目标。

从教材中找形式目标，大家一起研讨发现：本单元的概念和规律既可用文字表示，也可以用公式表示，所以文字、公式是常用的两种表达形式，在探究弹性势能的表达式和探究功和速度变化的关系这两节课中都用了图像来寻找和表示物理规律，所以图像也是物理学中常用的表达形式，于是我们得到了形式目标。

（二）目标锁定

目标 1：疑问句：功和能的关系是什么？

陈述句：学生将理解能量变化的过程一定是力做功的过程，力做的功可以度量能量的变化。

目标 2：疑问句：在寻找功和能关系时你用了什么方法？

陈述句：学生将学会微元法、图像法、类比法。

目标 3：疑问句：功和能的关系在生产和生活中有什么作用（影响）？

陈述句：学生将理解功和能的关系为我们提供了分析实际生产和生活中问题的思路和方法。

目标 4：疑问句：用什么形式（描述）表达功和能的关系？

陈述句：学生将学会用文字、图像、公式的形式表述物理规律。

（三）目标论证

理解目标是指通过一个单元的学习需要达到的目的，它表明了我们最希望学生理解什么。表达理解目标有两种方式：陈述句形式（如“学生将理解……”或“学生将学会……”）和开放式疑问句形式（如“功和能的关系是什么？”）。理解目标有四个纬度：

★ 知识：学生要学到什么，它是基于内容的目标。

★ 方法：学生要学到什么方法，它是基于思维路径的目标。

★ 目的：学生为什么要学习它，它是基于目的的目标。

★ 形式：学生要用什么形式呈现出来，它是基于表达的目标。

表达的层级由低到高依次是：用文字、符号、图示表示，作报告，完成学生作品。上课时把疑问句展示给学生作为目标呈现，让学生知道要去哪里。陈述句作为教师教学时的教学目标，可以使教师教学中心明确。

三、理解活动的设计与评估

理解活动是一些有思维量的学习活动，它分肢体和思维两种形式。学生通过参与活动，能对已有的知识进行重组、延伸、推断、应用和发展，创造出新知识，能使学生的思维显性化，能从学生的行为和作品中展示学生的思维过程，可以看到学生遇到的困难和挑战，看到学生解决问题的方法，即学生在活动中能展示和发展理解。

要做好单元的持续性评估，应知道为什么要评估，而且是持续性的。教师如何准确、客观地了解学生学会了什么，对概念和规律理解到什么程度，那就是评估。在我们的教学过程中，评估的作用不只如此，它还是一个丰富和促进学生学习的过程。把评估的结果作为反馈信息提供给学生和教师，表明学生目前已经理解到什么程度，所以评估不只是在单元结束时考试，而且伴随学生学习的整个过程中，所以它被称为持续性评估。评估的方式有两种：正式的（如对作业评分、专题反思等）和非正式的（如观察、开放式反思、讨论等）。评价者可以是多人，即由多人在不同的学习阶段对理解进行多次检查（如学生自评、学生互评、教师评价、专家评价等）。

评估时要注意以下几点：

1. 持续性评价一定要与理解目标保持一致。

2. 持续性评价一定是注重对学生的行为、交谈和制作，即活动中学生作品的评价。

3. 评价者检验学生进行的理解活动时，应根据具体的标准找到理解的证据，即一定要制订评价标准和评价量规。

4. 评价量规要公示给学生，以便学生评价自己的活动是否达成目标，明确自己努力的方向；同时促使老师对理解活动的设计是否能够达成目标有了进一步的反思。

设计理解活动时应注意以下几点：

1. 理解活动要与理解目标相匹配。

2. 理解活动要与启发性论题相匹配，使学生感兴趣，主动参与，确保理解活动能激发学生思维，最好学生能有创造性的作品呈现。

3. 学习活动直接针对加强一个或多个理解目标中表述的关键概念的理解。

4. 要根据学情和教材设计理解活动，理解活动一定是有层级的，由初始理解活动、探究理解活动到终极理解活动。

5. 参与同一个理解活动的学生是不同的，根据多元智能理论，在活动中可采用不同的方式，吸引不同背景、不同经历、不同特长的学生，对内容进行深度学习（如采用视觉、空间、故事、数字、逻辑或音乐等方式），使学生可以通过不同的途径来形成和发展理解。

6. 学生在参与理解活动时，教师应给学生提供展示其理解的机会，以便评估和反馈。

课堂活动一：初始理解活动——观看蹦极视频，研讨蹦极运动各个过程中的重力做功

1. 活动目标

理解目标 1、3、4。

学生将能够：

（1）领会能量转化和变中有恒的思想；领会寻找守恒量是科学研究的重要思想方法。

（2）知道功和功率的概念。

（3）利用功和功率的概念计算相关问题。

（4）理解重力势能，以及重力势能的变化和重力做功的关系。

（5）理解功是能量变化的量度。

2. 活动学时

6 课时。

3. 活动流程

（1）观看视频→研讨蹦极运动中自由落体阶段涉及的能量及其变化→看课本→寻找蹦极运动中自由落体运动阶段的守恒量。

（2）观看视频→研讨蹦极运动各个过程中的重力做功，发现问题（当力和位移不同向时怎样计算力做的功），引入新课→理论探究（用已学过的知识做支撑，探究一般情况下的恒力做功）→描述功的概念（从定义、物理意义、表达式、单位、矢量性、标量性、过程量、状态量这几个角度描述）→迁移应用——研讨几种典型的恒力做功。

（3）观看视频→研讨蹦极运动各个过程中重力做功的快慢，引入新课，形成功率的概念，用已学过的知识做支撑，探究功率的计算公式→描述功率的概念→迁移应用——研讨几种典型的瞬时功率和平均功率→研讨机车启动问题（两种启动方式）。

（4）探究重力做功的特点→根据功与能的关系，引入重力势能概念→描述重力势能及其性质→探究重力做功与重力势能变化的关系→迁移应用——研讨蹦极运动员在不同运动过程中重力做什么功，重力势能怎样变化，以及重力做功可以度量什么能量的变化。

4. 活动评价

评价者：学生、教师。

评价方式：学生自评、互评，教师点评

评价内容：

（1）通过观看视频，定性讨论蹦极运动员自由落体阶段涉及的能量及其变化，能否找出自由落体运动阶段的守恒量。

（2）通过观看视频，定性讨论重力在各阶段的做功情况，能否发现有解决不了的问题。（非正式评估）

（3）能否用恒力做功的公式求恒力功。（因为是学习的重点，非正式和正式评估都有）

（4）能否用功率的公式计算恒力做功的平均功率和瞬时功率。（因为是学习的重点，是学习功与能的关系的基础，非正式和正式评估都有）

（5）能否画出机车以两种启动方式启动到以最大速度匀速运动后的速度时间图像。（因为是学习的重点，非正式和正式评估都有）

（6）是否知道微元法及其在本节课中使用它的目的。（非正式的评估）

（7）能否说出重力做功的特点。（因为是学习的重点，是学习功与能的关系的基础，非正式和正式评估都有）

（8）是否能用描述物理概念的几个角度描述重力势能。（非正式评估）

（9）是否能归纳总结重力势能的性质。（非正式评估）

（10）是否能说出重力做功和重力势能变化的关系。（因为是学习的重点，能体现学科思想，非正式和正式评估都有）

评价标准：

（1）学生能建立蹦极运动员的运动模型。

（2）能类比伽利略理想实验，寻找蹦极运动中的守恒量（提出猜想）。

（3）能运用初中的原有知识和力的合成分解推导出恒力做功的一般表达式。

（4）能比较 $W=FS$ 与 $W=FS\cos\alpha$ 的区别。

（5）能理解功是标量，理解负功的意义。

（6）能理解物理学中一般从哪些角度描述一个物理量。

（7）能区别平均功率和瞬时功率。

（8）知道探究重力做功特点的方法。

（9）能总结出重力做功和重力势能的关系。

（10）能理解机车启动问题。

评价量规（表 2-30）：

表 2-30 评价量规

项目	等级和评定分数		
	A（15~20分）	B（10~15分）	C（0~10分）
合作能力（20分）	学生独立思考后进行小组合作，能借助直尺准确地画出图像	学生独立思考后，能通过小组合作画出图像	学生独立画出图像，没有与他人交流
规范作图（20分）	能借助直尺正确规范地画出两种机车启动过程中的速度时间图像	能画出两种机车启动过程中的速度时间图像	能画出一种机车启动过程中的速度时间图像
语言表达（20分）	能说对每段运动的运动性质，能找到每个拐点对应物理量的最大值，并标明拐点的横纵坐标	能说对两段运动的运动性质，能找到一个拐点对应物理量的最大值	能说对一段运动的运动性质，能找到一个拐点对应物理量的最大值

课堂活动二：探究理解活动 1——探究弹性势能的表达式

1. 活动目标

理解目标 1、2、3、4

学生将能够：

（1）知道弹性势能的概念。

（2）知道影响弹性势能的因素。

（3）知道弹性势能的表达式。

（4）知道弹力做功与弹性势能的关系。

（5）经历探究学习的情感体验过程。

2. 活动学时

1 课时。

3. 活动流程

观看视频→提出问题（研讨蹦极运动中涉及的能量）→形成弹性势能的概念→提出猜想（与重力势能类比，提出弹性势能的表达式可能与哪些物理量有关？）→设计实验，进行理论探究（弹簧一端固定，缓慢拉动弹簧另一端，使弹簧伸长）→分析与论证（根据功与能的关系，若弹簧从原长被缓慢拉动，拉力做的功就是系统增加的能量——末态弹性势能，类比匀变速直线运动，利用图像求位移的方法求拉力做的功）→得出实验结论（弹性势能表达式）。

4. 活动评价

评价者：学生、教师。

评价方式：学生自评、互评，教师点评。

评价内容：

（1）能否利用势能的定义理解弹性势能？（非正式评估）

（2）能否与重力势能类比，猜想影响弹性势能的因素？（非正式评估）

（3）能否将弹簧的运动过程理想化，寻找拉力与弹簧弹力的关系？（非正式评估）

（4）能否用微元法和图像法推导弹性势能的表达式？（非正式评估）

评价标准：

（1）能理解弹性势能是由于弹簧发生弹性形变，弹簧间有相互作用力，这个力与弹簧间的相对位置有关。

（2）能理解弹性势能与相对位置（Δx）和弹簧本身（k）有关。

（3）能把弹簧被拉长的运动理想化为缓慢进行，拉力与弹力的大小相等。

（4）能通过在匀变速直线运动中用 $v-t$ 图像求位移的方法来求拉力所做的功，推导出弹性势能表达式。

课堂活动三：探究理解活动 2——探究功与速度变化的关系（寻找合力功与动能增量的关系）

1. 活动目标

理解目标 1、2、3、4。

学生将能够：

（1）合理地进行实验设计。

（2）合理地进行数据处理。

（3）知道动能的概念。

（4）知道用合力功来度量动能的变化。

（5）经历探究学习的情感体验过程。

2. 活动学时

3 课时。

3. 活动流程

（1）观看视频→提出问题（蹦极运动员在下落过程中运动速度不断变化，同时有力在做功，功和速度的变化有什么关系？）→提出猜想（功与速度可能成正比）→设计实验（寻找功和速度的关系一定要使问题简单化，最好物体在运动过程中只有一个力做功，速度可测量）→实验操作，获取数据（使小车质量比重物质量大很多，重物的重力就可视为小车所受拉力，小车的位移和速度可通过打点计时器打出的纸带求出）→处理实验数据（画出 $W-v$ 图像，寻找功与速度的关系，如果不是一条直线，可作 $W-v^2$、$W-v^3$ 图像，寻找功与速度的关系）→得出实验结论（功与速度的平方成正比）。

（2）观看视频→提出问题（运动员在蹦极时，什么能量在变化，可以用什么来度量能量的变化？ 动能的表达式怎样，怎么度量它？）→提出猜想（根据影响动能的因素，提出在动能的表达式中一定含有质量和速度，组合形式不确定，可能是 mv、mv^2、mv^3……→设置情景，理论探究（在蹦极运动的自由落体阶段，求重力在一段位移内所做的功，再推广到任意一个匀变速直线运动，求任意一段位移内的合力功，表达式相同：$W=mv_2^2/2-mv_1^2/2$，与 $W_G=mgh_1-mgh_2$ 对比，根据功与能的关系，猜想动能表达式→得出结论（与上节探究课建立联系，确认动能表达式）→形成动能的概念（描述动能）和动能定理（根据功能关系）→迁移应用（用动能定理解决问题）。

4. 活动评价

评价者：学生、教师。

评价方式：学生自评、互评，教师点评

评价内容：

（1）在实验设计时，能否使问题简单化。（非正式评估）

（2）能否知道用平衡摩擦力的方法得到一个可测量的合力。（非正式评估）

（3）能否知道利用打点计时器求瞬时速度。（非正式评估）

（4）能否通过画图像的方法寻找两个物理量的关系。（非正式评估）

（5）能否通过功与能的关系生成动能的概念。（非正式评估）

（6）从推导结果中是否知道用合力功来度量动能的变化。（非正式评估）

（7）能否用动能定理解决相关问题。（因为是学习的重点，能体现学科思想，非正式和正式评估都有）

评价标准：

（1）实验设计时，能使物体的初速度为 0，合力和位移方向相同，计算速度的变化和合力功最简单。

（2）能从牛顿第二定律的实验中得出用平衡摩擦力的方法得到一个可测量的合力。

（3）能利用打点计时器测瞬时速度，得到速度的变化。

（4）能从牛顿第二定律实验的数据处理方法中得到用图像法寻找两个物理量的关系。

（5）能从功与能的关系和类比重力做功与重力势能变化的关系中生成动能的概念。

（6）根据功与能的关系和理论推导、实验验证得到动能定理。

（7）能用动能定理顺利解决问题。

课堂活动四：探究理解活动 3——探究只有重力做功时，机械能变化的特点

1. 活动目标

理解目标 1、2、3、4。

学生将能够：

（1）知道机械能的概念。

（2）知道机械能守恒的条件。

（3）知道机械能守恒的表达方式。

（4）知道功和能的原理（机械能的变化用除了重力和弹簧弹力以外的力来度量）。

2. 活动学时

4 课时。

3. 活动流程

（1）观看视频，谈谈蹦极运动中的能量及其变化，形成机械能的概念→提出问题（在一定条件下，机械能的变化有什么特点？）→提出猜想（在一定条件下，机械能守恒）→设计实验（让重物自由落体，通过打点计时器记录重物的运动情况）→进行实验，获取数据（用铁架台固定打点计时器，重物与纸带相连，从打点计时器打出的纸带上获取数据）→处理实验数据（比较一段位移上动能的增量和势能的减少量的关系）→得出实验结论（在只有重力做功的情形下，机械能守恒）→误差特点及分析。

（2）观看视频，选择运动阶段→理论探究（在自由落体阶段，根据动能定律和重力做功与重力势能变化的关系，推导出机械能守恒）→生成机械能守恒定律（综合理论和实验探究，推广到只有重力和弹力做功的情景下，机械能守恒）→迁移应用（守恒条件的判定，应用机械能守恒定律解决实际问题）。

（3）观看视频，提出问题（如果空气阻力不能忽略，机械能的变化怎样度量？）→理论探究（用已学过的知识做支撑，探究用什么来度量机械能的变化）→形成功能原理（机械能的变化用除了重力和弹簧弹力以外的力来度量）→迁移应用（用功能原理解决实际问题）。

4. 活动评价

评价者：学生、教师。

评价方式：学生自评、互评，教师点评。

评价内容：

（1）能否通过探究性实验，探究做自由落体运动的物体在运动过程中机械能的变化规律。（非正式评估）

（2）能否通过理论探究得到做自由落体运动的物体在运动过程中机械能的变化规律。（非正式评估）

（3）能否探究得到机械能守恒的条件。（非正式评估）

（4）能否探究得出除了重力和弹力做功外还有其他力做功，以及机械能的变化有什么特点？（非正式评估）

（5）能否应用机械能守恒定律解决相关问题。（因为是学习的重点，能体现学科思想，非正式和正式评估都有）

（6）能否用功和能的原理解决实际问题。

评价标准：

（1）知道什么是机械能。

（2）能在实验室中设计一个可以记录物体自由落体运动的实验。

（3）知道在实验中要测量什么、计算什么、比较什么，才能得到机械能变化的规律。

（4）知道在实验过程中应注意什么，以及什么样的纸带是理想纸带。

（5）知道怎样处理实验数据。

（6）能简单地分析误差。

（7）能通过动能定律和重力做功与重力势能变化的关系探究出机械能守恒定律。

（8）能通过动能定理和重力做功与重力势能变化的关系探究出机械能守恒

定律的条件。

（9）能应用机械能守恒定律解决问题。

（10）能用功和能的原理解决实际问题。

课堂活动五：终极理解活动——设计蹦极塔的高度

1. 活动目标

理解目标 1、2、3、4

学生将理解：

（1）功和能的关系。

（2）机械能守恒定律。

（3）能量的转化和守恒定律。

2. 活动学时

2 课时。

3. 活动流程

观看视频，提出问题（设计蹦极塔的高度）→提出要求（学生详细写出设计的思路和依据）→学生制作（小组合作）→成果展示（每个小组有一个作品即可，形式不限，可以是文本、PPT、模型等）。

4. 活动评价

评价者：学生、教师。

评价方式：学生自评、互评，教师点评。

评价内容：

（1）能否建立蹦极运动员的运动模型。

（2）能否准确分析蹦极运动的全过程。

（3）能否估算人的体重范围。

（4）能否查阅到弹性绳劲度系数的范围。

（5）设计思路是否清晰，依据是否合理。

（6）小组分工是否明确，是否共同研讨。

（7）汇报时语言是否准确、流畅，反应是否敏捷。

（8）作品若是模型，是否美观、坚固；若是 PPT 或文本，是否通俗易懂、思路清晰、符合逻辑。

评价标准：

（1）能分析在蹦极运动中能量是怎样转化的，在什么位置什么形式的能量有极值。

（2）能分析蹦极运动中可以用什么功来度量能量的变化。

（3）能用总能量守恒的观点分析蹦极运动。

（4）能根据人的平均体重和弹性绳的劲度系数及弹性绳的原长，估算出人距离塔顶的最大高度。

评价量规（表 2-31）：

表 2-31 评 价 量 规

等级	A（15~20 分）	B（10~15 分）	C（5~10 分）	D（0~5 分）
汇报语言（20 分）	准确、流畅、清晰、易懂	准确、清晰	比较准确、清晰	比较生疏，难懂
设计过程（20 分）	能把人的运动过程按加速度（速度）的变化分段讨论；能根据需要设定必要的条件（弹性绳的原长、劲度系数、人的体重），在理想情况下结合机械能守恒或动能定理分析人到达最低点时绳子的长度范围；再考虑到空气阻力、身高、刺激程度、安全等因素的影响，得出蹦极塔的高度	能把人的运动过程按加速度（速度）的变化分段讨论；能根据需要设定必要的条件（弹性绳的原长、劲度系数、人的体重），在理想情况下结合机械能守恒或动能定理分析人到达最低点时绳子的长度范围	能把人的运动过程按加速度（速度）的变化分段讨论；在理想情况下结合机械能守恒或动能定理分析人到达最低点时绳子的长度范围	不能把人的运动过程分段研究

续表

<table>
<tr><th>等级</th><th colspan="2">A（15~20分）</th><th>B（10~15分）</th><th>C（5~10分）</th><th>D（0~5分）</th></tr>
<tr><td>分工合作（20分）</td><td colspan="2">每个成员都积极参与到活动中，分工明确，汇报过程中有补台意识</td><td>每个成员都能参与到活动中，分工明确</td><td>每个成员都有分工，汇报过程中有补台意识</td><td>分工不明晰</td></tr>
<tr><td>应变能力（20分）</td><td colspan="2">自信淡定、反应敏捷、解答清晰</td><td>解答清晰</td><td>解答比较清晰</td><td>无法解答</td></tr>
<tr><td rowspan="2">作品呈现（20分）</td><td>模型</td><td>坚固、美观、结构合理</td><td>有图示，结构合理、美观</td><td>有图示，结构合理</td><td>没有图示</td></tr>
<tr><td>PPT/文本</td><td>通俗易懂、思路清晰、符合逻辑</td><td>思路清晰、符合逻辑</td><td>通俗易懂</td><td>阐述不清</td></tr>
</table>

✲“万有引力与航天”单元教学设计

单元名称：人教版高中物理教材必修2第六章万有引力与航天

教材内容：“行星的运动”“太阳与行星间的引力”“万有引力定律”“万有引力理论的成就”“宇宙航行”“经典力学的局限性”

单元学时：4课时

设计人员：赵志永

单元教学设计概览（图 2-26）

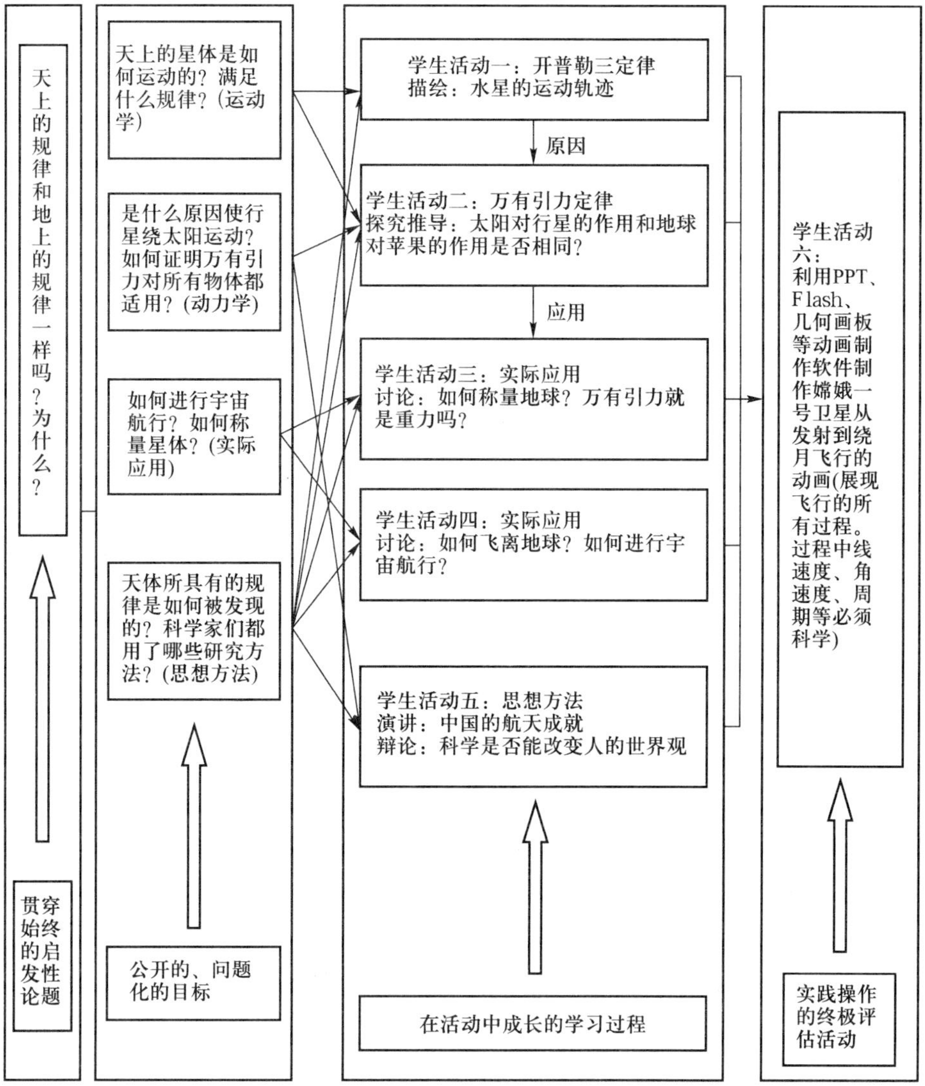

图 2-26 “万有引力与航天”单元教学设计概览

一、启发性论题的设计

（一）寻找启发性论题的过程

1. 分析课标

根据“为理解而教”教学模式中启发性论题的理论可知，启发性论题要解决的是“我们应该教什么”。 在“万有引力与航天”单元开始之前，首先要研读课程标准。

从课标要求中可以清晰地分析出本章的教学要完成以下任务：

（1）知识的建构。

（2）经历发现万有引力定律的过程。

（3）发展学生的科学思维能力。

（4）对学生进行科学文化教育。

（5）增进学科与生活、社会的联系。

（6）对经典力学进行正确的评价。

本单元课程标准的要求如下：

1. 通过有关事实了解万有引力定律的发现过程。知道万有引力定律。认识发现万有引力定律的重要意义，体会科学定律对人类探索未知世界的作用。

2. 会计算人造卫星的环绕速度。知道第二宇宙速度和第三宇宙速度。

3. 初步了解静电时空观和相对论时空观。知道相对论对人类认识世界的影响。

4. 初步了解微观世界中的量子化现象。知道宏观物体和微观粒子的能量变化特点。体会量子论的建立深化了人类对于物质世界的认识。

5. 通过实例，了解经典力学的发展历程和伟大成就，体会经典力学创立的价值与意义，认识经典力学的实用范围和局限性。

6. 体会科学研究方法对人们认识自然的重要作用。举例说明物理学的进展对于自然科学的促进作用。

2. **分析教材**

本单元在教材中起承前启后作用。“承前”是针对“圆周运动”而言，是其涉及的基本概念和规律在天体运动中的应用。“启后”是指它是解决后续许多万有引力问题的理论依据。

本单元将学习万有引力定律及其在天体运动中的应用。万有引力定律是在哥白尼、伽利略、开普勒等人的天文学研究成果的基础上，由牛顿运用动力学原理而发现的重要定律。它不仅能解释重力产生的原因，也能解释行星和卫星的运动规律。它是天文学上研究各种天体运动规律的依据，它所揭示的万有引力是自然界中四种基本相互作用之一。它为爱因斯坦建立广义相对论奠定了基础。因此，它既是一个古老的课题，又是最现代前沿的领域。既是物理理论最早建立的基础，又是当今理论研究方兴未艾的焦点之一。在实践中，它的应用更加广泛。一切发生在地球上的自然现象和人类所进行的各种生产活动，无一不与万有引力有关。特别是人造卫星的发射和利用，涉及现代工农业生产、科学研究、交通运输、军事侦察、无线电通信等方面。万有引力在物理学中所占的重要地位，由此可见一斑。

3. **教师思考**

围绕万有引力定律和圆周运动建立知识网络图（图 2-27）。通过知识网络图明确本单元的核心概念和规律，以及与其他内容的联系。由知识网分析可以看出本单元的核心应该是圆周运动和万有引力定律之间的联系点。论题应该从这个联系的角度进行设计。

4. **学情分析**

学生对于天上的星体运动本身就非常感兴趣，对于一些具体的航天科技和神秘事件更是兴趣浓厚。但这些兴趣只是停留在感性层面上。要想让学生达成课标的要求，就需要把这些感性材料与学科中的理性思维结合在一起。本单元的感性材料丰富，如人造卫星的发射和利用、天体质量和密度的测定、布拉赫和开普勒的故事、牛顿与胡克和哈雷之间的恩怨纠结等，都能使学生陶醉其中。而如何去研究天上的星体？能不能用以前所学的内容去思考？这又可以使学生进行理性的思考。

> 没有爱就没有教育，没有兴趣就不能学习。
>
> ——顾明远

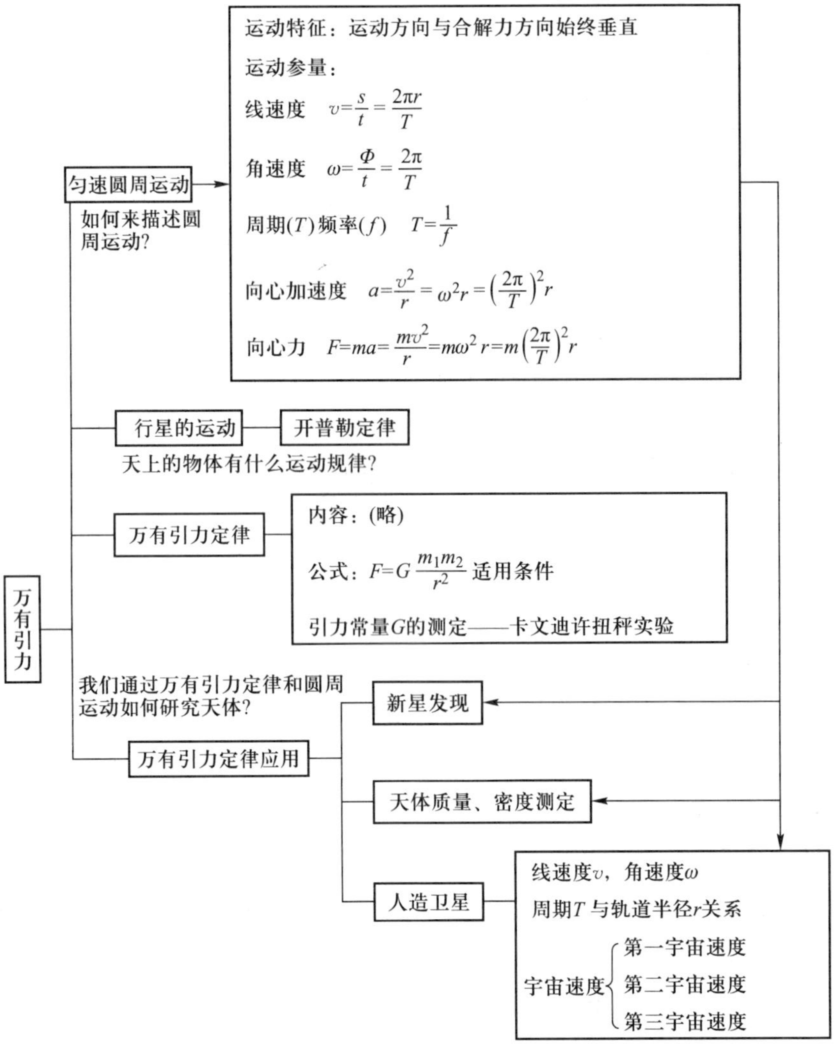

图 2-27　知识网络图

5. **生成启发性论题**

分析这三个论题发现，它们都能从一个角度进入而统领本单元的知识内容。但“万有引力是如何发现的?”这个论题更多的是侧重知识的建构，“如何才能飞入太空？”这个论题侧重的是应用领域的拓展。从对课标、教材和学情的分析来看，能够既统领知识，起到构建联系的作用，又能把科技和人文以及科学的思维方法囊括其中的论题只能是“天上的规律和地上的规律一样吗？”。

启发性论题：

1. 万有引力是如何发现的？

2. 如何才能飞入太空？

3. 天上的规律和地上的规律一样吗？

（二）论证启发性论题

按照“为理解而教”教学模式理论提供的“反思指南”对该启发性论题进行分析和评价。最终确定“天上的规律和地上的规律一样吗？为什么？”作为必修2第六单元“万有引力与航天”的启发性论题。

应用“为理解而教”反思指南进行论证：

1. 该论题在地理和物理学研究中起重要和中心作用。

2. 该论题对学生和教师都很有吸引力，容易引起学生兴趣。

3. 可以找到多种相关资源来理解论题（如中国航天成就、相关的科学故事、高考热点问题等）。

4. 该论题与学科里其他论题、其他学科以及学生的校外生活都有明显的联系。

二、单元理解目标的确定

（一）单元三维目标

“万有引力与航天”这一单元结合课程标准的要求、高考说明要求和实际教学情况，其单元三维目标如下：

“为理解而教”中的理解目标特点：

在“为理解而教”教学模式中，最希望学生理解的是最核心的概念、方法、目的和形式。理解目标有助于确立学生学习的重点，有利于让学生知道要学什么。

1. **知识与技能**

（1）知道万有引力定律；能够利用万有引力定律解决天体运动问题。

（2）会计算人造卫星的环绕速度；知道第二宇宙速度和第三宇宙速度。

（3）初步了解经典时空观和相对论时空观。

（4）初步了解微观世界中的量子化现象，知道宏观物体和微观粒子的能量变化特点。

2. **过程与方法**

（1）通过有关事实了解万有引力定律的发现过程。

（2）通过开普勒三定律的发现，体会总结归纳数据和进行严谨分析的科学方法。

（3）通过对天体和地面上物体的规律一致性的认识，体会科学研究方法在认识自然中的重要作用。

（4）通过万有引力定律的应用，体会解决天体运动的一般过程和解题思路。

3. **情感、态度与价值观**

（1）认识发现万有引力定律的重要意义，体会科学定律对人类探索未知世界的作用。

（2）知道相对论对人类认识世界的影响。

（3）体会量子论的建立深化了人类对物质世界的认识。

（4）通过实例，了解经典力学的发展历程和伟大成就，体会经典力学创立的价值与意义，认识经典力学的实用范围和局限性。

（5）体会物理学的进展对于自然科学的促进作用。

（6）通过同桌讨论、合作等群体学习方式，培养学生自主学习、协作互助的精神。

（二）确定理解目标

按照“为理解而教”教学模式理论提出的要求，这些目标应该分为四个层面，即知识层面、方法层面、目的层面和形式层面。从上面的单元三维目标中我们可以看到有知识层面的目标，如知识与技能中的目标；有方法层面的目标，如过程与方法中的目标；有目的层面的目标，即我们学这个的意义是什么；回答这个问题的目标体现在情感、态度与价值观目标中；而形式层面的目标在三维目标中并没有明显地呈现出来。万有引力定律的表达式和引力常量的大小在这一单元中虽然是很重要的形式目标，但从学生的实际学习情况来看并不是阻碍学生形成对万有引力深刻理解的瓶颈内容，因此，可以隐含在知识目标中。所以，本单元的理解目标包含三个层面：即知识、目的和方法。

> 问句可以展示给学生，让学生在思考中学习。陈述句能够帮助老师知道学生正在学习的内容。这两种方式的表达对于学生明确自己在学什么时起到了非常重要的作用。

经过对比，将原来的三维目标转化为本单元的理解目标：

理解目标 1

疑问句形式：天上的星体是如何运动的？满足什么规律？

陈述句形式：知道天上的星体运动满足开普勒三定律；知道开普勒发现三定律的过程和所用到的科学方法。

理解层面：知识、方法。

> 要想让单元理解目标能够落实到每一堂课，还需要设计每堂课的与评估相关的课时理解目标。这样才能使目标、活动和评估紧密地结合在一起。让学生在单元学习中螺旋式前进。

理解目标 2

疑问句形式：是什么原因使行星绕太阳运动？如何证明万有引力对所有物体都适用？

陈述句形式：知道万有引力是使行星绕太阳运动的原因；知道万有引力定律的内容、适用条件以及引力常数测定的方法和意义。

理解层面：知识、方法。

> 理解目标具有以下特点：
>
> 1. 注重理解物理学科中的重要概念、方法、目的和形式。
>
> 2. 目标使用了易于学生理解的疑问句和详细的陈述句两种表现形式，并对三维目标做了适当的简化处理，使目标更加针对学生需要理解的重要内容。
>
> 3. 理解目标表述清晰，可以公开给课堂以外的人员（如家长、同事、学校领导等）。
>
> 4. 理解目标反映了多个理解层面（知识、方法、目的和形式）。

理解目标 3

疑问句形式：如何进行宇宙航行？ 如何称量星体？

陈述句形式：会计算人造卫星的环绕速度；知道第二宇宙速度和第三宇宙速度；能够计算星体的质量和密度；体会万有引力定律发现的意义和价值；能够正确评价万有引力在自然科学中的地位和价值。

理解层面：目的。

理解目标 4

疑问句形式：天体所具有的规律是如何被发现的？ 科学家们都用了哪些研究方法？

陈述句形式：经历万有引力发现的过程，体会其中的科学方法和科学思维。

理解层面：方法。

三、理解活动的设计与评估示例

理解活动是基于多元智能理论的学生以新的方式或者在新的情境下运用原有知识来增强对论题理解的学习活动。 理解活动要求学生在活动中展示出他们对事物的理解。 因此，在设计理解活动的过程中，首先要从理解目标出发，围绕目标的达成，结合学生的兴趣、基础、学习风格和多元智能的理论等设计出一系列的理解活动。 其次，要依据理解目标，按照活动的特点安排活动的次序，形成系统的活动设计方案。 具体设计流程可以参考图 2-28 所示。

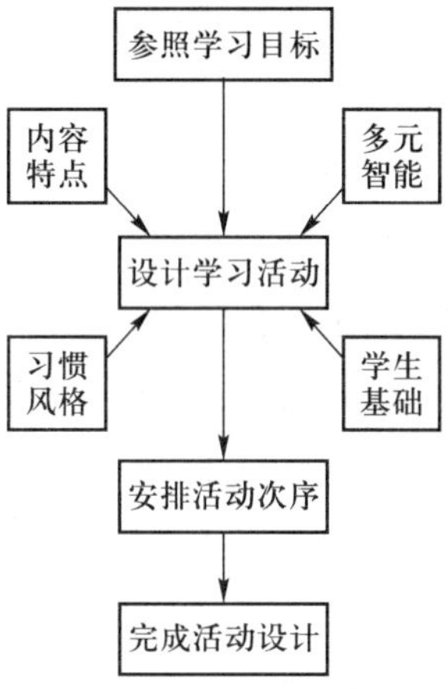

图 2-28 理解活动设计流程

与终极评估不同，持续性评估能够促进学生的学习，是学生学习的一个重要部分，也是老师对学生进行指导的抓手。 因此，持续性评估要对学生的理解活动作出明确的反馈，通过反馈给学生提供学习的下一个目标和方向。

持续性评估要以理解目标为前提，要能够在理解活动中找到说明学生是否理解的证据。 评估的主体是多元的，评估的形式可以是正式的，也可以是非正式的。评估时可以针对学生的语言、行为或作品等方面进行。在设计持续性评估时可以参考图 2-29 所示来进行。

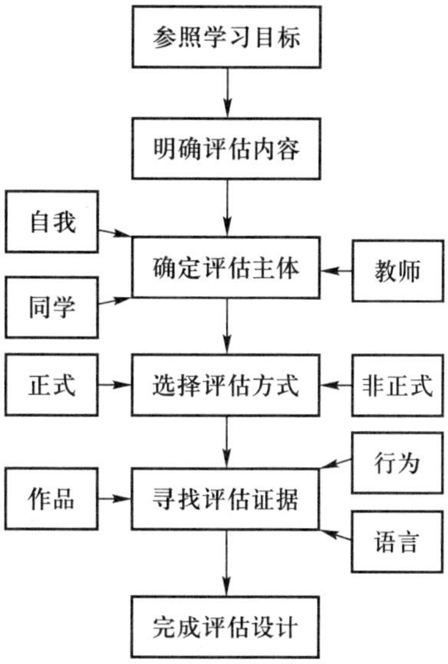

图 2-29 持续性评估设计流程

课堂活动一（初始理解活动）：作图描绘水星的运动轨迹

1. 活动目标

理解目标 1、4

学生将能够：

（1）了解人类对行星运动规律的认识历程。

（2）理解观察的方法在认识行星运动规律中的应用。

（3）知道开普勒行星运动规律及其科学价值。

（4）体会科学家们实事求是、尊重客观事实、不迷信权威、敢于坚持真理、勇于探索的科学态度和科学精神，体会描述自然和追求简单和谐是科学研究的动力之一。

2. 活动学时

1 课时。

3. 活动流程

> 理解目标按照大小可以分为三种：课程理解目标、单元理解目标和课时理解目标。

提出问题：在太阳系中，行星的运动轨道是否都是圆的？还有其他形状的运行轨道吗？

播放录像：《外面的世界》。

阅读：课本 P32—35。

讲述：请根据你阅读的知识和所看的录像为同组的其他同学讲述哥白尼、布拉赫、开普勒的故事，并在故事中说明对自己的启示和他们的成就。

作表：水星轨道数据（表 2-32）。

表 2-32 水星轨道数据

角（度）	4	61	122	172	209
d（AU）	0.35	0.31	0.32	0.38	0.43
角（度）	239	266	295	330	350
d（AU）	0.46	0.47	0.44	0.40	0.37

分析：描述水星轨道的形状。 画出一条通过太阳的直线表示轨道的长轴，作为主轴。

理性思维：将水星的轨道与哈雷彗星的轨道图片比较，它们有什么不同？

做一做：用一条细线和两个图钉画椭圆。

思维提升：向你同组的同学讲解你对开普勒定律的理解。

估算：哈雷彗星最近出现的时间是 1986 年，请根据开普勒行星第三定律估算它下次飞近地球大约在哪一年？

4. 活动评价

评估类型：非正式评估。

评估主体：学生。

评估标准：

（1）讲故事时能够用实例说出哥白尼追求简单和谐、提出日心说的精神，说出布拉赫的坚持精神，说出开普勒大胆假设、推理演绎、实事求是的精神以及他们为了自己的理想克服生活困难和追求梦想的勇气。

课时理解目标与课时的评估相呼应，构成了每节课学生通过理解活动而理解的单元目标中的不同层次的内容。

（2）能够根据数据画出椭圆并能够把开普勒定律融入其中，能阐述开普勒第三定律。

（3）能够利用开普勒第三定律正确估算出哈雷彗星的回归日期是 2062 年。

课堂活动二（探究理解活动）：如何称量地球？

1. 活动目标

理解目标 3、4

学生将能够：

（1）了解万有引力定律在天文学上的重要应用。

（2）用万有引力定律计算天体质量，了解“称量地球质量”“计算太阳质量”的基本思路。

（3）认识万有引力定律的科学成就，体会科学思想方法。

2. 活动学时

1 课时。

3. 活动流程

绘图：画出太阳系的行星图。

分析 1：利用万有引力定律比较太阳系各个行星的速度、角速度、周期的大小。

分析 2：分析地面上物体受到的重力和万有引力的关系？

测量：讨论测量地球质量的方法以及需要测量的物理量有哪些。 如何测量太阳呢？

理解活动分为三类：一类为初始理解活动，用来激发学生的学习兴趣，总览整个单元；第二类为探究理解活动，用来深入学习相关知识、理论、方法等内容；第三类为终极理解活动，用来在活动中评估学生掌握理解目标的情况。

应用：搜索嫦娥 1 号卫星绕月的数据，计算月球的质量。

汇报：举例说明发现未知天体的过程中万有引力的科学成就。

4. 活动评价

评估类型：非正式评估。

评估主体：学生和教师。

评估标准：

（1）能够得出离太阳越近的行星速度和角速度越快，周期越小。

（2）能够得出在地球表面附近重力近似等于万有引力。

（3）能够根据万有引力提供向心力和地球表面附近重力近似等于万有引力得出测量地球质量的多种方法，并能够说明其可行性；能够计算出月球的质量。

（4）通过质量的测量能够认识到卡文迪许的贡献。

课堂活动三（终极理解活动）：利用 PPT、Flash、几何画板等动画软件制作嫦娥一号卫星从发射到绕月飞行的动画

1. 活动目标

理解目标 1、2、3、4

学生将能够：

（1）制作没有科学错误的天体运动动画。

（2）说出自己在制作过程中思考的问题和感受。

2. 活动学时

2 课时。

3. 活动要求

（1）嫦娥一号发射、环绕、脱离、被月球俘获、绕月飞行等一系列过程的线速度、角速度、周期等必须符合科学实际，不能出现科学性错误。

（2）查找相关数据时需要注明数据的来源。

（3）书写制作报告时，要反映出小组同学在制作过程中思考的问题和相关的计算过程。

（4）汇报时要说出自己在小组合作中的感受。

（5）上交时间：××月 ××日前。

4. 活动评价

评估类型：正式评估。

评估主体：教师。

评估标准：

（1）所制作的动画近地飞行时速度大，越远环绕速度越小，被月球俘获后的变轨过程也能体现出这一规律。随着卫星离地球越远所受的万有引力越小。

（2）数据有出处，报告中问题明确，计算规整、正确，书写清晰。

（3）汇报时，小组每个成员都有工作，没有科学性错误。

✻“直线运动”单元教学设计

单元名称： 人教版高三物理复习第一单元

教材内容：“运动的描述”“匀变速直线运动的研究”

单元学时： 6课时

设计人员： 鲍永新、朱晓安

单元教学设计概览

直线运动是高三一轮复习的第一个单元，依据“为理解而教”教学模式和课程标准、考试说明、高考试题，对人教版高中物理教材必修1第一章运动的描述、第二章匀变速直线运动的教学进行单元教学设计。该单元课时为6课时，历时2周。下面对这一单元的设计过程进行论述（图2-30）。

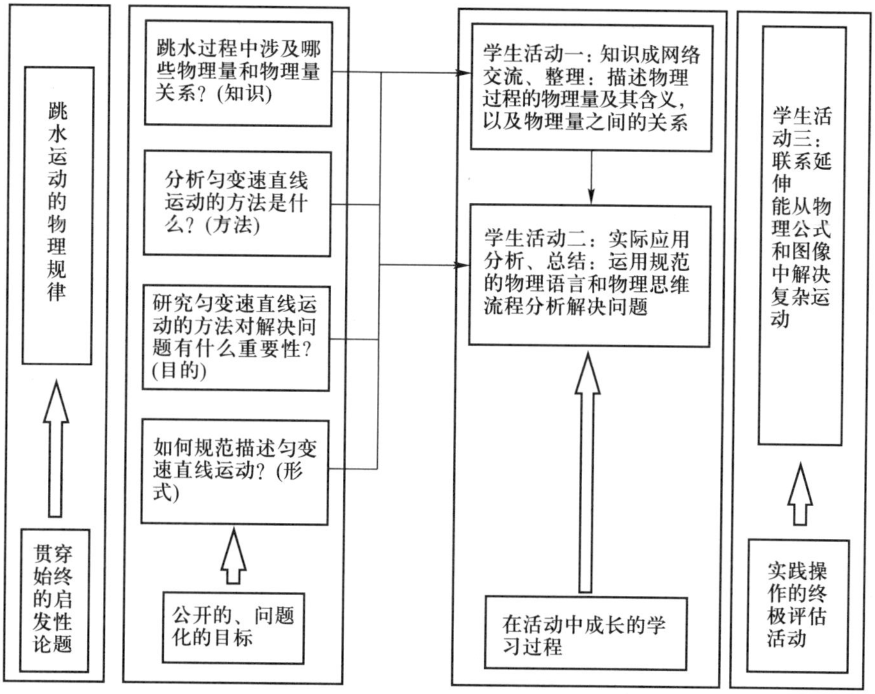

图2-30 “直线运动”单元教学设计概览

一、启发性论题的设计

（一）寻找启发性论题的过程

> 1. 思考高三复习知识、方法、能力练定位在哪？
>
> 2. 研读《普通高中物理课程标准（实验）》、2014 年北京高考《考试说明》、北京高考试题。
>
> 3. 将已有知识形成体系

直线运动是高三一轮复习的第一个单元，主要包括必修 1 第一章运动的描述、第二章匀变速直线运动的研究。为了确定本单元的启发性论题，我们备课组的老师进行了多次讨论。刚开始的时候，我们把这个单元的启发性论题定为“交通事故中，交警如何判断司机是否超速？”。首先，在交通事故中，交警判断司机是否超速贴近学生生活，学生感兴趣；其次，它的物理过程包括匀速（反应）、匀减速（刹车），这是物理学科中的核心知识，但对于高三学生来说这样的问题不具有挑战性。于是我们思考高三复习知识、方法、能力定位在哪？然后研读《普通高中物理课程标准（实验）》、2014 年北京高考《考试说明》、北京高考试题，最终得出：本单元的启发性论题其知识应成体系；能从运动特点、受力情况、物理量之间的关系、图像等角度分析匀变速直线运动，掌握物理过程的分析方法；能体现学生综合运用已有知识和方法，分析和解决实际问题的能力。

（二）论证启发性论题

> 应用“为理解而教”反思指南进行论证：
>
> 1. 该论题在物理学研究中起重要和中心作用；
>
> 2. 跳水对学生和教师都很有吸引力，容易引起学生兴趣；
>
> 3. 该论题与学科里其他论题、其他学科以及学生的校外生活都有明显的联系。

我们最后确定“跳水运动中的物理规律”为本单元的启发性论题，然后用反思指南进行论证，首先跳水运动包括直线运动的核心概念（速度、加速度、位移）和直线运动规律（匀速、匀加速、匀减速）；其次，跳水是一项优美的水上运动，是学生比较喜欢的体育项目，研究它的运动过程，有利于更好地认识和欣赏比赛；再次，它包括起跳、竖直向上运动、竖直向下运动、入水四个物理过程，过程复杂，能激发学生的探究潜能，具有挑战性。

二、单元理解目标的确定

（一）理解目标搜寻行动

> 设计理解目标时思考：
> 1. 课程标准要求
> 2. 学情分析
> 3. 考试说明内容和能力要求

在制订理解目标的时候，首先考虑到的是《普通高中物理课程标准（实验）》中的要求：能用公式和图像描述匀变速直线运动，体会数学在研究物理问题中的重要性。其次，我们考虑学生的学情，学生在分析复杂的物理过程时所涉及的物理量多，含义不清，物理量之间的关系不清，阻碍学生形成对复杂过程的深刻理解；在高三复习时学生最需要的是：对各物理概念、物理规律的理解；知识成体系；建立物理情景的能力；能够放慢物理过程，放大物理情景；解题的规范性等。再次，我们考虑考试说明中的知识内容和能力要求、近几年的考试情况等。

（二）确定理解目标

> 理解目标分为四个层面：
> 1. 知识层面　2. 方法层面
> 3. 目的层面　4. 形式层面

按照“为理解而教”教学模式理论提出的要求，从知识、方法、目的、形式四个角度设定理解目标，同时利用了疑问句及陈述句。知识目标力求全面、知识成体系。方法目标着重分析物理过程，对物理过程的分析就是将一个复杂的物理过程经过人脑的思维整理，分解成几个简单的有规律的子过程，并找出几个子过程之间的相互联系和制约条件。通过这种分析，使学生能在头脑里形成一个生动而清晰的物理情景，找到解决问题的方法。形式目标主要规范物理语言表达，物理思维流程。目的目标是研究匀变速直线运动的方法对解决问题的重要性。体现高三复习总目标概念、规律的理解与应用，以及思想、方法的掌握与迁移。

理解目标 1（知识）

疑问句：跳水过程中涉及哪些物理量和物理量关系？

陈述句：学生将总结出复杂运动过程中涉及的物理量及其含义，以及物理量之间的关系。

> 疑问句可以展示给学生，让学生在思考中学习。陈述句能够帮助老师知道学生正在学习的内容。这两种方式的表达对于学生明确自己在学什么起到了非常重要的作用。

理解目标 2（方法）

疑问句：分析匀变速直线运动的方法是什么？

陈述句：学生将从运动特点、受力情况、物理量之间的关系、图像等角度分析匀变速直线运动，掌握物理过程的分析方法。

理解目标 3（目的）

疑问句：研究匀变速直线运动的方法对解决问题有什么重要性？

陈述句：学生将理解研究匀变速直线运动的方法，并运用该方法解决自由落体、竖直上抛运动、竖直下抛、平抛等复杂运动。

理解目标 4（形式）

疑问句：如何规范描述匀变速直线运动？

陈述句：学生能用规范的物理语言和物理思维流程描述匀变速直线运动。

三、理解活动的设计与评估

设计理解活动时，我们首先考虑如何将启发性问题“跳水运动的物理规律”贯穿于整个理解活动；其次，学生通过理解活动学习能达成理解目标，理解活动容易评估；再次，理解活动的设计如何让学生有兴趣，能否激发学生积极地思考，是否具有挑战性。

课堂活动一（初始理解活动）：描述物理过程的物理量及其含义，以及物理量之间的关系

1. 活动目标

理解目标 1、2

学生将：

（1）理解为什么要引入物理量来描述运动。

（2）能说出描述直线运动的各个物理量：描述什么？ 文字表述？ 函数表述？

（3）知道位移、速度、加速度三者的变化率关系，能区别速度与加速度。

（4）能写出匀变速直线运动的基本公式和推论公式，能说出公式中各字母的物理意义。

（5）能用公式变形为初速度为零、自由落体、竖直上抛的运动规律。

2. 活动学时

2 课时。

3. 活动流程

活动 1：学生观看跳水视频，思考问题。 这样设计主要是为了激发学生兴趣，引发学生思考。

活动 2：学生描述运动过程。 设计意图是发现学生对物理过程的描述是否准确。

活动 3：学生书面表达跳水运动的物理过程。 设计意图是看学生是否清楚物理量，以及物理量之间的关系。

活动 4：学生总结出直线运动的知识框架。 设计意图是使学生能够找出直线运动单元的核心物理量及物理量之间的关系，使知识成体系。

初始理解活动设计层层深入，以便最终实现理解目标——学生将总结出复杂运动过程中涉及的物理量及其含义，以及物理量之间的关系。

4. 活动评价

评价者：教师、学生。

评价类型：非正式评价。

评价内容：

（1）学生的语言表达。

（2）学生过程分析。

评价标准：

> 课时理解目标与课时的评估相呼应，构成了每节课学生通过理解活动而理解的单元目标中的不同层次的内容。

（1）能分清运动过程分几个子过程。

（2）能找出每个子过程的初末状态。

（3）能够理解在运动过程、初末状态涉及的物理量及其含义。

（4）找出几个子过程之间的相互联系和制约条件。

课堂活动二（探究理解活动）：运用规范的物理语言和物理思维流程分析解决问题

1. 活动目标

理解目标 3、4

学生将：

（1）能运用规范的物理思维流程分析和解决问题："文字—情景—模型—规律应用—求解结果"（图 2-31）。

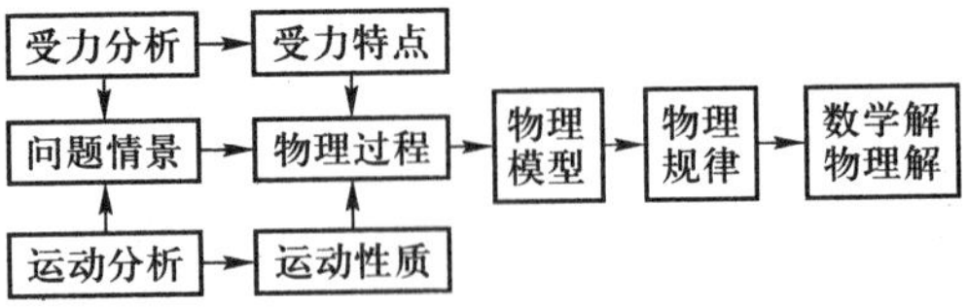

图 2-31

（2）能用自己的语言描述物体的运动过程，能说出物体运动的转折点，并建立物理情景。

（3）能针对不同的运动过程，对接相应的物理模型，选择相应的物理规律。

（4）能准确求解结果。

2. 活动学时

2 课时。

3. 活动流程

活动 1：师生共同分析跳水运动。

设计意图：（1）总结解决复杂物理问题的方法：明确物理过程，选择研究对象，进行运动分析和受力分析；拆分物理过程，寻找每一个过程遵循的规律——匀加速、匀减速、匀速；建立联系（已有知识联系、题干信息联系、物理规律与物理模型之间的联系）；列关系式、求解。

（2）规范思维流程，即将一个复杂的物理过程分解成几个简单的有规律的子过程，并找出几个子过程之间的相互联系和制约条件。通过这种分析，可以使学生在头脑里形成一个生动而清晰的物理情景，并找到解决问题的方法。

活动2：学生完成辅导教材中关于复杂运动的题目。设计意图是应用解决复杂物理问题的方法，固化思维流程。

4. 活动评价

评价者：教师、学生。

评价类型：正式和非正式评价。

评价内容：

学生能得出运用规范的物理语言和物理思维流程分析解决问题的方法。

评价标准：

（1）能从运动分析、受力分析两个角度分析物理过程。

（2）能根据物理情景抽象出物理模型。

（3）能正确选择物理规律解决相关问题。

课堂活动三（终极理解活动）：能从物理公式和图像解决复杂运动

1. 活动目标

理解目标2、3、4

学生将：

（1）能够运用公式和图像描述匀变速直线运动，体会数学在研究物理问题中的重要性。

（2）能通过图像判断物体运动的基本物理量——物体速度的大小变化和物体运动方向，能判断物体的运动性质、加速度的大小和方向。

（3）能根据图像描述物体的运动过程，建立运动情景。

（4）能根据物体的运动情况画出 $v-t$ 图像，解决运动问题。

（5）能从“轴、点、线、面、斜、截”这六个方面各自的意义认识图像。

2. 活动学时

2课时。

3. 活动流程

活动 1：师生能从“轴、点、线、面、斜、截”六个方面认识图像。设计意图是使学生通过熟悉跳水过程完成对图像的认识，进而对“轴、点、线、面、斜、截”这六个方面的理解更深入。

活动 2：完成 2012 高考试题。设计意图是体现知识、方法的联系与延伸，达成能用公式和图像描述匀变速直线运动的目标，体会数学在研究物理问题中的重要性。

4. 活动评价

（1）画图、读图

评价者：学生。

评价方式：学生画图，展示、点评、改进。

评价内容：学生能从“轴、点、线、面、斜、截”六个方面认识图像。

评价标准：物理量完整 图线与物理过程对应。

（2）识图

评价者：教师、学生。

评价类型：正式评价。

评价内容：利用图像解决复杂运动。

评价标准：

① 能通过图像判断物体运动过程中速度、位移、加速度等基本物理量的变化。

② 能通过图像描述物体的运动过程，建立运动情景，判断物体的运动、受力情况。

③ 能从“轴、点、线、面、斜、截”六个方面认识图像，解决运动问题。

✻“化学反应与能量”单元教学设计

单元名称：人教版高中化学教材必修 2 第二章“化学反应与能量”

教材内容：“化学能与热能”“化学能与电能”

单元学时：6 课时

设计人员：孙霞、彭丹

单元教学设计概览（图 2-32）

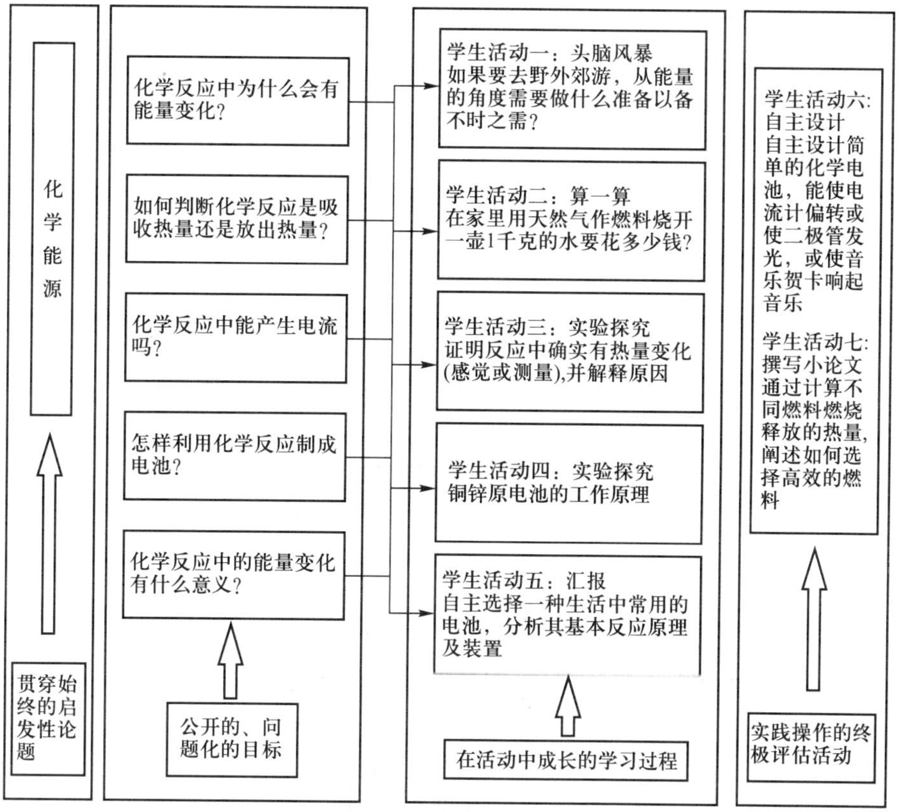

图 2-32 “化学反应与能量”单元教学设计

本单元是人教版高一化学必修 2 的第二单元。化学变化的两大特征是物质变化和能量变化，学生已经研究过化学反应中的物质变化。本单元引导学生关注化学反应中的能量变化（热能和电能），从化学键和物质本身具有的能量角度探究化学反应中能量变化的本质原因，以及如何使化学能转化成电能。本单元的学习让学生在分析解决实际生活问题的过程中感受化学反应中的能量变化在生活、生产和科学研究中的重要意义。

一、启发性论题的设计

（一）寻找启发性论题的过程

为了确定本单元的启发性论题，我们备课组的老师进行了多次讨论。刚开始的时候，我们发现这单元的内容集中讨论的是化学能、热能和电能。于是，我们把这个单元的启发性论题定为“能量”。但是经过与本组其他教师的讨论，觉得能量还包括很多其他的能量，如动能、势能等，不能聚焦在化学上，学生也不清楚到底要学什么。于是，我们换一个角度将主要精力集中在化学反应上，并画出了化学反应的核心概念图（图2-33）。

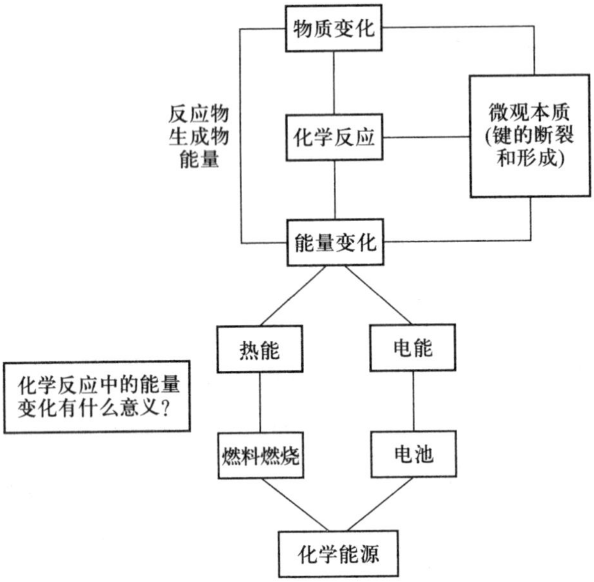

图2-33　化学反应的核心概念图

我们想到化学变化的价值一方面是物质变化，可以得到新材料、新药物、新产品，可以消除污染物。另一方面是能量变化，我们可以通过化学反应得到我们所需要的热量、电流，应用于实际就是在各种日常生活、生产和航天等领域中使用的燃料，以及各种干电池、蓄电池、燃料电池，这些都是学生实际生活中能了解到的。能源、材料和信息一起被称为现代社会发展的三大支柱，由此我们想到了“化学能源”这个词。我们希望用“化学能源”引导学生多一个关注化学反应的角度，用“化学能源”建立起学科学习与现实生活的联系。启发性论题——“化学能源”就这样产生了！

（二）论证启发性论题

我们使用“为理解而教”教学模式的反思指南对我们的启发性论题进行了论证（表 2-33）。

表 2-33

启发性论题	在这一栏写上你对课程标准与你的教学设计之间关系的评注
1. 论题在一个或多个学科领域起重要和中心作用	化学研究物质性质及物质转化，化学反应的价值是制造新物质和提供能量，能量变化是化学反应的两大特征之一。通过化学反应将化学能转化成热能，为人类提供生存和发展所需要的能量和动力；化学反应中的化学能也可以转化为电能，用来制造新型环保、高效的电池。提供优质的化学能源是研究化学反应的原动力之一，因此化学能源的研究在化学领域起重要作用
2. 由于年龄、需要、兴趣、背景、特长和生活经历等因素，论题对你的学生（可以是儿童、青年或成年人）有吸引力	能源问题与学生息息相关，学生使用过很多的电子产品，电池没电的情况经常发生，学生有兴趣去研究提供能源的方式。通过课前调查得知，学生对如何更好地改进电池的性能非常感兴趣，那就需要了解电池的原理。同时基于学生生活实际中冬天暖手使用的“暖宝宝”等原理的研究都是学生的兴趣所在。只有了解化学反应如何为我们提供能源，我们才能更好地应用这些能源
3. 由于年龄、需要、兴趣、背景、特长和教学经验等因素，论题对你有吸引力（或能够吸引）	在化学教师的眼中，化学研究的价值和魅力在于它对于社会进步和人类发展所做出的贡献。“能源是人类进步的原动力，是物质文明的原动力。”因此我们对于化学能源这个话题也很感兴趣，觉得讨论的问题很有意义

续表

启发性论题	在这一栏写上你对课程标准与你的教学设计之间关系的评注
4. 可以找到多种相关资源来理解论题	各种电池：干电池、手机锂电池、充电电池、氢氧燃料电池等 实验仪器和试剂（设计电池使用电器工作） 水果电池、盐水小车视频 化学键能的数据
5. 论题与学科里的其他论题、其他学科，以及学生的校外生活有明显的联系	从学科的角度看，化学能源是讨论化学反应中的能量变化，这与物质的性质密切相关，与化学反应的本质密切相关，与一些重要的反应原理（如氧化还原反应）密切相关。从其他学科看，主要是与物理学科的联系比较紧密，尤其是电学知识。同时，电池、燃料等与学生的实际生活也密切相关。例如，要去野外郊游，从能量的角度需要做什么准备以备不时之需等实际问题

经过论证，我们认为这个论题能联系实际，学生在实验实施过程中可以亲自感受化学反应所提供的能量，同时化学能源是学科的核心话题，我们都面临着能源危机，出现危机如何面对，如何有效利用现有的能源或者开发新能源是迫在眉睫的问题，想要解决这些问题，必须明白能源产生的机理。

二、单元理解目标的确定

（一）理解目标搜寻行动

在制订本单元的理解目标时，我们首先参看《普通高中化学课程标准（实验）》。课程标准对这部分内容的要求是“知道化学键的断裂和形成是化学反应中能量变化的主要原因。通过生产、生活中的实例了解化学能与热能的相互转化。能举例说明化学能与电能的转化关系及其应用。认识提高燃料的燃烧效率、开发高能清洁燃料和研制新型电池的重要性。”课标从学科上强调化学反应中能量变化的本质，从应用上强调学科知识的意义与价值。

明确课标要求后，我们又继续思考学生在这些要求中最需要理解的到底是什么。我们认为学生最需要理解的还是围绕化学能源展开的。例如，化学反应的本质与反应中能量变化之间的关系；什么样的化学反应在什么样的装置中才能产生电流；化学能源如何应用等方面。

（二）目标锁定

最后我们又结合理解教学单元目标的四个层面——知识、方法、形式和目的，将前面这些思考用疑问句和陈述句两种形式表达出来，得到本单元的五个理解目标（表 2-34）。

表 2-34

目标 1	目标 2	目标 3	目标 4	目标 5
疑问句：化学反应中为什么会有能量变化？ 陈述句：学生将理解化学键的断裂和形成是化学变化的本质原因，键的断裂吸收能量，键的形成放出能量	疑问句：如何判断化学反应吸收热量还是放出热量？ 陈述句：学生将理解依据反应物与生成物总能量的相对大小，或断键和成键吸收、放出热量的相对多少判断化学反应的吸放热情况	疑问句：化学反应中能产生电流吗？ 陈述句：学生将理解自发的氧化还原反应分在两个不同的区域发生，电子的定向移动会产生电流	疑问句：怎样利用化学反应制成电池？ 陈述句：学生将理解选择合适的电极材料、电解质溶液，负极氧化，正极还原，电子经导线由负极向正极移动，溶液中的阴离子向负极移动，阳离子向正极移动，形成闭合回路，可以设计制成原电池使用电器工作	疑问句：化学反应中的能量变化有什么意义？ 陈述句：学生将理解化学反应中除物质变化外还有能量变化。化学反应中的能量变化可以为我们的生活、生产和科研提供所需的热能和电能。提高燃料的燃烧效率、开发高能清洁燃料和研制新型电池是未来化学能源研究的方向

（三）目标论证

我们设定的目标涉及多个理解层面，如目标 1、3 是知识层面的，目标 2、4 是方法层面的，目标 5 是目的层面的。这不仅能与启发性论题保持一致，从多角度关注学生对启发性论题的理解，还可以使我们的教学目标更多元，而不仅仅是锁定在知识上。我们制订的每一个目标都是针对学生将要理解的内容，而不是行为。例如，“目标 1：学生将理解化学键的断裂和形成是化学变化的本质原因，键的断裂吸收能量，键的形成放出能量”，而不是“学生能分析化学反应中的热量变化”。我们也会考虑目标是否需要集中在常见的错误理解、潜在假设以及可能阻碍学生形成对论题的深刻理解的瓶颈内容上。在对原电池原理和组成要素的认识中，把一个完整的氧化还原反应分在两个不同的区域进行，以及如何通过电子的定向移动和溶液中离子的定向移动形成闭合回路，是学生感到比较困难的地方。目标 4 的设定主要集中在学生认识的这个瓶颈上。

三、理解活动的设计与评估

如何才能帮助学生更好地理解目标？理解活动的设计如何让学生有兴趣，能否激发学生积极地思考？这些都是我们在活动设计过程中考虑的问题。另外，我们还尽量使活动多样化、尽量联系实际、尽量给学生自主选择的空间。而评估对我们来说一直是非常困难的。我们为每一个理解活动制订评估时主要思考的是这个理解活动到底要达到哪一个理解目标，如何才能知道学生已经达到了相应的目标。

经过不断讨论和修改，我们设计了以下理解活动：初始理解活动主要是想找一个话题能够引入本单元的学习内容，让学生感觉有意思、有价值。我们想到让学生说说化学反应能为我们带来什么？学生结合以前的知识和经验会举例说到合成新物质、治理污染、燃料燃烧、电池等很多方面，学生能够有的说，同时也初步认识到化学反应过程中除了物质变化还有能量变化，以及能量变化的重要意义。在讨论过程中我们感觉这个话题学生会有一些兴趣，但还是太学科化，我们还是希望在一个真实情境下引入“化学能源”这个论题。

经过大家的“七嘴八舌”，终于产生了“如果要去野外郊游，从能量的角度需要做什么准备以备不时之需？”这样一个有意思的话题。学生以头脑风暴的方式围绕这一话题展开讨论，在此基础上，把“化学反应能为我们带来什么？”作为引导性问题提出，将学生更深层次地带入“化学能源”中，从能量角度关注化学变化，实现对目标 5 的初步理解。

接着，我们又思考，什么样的探究活动既有助于学生的理解，又能引起学生兴趣。我们想到化学反应中的热量变化最常见的应用就是燃料的燃烧。每个家庭的厨房中都会用到天然气的燃烧，能不能用这个学生熟悉的情境设计一个理解活动呢？通过不断讨论和修改，我们想到让学生算一算在家里用天然气作燃料烧开一壶 1 千克的水要花多少钱。我们自己都觉得这个活动很有意思，学生也很兴奋。问题提出后，学生自己提出他们所需要的信息（学生依据生活经验和物理学知识可能会说到水价、电价、比热容、甲烷燃烧的热值、燃烧效率等），说明计算的思路和方法。在适当的时候老师给出引导问题：如何理解甲烷的热值？甲烷燃烧时为什么会有热量放出？在思维的碰撞中使学生从化学反应的本质、物质本身的能量等角度出发进行讨论，得出甲烷放热的原因，进而利用化学键的键能进行计算，形成对目标 1、2 的初步理解。

在与学生的聊天中我们还了解到很多学生在冬天都用过“暖宝宝”，他们对暖宝宝为什么能有热量放出很感兴趣。这让我们又有了一个好主意——利用“暖宝宝”作为素材展开学习活动。于是我们设计让学生四人一小组，体验“暖宝宝”的放热过程，根据资料分析“暖宝宝”放热原理，并自主设计实验证明化学反应中有热量变化，写出实验方案并实施，通过现象分析反应中有热量变化的情况，并分析解释其本质原因。通过这个活动进一步理解反应吸放热的原因（目标 1、2），理解其意义与价值（目标 5）。

关于原电池的活动设计，我们偶然找到一个用 2 000 个橙子串联制成电池给手机充电的视频，这引起了我们极大的兴趣。于是探究理解活动从这里开始，引导学生讨论这里面有没有化学反应发生？什么样的反应才能产生电流？学生将从已有的电学知识出发，建立电流与氧化还原反应中电子转移的联系，分析水果电池，理解原电池的基本原理，再通过铜锌原电池的实验探究，结合现象，分析两极反应，明确电子、离子的运动方向以及电流方向，进一步理解化学电池的工作原理及装置。实现对目标 3、4 的初步理解。我们还从学生那里了解到他们很乐于“破坏”——拆开电池看看里面是什么样子！于是我们又设计了另一个探究活动：播放盐水电池小车视频，学生四人一小组，依据资料分析电池小车的工作原理，并自主选择一个生活中的电池进行分析，如锌锰干电池、氢氧燃料电池、铅蓄电池、锂电池等，再进行汇报。在准备汇报的过程中加深对原电池原理的理解。

我们设计的活动有计算、讨论、头脑风暴、实验、设计等不同形式，学生也可以采用文字、画装置图、曲线图、数字等形式表达。这些不同的活动方式可以吸引不同背景、不同经历、不同特长的学生对内容进行深度学习。

课堂活动一：初始理解活动——头脑风暴：如果要去野外郊游，从能量的角度需要做什么准备以备不时之需？

1. 活动目标

理解目标 5

学生将能够：

（1）认识到化学反应中除物质变化外还有能量变化。

（2）可以举例说明化学反应中的能量变化可以为我们提供所需的热能、电能。

（3）认识到提高燃料的燃烧效率、开发高能清洁燃料和研制新型电池是未来研究的方向。

2. 活动学时

课前活动。

3. 活动流程

（1）教师抛出话题。

（2）学生采用头脑风暴的方式就话题进行讨论（可能会说到火种、手电、燃料、电池、水、食品等），体会能量的重要性，了解当中涉及的化学变化。

（3）教师提出引导性问题：化学反应能为我们带来什么？

（4）学生结合已有的认知，发表自己的看法，举例说明化学反应在生产、生活领域的应用。（学生可能会说到合成新物质、治理污染、燃料燃烧、电池、生物的生存等）。

4. 活动评价

评价者：教师。

评价类型：非正式评价

评价内容：学生对化学反应特征的认识，对化学反应中能量变化的认识。

评价标准：

（1）能描述化学反应中的物质变化和能量变化。

（2）能举例说出化学反应中化学能转化为热能和电能的一些实际应用。

课堂活动二：探究理解活动1——算一算：在家里用天然气作燃料烧开一壶1千克的水要花多少钱？

1. 活动目标

理解目标1、2、5

学生将能够：

（1）进一步认识到化学反应中的能量变化可以为我们提供所需的热能。

（2）理解化学键的断裂和形成过程中吸收、放出能量是化学变化中能量变化的本质原因。

（3）依据反应物与生成物总能量的相对大小，依据断键、成键吸收、放出热量的相对多少判断和计算反应的热量变化。

2. 活动学时

1课时

3. 活动流程

（1）教师抛出问题。

（2）学生通过讨论，提出所需要的信息（学生可能会说到水价、电价、比热容、甲烷燃烧的热值、燃烧效率等），说明计算的思路和方法。

（3）教师提出引导性问题：如何理解甲烷的热值？ 能否计算出甲烷燃烧的热值？

（4）学生思考讨论（学生可能从化学反应的本质、物质本身的能量等角度出发进行讨论，得出甲烷放热的原因，从而得出化学反应吸放热的原因）。

（5）学生通过具体计算，进一步理解前面所讨论的内容的实质。

4. 活动评价

评价者：教师。

评价类型：非正式评价。

评价内容：

（1）能用语言和图示阐述化学反应中热量变化的原因。

（2）能清晰地说出判断化学反应吸放热的原因。

> 学生如是说：
>
> “这个活动挺好玩儿的，不像以前那样您把要学的知识讲给我们听，或者是特别直白地问个问题让我们思考。”
>
> “还有就是算出那两分钱我们都没想到，比买矿泉水便宜多了！”

评价标准：

（1）从化学反应本质的角度看反应中的热量变化。

① 化学反应的本质是化学键的断裂和形成。

② 断键和成键过程中分别会吸收和放出能量。

③ 看吸收的能量多还是放出的能量多。

④ 根据反应的计量系数，分析反应物和生成物中化学键的物质的量。

（2）从物质能量的角度看反应中的热量变化。

① 反应物和生成物本身有能量。

② 反应物和生成物总能量有差值。

③ 反应物总能量高于生成物总能量，反应放热；反之吸热。

> 学生如是说：
>
> “要算多少钱就必须知道天然气燃烧放出的热，该学的东西就学到了，自己想出来的印象也深。”
>
> “大家都特想算出结果，特别积极，没人闲着。”

5. 活动的意外收获

活动最后的计算结果——两分钱，让学生感到意外。我们利用这个契机引导学生：现在用钱可以买到资源，等资源枯竭的时候钱都不能解决问题，我们现在就应该高效地利用现有的资源。

课堂活动三：探究理解活动 2——实验探究：证明反应中确实有热量变化（感觉或测量），分析解释其吸放热的原因

1. 活动目标

理解目标 1、2、5

学生将能够：

（1）设计实验，通过温度变化证明反应中的热量变化。

（2）从化学键断裂吸收能量、化学键形成放出能量的相对多少或反应物与生成物总能量的相对大小的角度解释所设计反应中的热量变化。

（3）再一次认识反应中热量变化的实际意义。

2. 活动学时

1 课时。

3. 活动流程

（1）出示从市场上买的暖宝宝，让使用过的学生操作，让同学们体会热量的变化。

（2）根据说明书简单讨论里面的反应原理，分析热量变化的原因。

（3）提出挑战：我们可不可以自己选择一个化学反应，验证反应过程中是否有热量变化。

（4）学生将以四人一组为单位，选择一个学习过的反应，写出实验方案并实施。通过现象分析实验中热量变化的情况，证明反应中确实有热量变化（感觉或测量）。

（5）从物质能量和成键断键的角度解释热量变化的原因。

4. 活动评价

评价者：教师、学生。

评价类型：非正式评价。

评价内容：学生的实验设计、实施结果和原因解释（用数据说话的意识）。

教师感悟

我们欣喜于学生学习状态的改变。在分析"暖宝宝"和设计实验证明反应有热量吸收和放出的活动中也是如此，学生们热情很高，还能很好地应用探究理解活动 1 中讨论的核心内容进行解释，以展现他们的理解。

评价标准：

（1）实验设计和实施

① 实验设计有明确的原理、步骤和操作。

② 能具体实施，并能通过触摸感觉到有热量的变化或用温度计测量温度的变化。

（2）分析解释

① 能画出图像并定性地分析解释吸、放热的原因（从物质能量和键能角度）。

② 能定量分析（用具体的数据解释）。

课堂活动四：探究理解活动 3——实验探究：铜锌原电池的工作原理

1. 活动目标

理解目标 3、4

学生将能够：

（1）认识到自发的氧化还原反应分在两个不同的区域发生，电子的定向移动会产生电流。

（2）理解原电池的反应原理。

（3）认识化学电源的意义价值。

2. 活动学时

1 课时。

3. 活动流程

（1）播放水果电池视频。

（2）学生将从已有的电学知识和金属与酸反应的事实出发，建立电流与氧化还原反应中电子转移的联系，初步分析水果电池。

（3）教师提出引导性问题：氧化还原反应的电子转移怎样才能被有效利用？

（4）学生通过思考和交流认识到要将一个氧化还原反应分在两个不同的区域进行才能在电子定向移动的“路途”中“截获”电流，并分析溶液中离子的定向移动规律。

（5）铜锌原电池实验。

（6）结合实验现象，分析两极反应，明确电子、离子、电流方向，理解化学电池的工作原理及装置。

4. 活动评价

评价者：教师。

评价类型：非正式评价。

评价内容：学生对原电池的反应原理及要素的分析。

评价标准：

（1）关于原电池的反应原理

① 可以说出电流是带电粒子定向移动的结果。

② 可以想到氧化还原反应中有电子的移动。

③ 能意识到氧化反应和还原反应分在两个不同的地方发生（正负极），电子的转移产生的电流就可以被利用。

> **教师感悟**
>
> 学生看过橙子充电的视频后，惊讶于化学反应中的化学能可以转化为给手机充电的电能，我们自己能做吗？于是，学习有了很强的原动力。学生们通过讨论、争辩，在黑板上画图、讲解，互相提出问题、解答问题……使自己对原电池原理的理解逐渐加深。

（2）关于原电池的装置

① 可以说出为什么要形成闭合回路。

② 能说出导电物质包括电极材料、导线和电解质溶液。

（3）关于工作原理

① 可以说出电子的移动方向。

② 可以说出离子的运动方向。

③ 可以说出电流方向。

④ 可以说出正负极的反应。

课堂活动五：探究理解活动 4——汇报：自主选择一种生活中常用的电池，分析其基本反应原理及装置

1. 活动目标

理解目标 3、4、5

学生将能够：

（1）进一步理解原电池的反应原理。

（2）能应用原电池工作原理分析生活中的化学电源。

（3）进一步认识到开发研制新型电池是未来研究的方向。

2. 活动学时

1 课时。

3. 活动流程

（1）播放盐水电池小车视频。

（2）学生将以四人一组为单位依据资料分析盐水小车的工作原理。

（3）自主选择分析锌锰干电池、氢氧燃料电池、铅蓄电池、锂电池等生活中常用电池的基本反应原理及装置，并进行汇报。

（4）教师给出引导性问题：这几种电池的发展是从干电池到蓄电池再到燃料电池、锂电池，这说明什么？

（5）学生思考电池研究的发展趋势。

4. 活动评价

评价者：教师、学生。

评价类型：非正式评价。

评价内容：原电池的反应原理、要素分析及应用。

评价标准：

（1）关于原电池的反应原理

① 可以说出是依据哪一个氧化还原反应原理设计的电池。

② 可以说出正负极分别发生的氧化反应和还原反应。

③ 可以说出电子运动的方向以及由此产生的电流方向。

（2）关于原电池的装置

① 可以说出正负极电极材料及导电性。

② 可以说出电解质溶液。

③ 可以说出离子的运动方向。

④ 可以说出如何形成闭合回路使电器工作。

（3）关于电池的应用

① 能说出电池应用广泛、需求量大。

② 能说出电池的研究趋向于环保。

③ 能说出电池的研究趋向于高效。

课堂活动六：终极理解活动 1——自主设计：自主设计简单的化学电池，能使电流计偏转或使发光二极管发光，或使音乐贺卡响起音乐

1. 活动目标

理解目标 3、4、5

学生将能够：

（1）应用所学氧化还原反应，结合原电池的反应原理，设计简单的原电池使用电器工作。

（2）认识到电池设计过程中的环保、高效等问题。

2. 活动学时

1 课时。

3. 活动流程

（1）学生将以四人小组为单位，选择一个氧化还原反应作原理，设计原电池。

（2）进行组间交流。

（3）进行实验，记录现象。

（4）汇报小组的原电池设计及实施，组间互相提问。

> **教师感悟**
>
> 我们欣喜于学生的学习已经从课上延伸到课下，学习的主动性大大增强。学生也欣喜于他们的设计和分析得到大家的认可，在二极管发光的一瞬间，获得了极大的成就感。

4. 活动评价

评价者：教师、学生。

评价类型：正式评价。

评价内容：原电池的设计原理及实施效果。

评价标准：

（1）实验设计及实施

① 设计中选择了能自发进行的氧化还原反应。

② 设计中选择了合适的电子导体（两个活泼性不同的电极及导线）。

③ 设计中选择了合适的离子导体（电解质溶液）。

④ 实施中电流计偏转或使发光二极管发光，或使音乐贺卡响起音乐。

（2）对实验的分析汇报

① 能从反应原理、装置两个角度解释自己的设计。

② 能说明实施过程中的现象、效果及反思。

> **教师感悟**
>
> 各个小组的学生都不甘于和其他组设计的方案一样，在课下都主动交流，不断拓宽思路。从模仿铜锌原电池的置换，到铁与三价铁的反应，再到电极材料不参与反应的氧化还原。还有些组通过铜锌原电池的实验发现电流不稳定，并通过查询资料设计了有盐桥的双液电池，为了增加电压，还设计了串联电路……

课堂活动七：终极理解活动2——撰写小论文：通过计算不同燃料燃烧时释放的热量，阐述如何选择高效的燃料

1. 活动目标

理解目标1、2、5。

学生将能够：

（1）理解化学反应中热量变化的本质及计算方法。

（2）能综合应用以上内容，查阅资料，分析和解释陌生反应的热量变化。

（3）进一步认识到提高燃料的燃烧效率、开发高能清洁燃料的重要意义。

2. 活动学时

1课时。

3. 活动流程

（1）学生查阅键能数据，计算至少 3 种燃料燃烧时释放的热量。

（2）从环保、效率等角度阐述如何选择高效燃料，如何提高燃料的燃烧效率。

4. 活动评价

评价者：教师、学生。

评价类型：正式评价。

评价内容：学生是否能从宏观和微观两方面进行分析。

评价标准：

（1）能描述出能量变化的情况。

（2）能分析出宏观上物质能量的高低决定反应吸放热。

（3）能从微观键的形成和断裂角度计算反应中的热量变化。

（4）能有理有据地从环保、效率角度进行阐述。

❈“人体对生命活动的调节”单元教学设计

单元名称：人教版初中生物教材七年级下册第四单元“生物圈中的人”第六章“人体对生命活动的调节”

教材内容：“人体对外界环境的感知”“神经系统的组成”“神经调节的基本方式”

单元学时：4 课时

设计人员：胡彬、张宇、李凤华、翟雪莲、王海芳

单元教学设计概览（图 2-34）

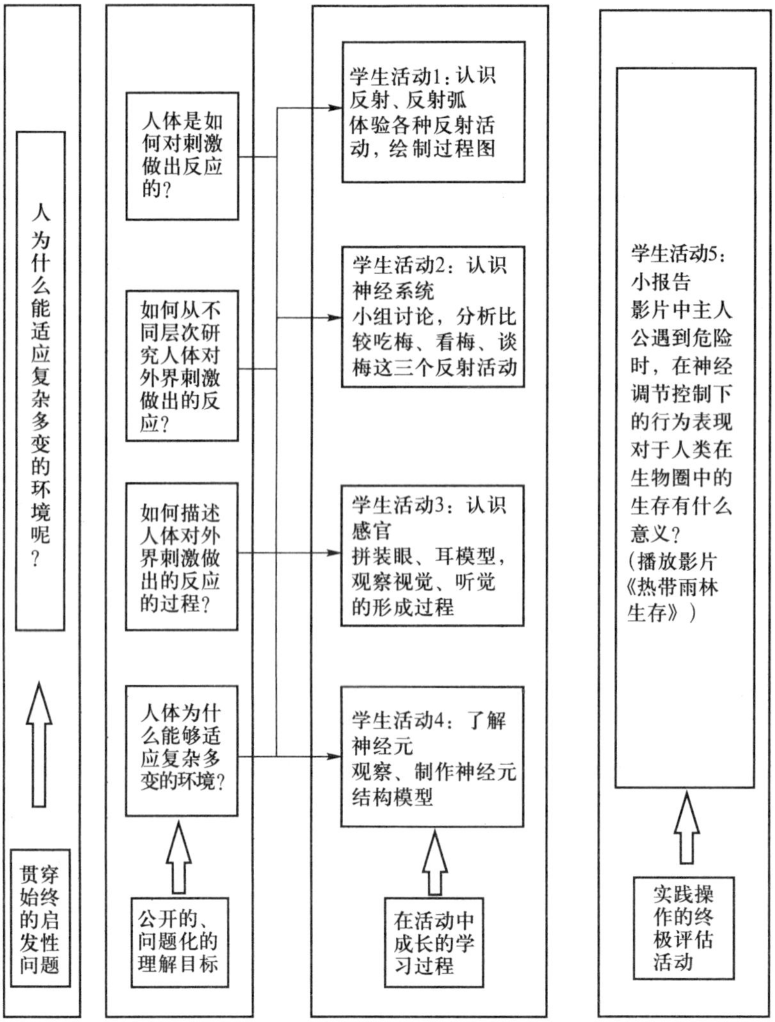

图 2-34 “人体对生命活动的调节”单元教学设计概览

一、启发性论题的设计

（一）寻找启发性论题的过程

1. 从课标中找到了对这部分内容的具体要求（表 2-35）

表 2-35 本单元课标具体要求

一级主题	生物圈中的人
二级主题	人体通过神经系统和内分泌系统调节生命活动
重要概念	神经系统和内分泌系统调节人体对环境变化的反应及生长、发育、生殖等生命活动

2. 对这部分内容进行了知识网络的构建（如图 2-35）

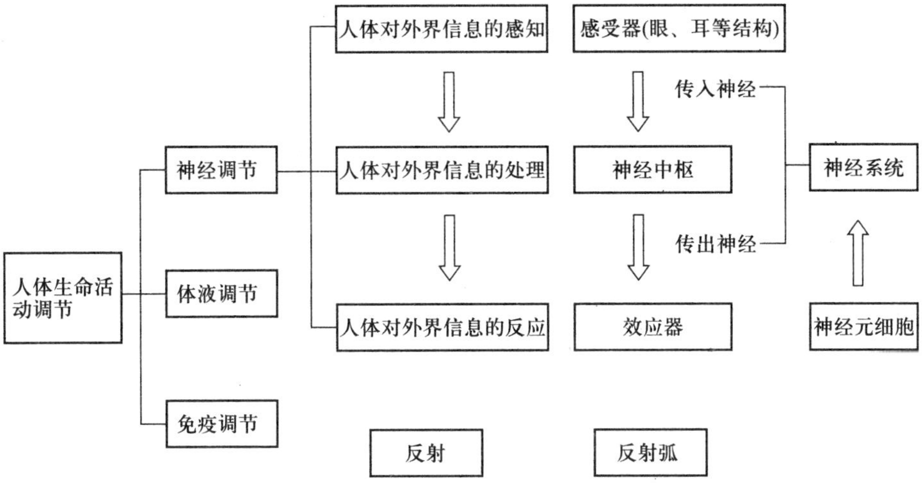

图 2-35 知识网络图

3. 初步设计启发性论题

人体是如何通过神经系统来调节生命活动的？

（二）论证启发性论题

第一个角度：论题在一个或多个学科领域起重要和中心作用。

初中生物学习的核心是构建“人与生物圈”的知识体系。所有的生物包括人都生活在生物圈中，生物生存的无机环境复杂多变，生物要能够感知到环境变化，通过自身的调节做出适应性反应，才能更好地生存和发展。但我们认为该论题在学科中的重要作用还不够，因此又将启发性论题调整为：人为什么能适应复杂多变的环境呢？

第二个角度：论题对老师和学生的吸引力

这个论题具有吸引学生的潜质。学生在学习与生活中处处体现出调节与适应的现象。例如，学生在课堂上能够听懂问题并准确回答，能够在体育课上对飞过来的篮球迅速做出反应等现象都是针对环境改变的感知、调节后做出的适应性反应。为使论题更具有吸引力，我们会给予真实情境，让学生去体验环境改变后身体所做出的一系列适应性反应。

对于教师而言，我们认为这个论题有一定的吸引力。这个吸引力在于它的挑战性，该论题涉及的内容比较抽象，生物学名词多，概念复杂。现象发生的结构基础微观、抽象，难以观察。因此需要老师精心设计理解活动，以便学生实现对论题的真正理解。

第三个角度：与其他已知内容或其他学科是否有联系

本册书的几个核心主题包括：人的生殖、人体内物质运输等生命活动都是通过调节实现的。学生的学习和生活中所有的行为都是调节的结果或者是建立反射的过程。

最终确定启发性问题为：人为什么能适应复杂多变的环境呢？

二、单元理解目标的确定

（一）理解目标搜寻行动

在以往的教学过程中，我们依据学生的学情，结合课程标准，从知识、能力和情感、态度与价值观三个角度去思考并制订相应的学习目标。导致我们在制订理解目标时很容易习惯性地从教师的单一方面去思考教学目标，而没有从学生角度去考虑。

在确定本单元理解目标的过程中，备课组的老师围绕下面这些问题展开了深入思考和讨论。

● 生物学科的本质是什么？

● 学生为什么要在这个阶段学习这个单元？

● 参照课程标准，这一单元的核心教学要求是什么？

● 这个单元最值得学生理解的知识、方法、形式是什么？

● 教师在这个单元中最值得引导学生体验、学习与思考的内容是什么？

● 如何让本单元的学习对学生的生活具有启发性，能贴近学生的实际生活并对学生未来的生活打下基础，真正体现学生从本单元的学习中理解了什么？

（二）目标锁定

1. 神经系统调节人体对环境变化的反应及生长、发育、生殖等生命活动。

2. 神经系统调节依赖的结构基础是反射弧。

3. 神经调节最基本的结构和功能单位是神经元。

4. 人体通过调节适应复杂多变的环境。

（三）目标论证

我们制订的理解目标都是知识层面的，并没有体现作为理解目标还应具备的方法、形式和目的等几个角度。因此，备课组又重新进行了讨论，充分思考理解目标的核心要素以及课程标准的要求。

目标 1：知识层面

疑问句：人体是如何对刺激做出反应的？

陈述句：学生将理解人体受到刺激时，通过神经系统调节做出有规律的反应。

目标 2：方法层面

疑问句：如何从不同水平研究人体对外界刺激做出的反应？

陈述句：学生将理解体验、观察、实验、建构模型等方法，有利于从个体、器官和细胞水平研究人体对外界刺激做出的反应。

目标 3：形式层面

疑问句：如何描述神经调节的过程？

陈述句：学生将理解运用实物模型、流程图准确描述神经调节的过程。

目标 4：目的层面

疑问句：人体为什么能够适应复杂多变的环境？

陈述句：学生将理解人体借助神经系统的调节适应复杂多变的环境。

三、理解活动的设计与评估

梳理单元理解活动设计思路得出（图 2-36）：

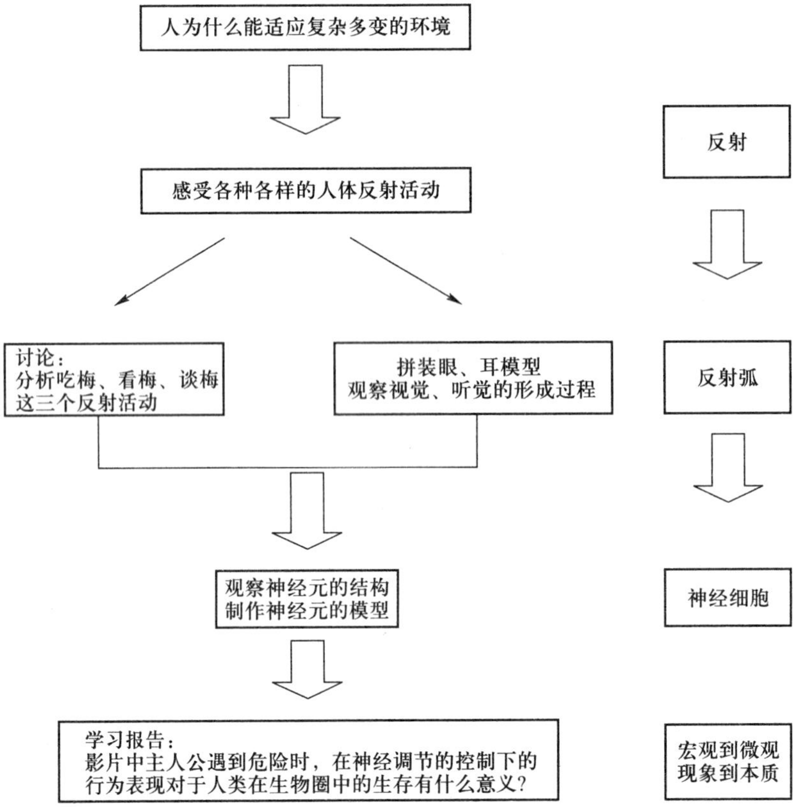

图 2-36 单元理解活动设计思路

课堂活动一：人为什么能适应复杂多变的环境？

1. 活动目标

明确本单元的理解目标。

2. 活动学时

课前活动。

3. 活动流程

在单元的起始，先给学生放了一段视频，视频中展示了一个人在热带雨林中生存，遇到一些危险情况的行为表现。提出启发性问题：人为什么能适应复杂多变的环境呢？学生头脑风暴式地进行表达，最后展示制订好的单元理解目标告诉全班。

4. 活动评价

学生能举例说出反射活动。

课堂活动二：体验各种反射活动，绘制参与反射活动的结构图

1. 活动目标

初步认识神经系统的调节方式（反射）和结构基础（反射弧）。

2. 活动学时

1 课时。

3. 活动流程

学生通过第一个活动后，已经知道对刺激做出反应的过程称为反射。反射活动对人体很重要，那反射活动需要哪些结构才能完成呢？布置学生体验各种反射活动，然后画出参与反射活动的结构图。在学生绘制的过程中，可以看出学生对反射过程的理解：必须有接受刺激、处理信息、做出反应三个结构参与这个过程。这就是学生对反射的结构基础（反射弧）的基础认识，然后教师只需要稍加引导，在这三个结构中融入起到连接作用的结构——传入神经和传出神经，就可以让学生明确反射弧完整结构的 5 个部分，从而重新构建反射弧的概念。

4. 活动评价

学生能说出参与反射活动的结构名称。

课堂活动三：分析比较吃梅、看梅、谈梅这三个反射活动

1. 活动目标

深入理解反射活动的结构基础，从神经系统的角度理解反射发生的过程及意义。

2. 活动学时

1 课时。

3. 活动流程

引导学生回忆上节课尝试的反射活动。特别是膝跳反射，有些同学说没有做出来，分析得出原因是全身过于紧张，导致不成功，引导学生分析原因，发现有可能是神经中枢出了问题。那如何探究神经中枢在反射活动中的作用呢？从“看梅、吃梅、谈梅”这个活动入手，让学生先画出这三个反射的反射弧，接着借助对神经系统组成材料的分析，让学生明确看梅和谈梅反射弧的神经中枢都在大脑皮层，是由人体的高级神经中枢控制完成的，而吃梅反射弧的神经中枢在脑干，是人体相对较低的神经中枢，不用大脑处理就可发生反应。再引导学生分析，如果不知道“梅”的人，能不能分泌唾液，让学生意识到高级中枢对低级中枢的控制作用。这个时候再让学生理解为什么全身紧张不能进行膝跳反射，学生就能想到大脑对脊髓的控制，从而使得反射无法完成。从而得出反射有两种，即：由低级中枢控制的简单反射和由高级中枢控制的复杂反射。最后让学生分析为什么有两种类型的反射——一个是生存的基础，一个是更好地生存的基础。让学生初步感知反射对于适应复杂环境的意义。

4. 活动评价

学生能说出有些反射受高级中枢调控，有些反射受低级中枢调控。

课堂活动四：拼装眼、耳模型，观察视觉、听觉的形成过程

1. 活动目标

深入理解反射活动的结构基础，从感受器的角度理解反射发生的过程及意义。

2. 活动学时

1 课时。

3. 活动流程

要想很好地完成反射活动，收集信息（感受器的作用）很关键。如何才能让学生理解感受器的作用呢？首先，目标选定为眼睛和耳朵，因为这两个结构是我们获取信息的主要来源。选择的方式是拼装和分组讲解，拼装的目的是让学生能直观地认识结构，分组讲解的目的是让学生能够更深入地理解视觉和听觉的形成。特别是在活动后，学生能找到真正的感受器的位置——耳的耳蜗和眼的视网膜，并能把眼和耳放在反射弧的结构中去思考，进一步说明学生真正理解了反射和反射弧。最后，再从适应的角度让学生感受到感受器的重要性。

4. 活动评价

学生能将视觉和听觉的形成和反射建立联系

课堂活动五：观察神经元的结构，制作神经元的模型（图 2-37）

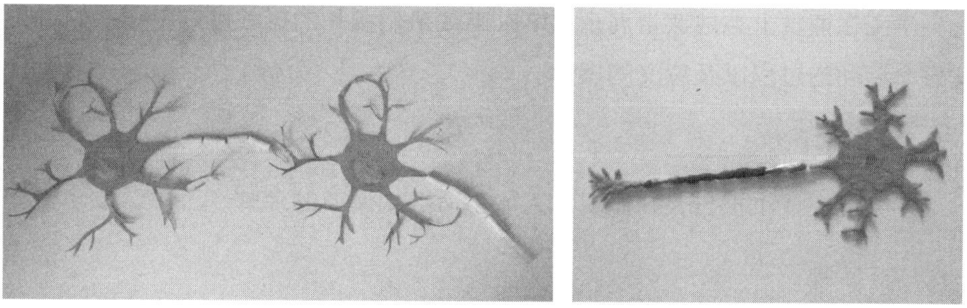

图 2-37　学生制作的神经元结构

1. 活动目标

深入理解反射活动的结构基础，从神经元的角度进行学习。

2. 活动学时

1 课时。

3. 活动流程

微观的结构，学生很难理解，通过模型的建构，学生在阐述的时候自然能说出对设计的理解，传递信息和接受信息必须需要这个突起状的结构，把原本微观的、抽象的结构显性化，也能更好地展示学生的理解过程。

4. 活动评价

学生能制作神经元的结构和说出神经元的功能。

课堂活动六：影片中主人公遇到危险时，在神经调节的控制下的行为表现对于人类在生物圈中的生存有什么意义？（播放影片《热带雨林生存》）

1. 活动目标

整理本单元学习的知识。

2. 活动学时

1 课时

3. 活动流程

学生在课堂上完成课堂展示，可以用孩子们擅长的形式展示出孩子们对人体生命活动的过程以及意义的理解。

4. 活动评价

学生能完成小报告，并体现对人体生命活动调节的理解。

✻“动物生命活动调节”单元教学设计

单元名称：浙科版高中生物必修 3 第二单元“动物生命活动调节”

教材内容：“内环境与稳态”“神经调节”“体液调节”

单元学时：6 课时

设计人员：赵桢楠、方红娟

单元教学设计概览（图 2-38）

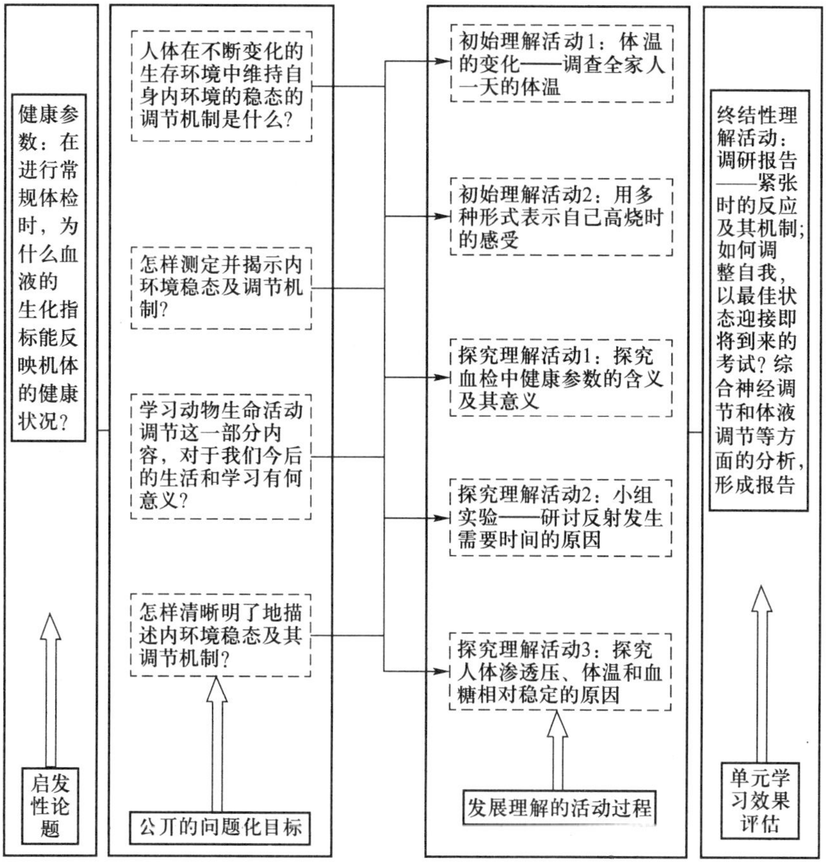

图 2-38 “动物生命活动调节”单元教学设计概览

一、启发性论题的设计

（一）启发性论题的研讨

当我们生物组在高二第二学期将要学习“动物生命活动调节”这个章节的内容时，我们列出了很多与这个单元有关的启发性论题，但是什么样的启发性论题能够聚焦核心概念，具有一定的挑战性，引发学生的兴趣，符合这年龄阶段学生的理解水平呢？ 对此，我们生物组教师进行了长时间的研讨并创建了一张“思路图”（图 2–39）。

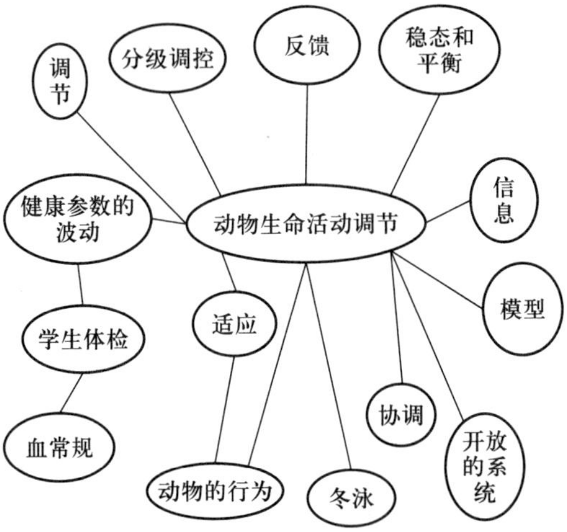

图 2–39 知识网络图

借助这样的“思路图”我们发现，最终的这些启发性论题，无论是从知识方面、方法方面，还是意义层面，或与学生的实际生活方面，都能够联系到健康参数，因此我们选择“健康参数”作为高二阶段的启发性论题。

对于健康参数这个论题，我们很感兴趣，但我们最感兴趣的是人们在体检的过程中，一些健康参数在一定数值范围内波动的原因及其意义。 可是学生是否对这样的论题感兴趣呢，为此我们询问了不同学习层次的学生，发现学生对于自己的体检结果非常感兴趣，而且对那些体检中反映出来的正常值所蕴含的实质很有探究的欲望。 因此我们进一步将论题聚焦在“健康参数的波动”上。 同时，我们以人体健康作为研究对象，从个体水平去研究开放的生命系统，从局部结构及其变化到整体的信息传导与统一，这有助于形成一种有利于发展学生的系统性思维和构建系统思维。

（二）学情分析

学生已有稳态和调节的亲身体验和生活经验，已初步接触了系统分析的思维方法，进行了多次血液检查。 在初中阶段曾经围绕适应，借助动物的行为学习了神经调节、体液调节，但是没有系统的学习理论，不能将所学与生活联系在一起。

（三）论证启发性论题

为了论证选择“健康参数的波动”这一启发性论题的正确与否，我们从多个角度进行了思考，论证的结果如下：

1. **中心性**

稳态与调节是生物学科中非常重要的内容之一，也是生物学的重要观念之一。通过学习稳态和调节，学生能够理解任何生命系统都是开放的，生命生存在不断变化的外界环境中，但是可以通过自身的一系列调节机制达到稳态。

2. **吸引力**

这个问题与学生自身是紧密相连的，每个同学都有自身的感受，所以他们会感兴趣。

3. **资源易得性**

自身的生活经验、同学的生活经验、教材资料等都比较容易获得。

4. **联系性**

动物生命活动的调节与植物生命活动的调节紧密联系，而稳态的思想是生物学中一个非常重要的思想，与化学中的平衡等也有一定的联系。这部分内容中的体温调节、血糖调节、水盐平衡等对学生的生活有很大的指导意义。

5. **挑战性**

学生对于外界环境的变化以及自身能够维持相对稳定都有感性的认识，但是在这个变化的环境中如何维持稳态的过程不理解，比较抽象，是难点。

二、确定贯穿线索与单元理解目标

“动物生命活动调节”这一课题的教学并不是第一次接触，与健康有关的健康参数可能涉及多个单元，但是通过这样一个单元的学习，学生需要理解或者达成的目标究竟是什么呢？当然，在我们进行单元教学时，需要对整个课

> **关键概念**
>
> 贯穿线索：整个学年或整个课程要达到的重要、总体的理解目标。这些目标在整个学年或整个课程中保持不变。

程进行设计，因为我们学习的单元不是孤立的，而是有其内在联系的，但是联系究竟如何，单元之间如何才能够衔接流畅呢？ 为此，我们研究了高中物课程标准的课程性质、课程理念和课程总目标，并结合所学单元的特点，制订了单元的总体目标，也就是贯穿线索，并用疑问句和陈述句两种形式进行了描述：

疑问句形式：生物与环境之间有着怎样的联系？

陈述句形式：学生将理解生物体内部和生物与环境之间相互作用，理解生命系统的稳态，认识生命系统结构和功能的整体性。

疑问句形式：生命科学的研究中需要借助哪些科学方法？

陈述句形式：学生将理解系统分析、建立数学模型等方法在科学研究中的应用有助于我们进行研究和了解生命的本质。

疑问句形式：高中阶段学习生物学对于学生未来的发展具有怎样的意义？

陈述句形式：学生将理解学习高中生物学可以建立人与自然的联系，形成生态学观点和可持续发展的观念。

我们以往的教学也会根据学生的学情，结合课程标准，从知识、能力和情感、态度与价值观三个维度去思考和制订相应的学习目标。 但是，以往的教学我们可能更关注学生知识目标的达成。 同时以往的学习目标的制订往往是一节课的具体目标，对于学生需要达成的程度用各种行为动词进行描述，因此更像需要学生达成目标的行为标准。 可是为了实现学生对核心概念、思想方法的认识，我们需要围绕核心内容设置单元，需要围绕启发性论题设置基于单元的理解目标。 这种理解是可以伴随学生逐步深入的学习而不断被发展的，它需要从相对多的角度去思考。 例如，学生理解什么，怎样实现理解，用什么样的形式呈现理解，为什么理解是非常重要的等。 当然，为了使理解目标能够与设计的活动相匹配，便于对学生的理解进行持续性评估。 我们的理解目标必须呈现给学生，也就是师生都必须明确单元需要达成的理解目标究竟是什么。 我们将理解目标用疑问句、陈述句两种方式呈现出来。 因此围绕健康参数这样的启发性论题，结合学生的学情分析，我们从知识、方法、目的和形式四个角度进行了思考，通过几次备课组的讨论，制订了如下的理解目标（图 2-40）：

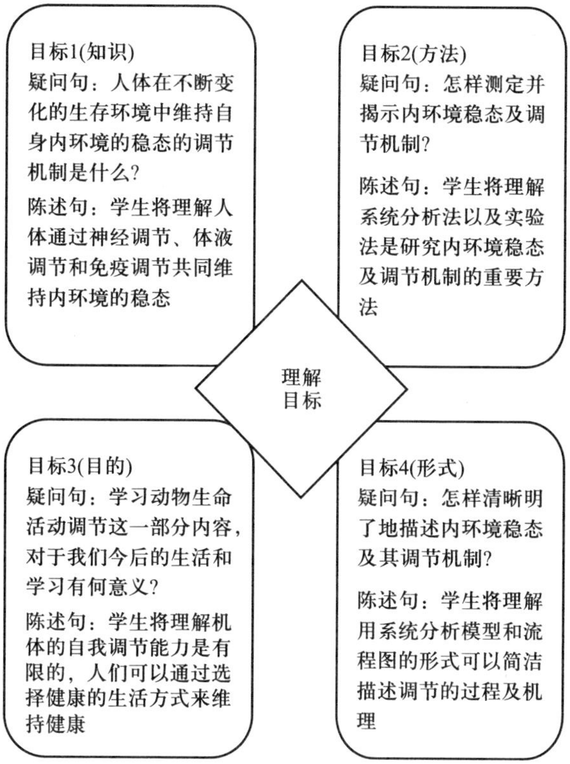

图 2-40 单元理解目标

三、设计单元理解活动

在我们以往的教学过程中，学生能够很轻松地复述动物生命活动调节的过程及其调节机理，但是却不能将所学的知识和概念应用到实际问题的分析解决当中，很少学生做到对所学知识、方法的深入理解。启发性论题虽然能够帮助学生聚焦在对核心内容的学习上，但学生却很难切入，也不容易逐步深入地理解。这样我们就设计了能够帮助学生理解的活动。

你一天 24 小时内的体温会有大的变化吗？调查家庭成员一日内体温变化。

初始理解活动 1：体温的变化——调查全家人一天的体温

要求：

（1）用体温表在腋下和耳道测量。

（2）设计表格并记录测量数据。

（3）尝试将自己的思考和问题提出来。

头脑风暴：你发烧的最高体温是多少？ 你当时有什么感受？（用多种形式表示出来，如漫画、歌曲、叙述等）

初始理解活动 2：用多种形式表示自己高烧时的感受

针对理解目标 1、2、4，我们设计了血常规体检表，让学生体会人体内环境各种理化指标的相对稳定对正常生命活动的意义这一理解活动。 为了引导学生思考，我们首先将学生体检的血常规表发放给他们，让他们分组思考和讨论以下几个问题：

（1）为什么血浆六项指标能反映机体的健康状况？

（2）每种成分的参考值都有一个变化范围，这说明什么？

（3）这些指标的数值维持在正常范围内对于机体有何意义？

（4）什么是内环境及其稳态？

（5）我们用什么形式和方法研究并描述内环境？

在交流完善的基础上，让学生能够对所学习的内容进行归纳和概括。

为了推动学生思考并建立宏观现象和微观本质之间的联系，学会实验和系统分析等研究方法，我们又针对理解目标 1、2、3、4 设计了层层深入的理解活动。

探究理解活动 1：探究血检中健康参数的含义及其意义

给出学生血液生化六项检查结果，研讨血检中健康参数的含义及其意义。

小组讨论和思考问题：

（1）为什么血浆六项指标能反映机体的健康状况？

（2）每种成分的参考值都有一个变化范围，这说明什么？

（3）这些指标的数值维持在正常范围内，对于机体有何意义？

班级交流：

结合教师的点评和教材资料，发表针对内环境及其稳态（健康参数）的观点和认识。 以小组为单位，用图像、模型等形式描述内环境及其稳态，形成小组作业和笔记。

探究理解活动 2：小组实验——研讨反射发生需要时间的原因

教师让学生以小组为单位进行实验，一人丢尺子，一人接尺子，用尺子移动的距离与接住尺子所用的时间进行对比。为了推动学生的理解，提出可供学生思考的问题和具体要求。

（1）为什么反应需要时间？

（2）用简单的绘图表示出反射弧。

（3）回顾并思考反射和反射弧之间的关系。

（4）反射活动还与其他哪些结构有联系？

在问题讨论的基础上，教师给出离体神经的浸制标本和离体神经信号传导的实验探究资料，引导学生分析实验现象，做出推理并得出结论。

这部分内容相对比较专业，教师应对整个传导过程进行适度的点评和讲解。为了帮助学生建立整体和局部的关系，教师要给学生提供一种思维方法——系统分析法，引导学生从系统的角度分析，并建立一个神经调节的系统分析模型。

探究理解活动 3：探究人体渗透压、体温和血糖相对稳定的原因

要求：

（1）阅读相关资料（水的来源和去路；饭后血糖变化的实验数据；机体分级调控和反馈调节的资料和图像）。

（2）小组研讨渗透压、体温和血糖维持相对稳定的原因。每小组可以选择其中一项任务进行研讨；用流程图或者系统分析模型的形式对研讨的结果进行整理和描述；任务不同的小组之间进行交流分享。

（3）个人在小组形成的系统模型之下记录并形成笔记。

（4）小组总结激素调节的机制结束时，教师为了评估学生的理解，提出终极理解活动及其任务要求：一是人在紧急情况下具有怎样的反应，如何调整自我以最佳状态迎接高三。借助系统分析法，从内环境、神经调节和体液调节等方面分析，形成报告。二是制作动物生命活动调节的模型。要求自选情景，能够从结构和物质的角度反映出神经调节和体液调节的机制。借助这样的活动以评估学生的理解程度。

给学生约 20 分钟的时间进行这个活动，学生不仅从体液调节的角度继续深化理解机体通过调节实现内环境的稳态，从而维持健康，更借助继续运用系统分析的方法进行分析和建模，加深学生对系统分析这种思想方法的认识，逐步实现迁移。

为了评估学生的理解，在单元开始时，我们就将本单元学生需要完成的终极理解活动提供给学生，并且在单元结束时，借助这样的终极理解活动对学生的学习效果进行评估。

终极理解活动：单元学习报告

报告背景：适度的紧张更有益于各项能力的发挥？ 如何调整自我，以最佳状态迎接即将到来的考试？

要求：

（1）以小组为单位完成，必须有非常明确的分工。

（2）下一个单元开始前完成。

四、确立持续性评估的准则和标准

为了能够尽可能多地从学生那里得到准确的信息或者反馈，从而调整教学并促进学生理解，我们需要在理解活动中对学生进行持续性评估。 信息获取的准确和全面，需要我们更多地确定评估主体，因此很多活动的评估主体都是自我、小组和教师。 评估形式有正式和非正式的，有观察、头脑风暴、交流、问答、报告、作业等。 评价内容和评价标准是我们在制订理解目标和设计理解活动时就已经确定好的。 为了很明确地反应学生的理解程度，我们分阶段布置作业，并给学生修改作业的机会。 这样的评估是伴随在所有理解活动中的一种持续性评估，其评估的行为标准是在确定理解目标的同时就已经制订了。 这些行为标准可以在活动中被显现出来，以便教师、学生进行评估。

例如，针对探究理解活动 1，我们设计了如下的评估准则和评价标准：

评价主体：教师、自评、同伴。

评价类型：正式评价——系统分析模型，非正式评价——小组实验、教师观察。

评价内容：小组实验、系统分析模型的构建。

评价标准：

（1）模型中反映反射发生的过程和反射弧的结构，用箭头标出信息传导途径。

（2）模型中反映神经纤维和神经元细胞间信号产生和信息传导的机制。

（3）模型中反映高级神经中枢对低级神经中枢的分级调控。

（4）有简短的系统分析模型说明。

终极理解活动的设计：让学生能够用大约两天的时间来完成，这个作业的背景与学生的生活密切相关，那就是学生在一些重大的考试前，都非常紧张，而这种情绪的变化都会影响到他们在考试中的发挥，因此引导学生应用所学单元的知识、方法形成报告，并就作业的达成情况制订了进行持续性评估的策略。

评价者：教师、学生。

评价类型：非正式评价——小组讨论，教师观察

正式评价——报告。

评价内容：报告的内容。

评价标准：

（1）应用本单元学习的知识、技能和方法。

（2）分析准确。

（3）有自己的思考和观点。

（4）有相关的论据来支撑自己的观点。

（5）字数 1 000~2 000。

经过这样缜密的思考，我们形成了整个单元的教学策略，并在课堂上进行了有效实施。

五、单元结束后的反思

一个单元的学习已经结束，反思我们的单元教学设计和课堂实施，发现我们为了理解而教的教学还存在很多问题。虽然我们选择了与所学内容和学生实际密切相关的启发性论题，但是很难将这样的启发性论题渗透到整个单元的每一个学习活动中，其引领和挑战不明显。我们也从知识、方法、形式和目的四个维度设计了理解目标，可是除知识目标和方法目标之外，目的和形式目

标显得有些牵强。例如，目的目标应该不仅是学生学习这一部分内容，选择健康的生活方式，还应考虑到这部分重要概念、思想和方法的学习对学生未来学习生物学有什么意义。

“为理解而教”教学模式强调调动并发展学生的多元智能，因此理解活动的形式要多样，学生作品的呈现形式也需要多样。但是我们在实际设计活动的过程中，自己视野和素养的局限，使我们设计的活动形式相对比较单一，学生很难在这样的活动中调动或者发展自己的多元智能。理解活动的设计必须具有一定的梯度，因为我们必须发展学生的理解，并且在整个单元中逐步深入。虽然我们努力在活动中体现这一特征，但是由于知识载体的变迁，这样的特征还表现得不明显。尤其是终极理解活动的设计，更能够体现教师的功底及其思维的深度和广度。这需要我们在以后的教研中多投入精力去研究。

学生是否达成理解或者达成的程度如何，需要我们进行持续性评估。虽然我们增加了评估的主体，但在实际教学中发现评估主体还是以教师为主，加之教师又很难及时给学生以有效的反馈，所以借助持续性评估促进学生的理解，这项功能体现的也不够。

当然，整体的单元教学能够发展学生的理解，教师能够站在更高的角度去审视教师的教和学生的学。任务式的学习让教师在学生活动中被解放出来，可以有更多的时间去观察学生和从学生中收集有效信息，对学生进行有针对性的辅导，有效推动和发展了学生的理解。学生在这样的单元学习中，开始积极思考，并能够借助同伴的资源，学会分享、合作和交流。

❋“遗传的基本规律”单元教学设计

单元名称：浙科版高中生物必修 2 第一单元“遗传的基本规律”

教材内容：“遗传的基本规律”“遗传的细胞学基础”“生物变异”

单元学时：12 课时

设计人员：赵桢楠、方红娟

单元教学设计概览（图 2-41）

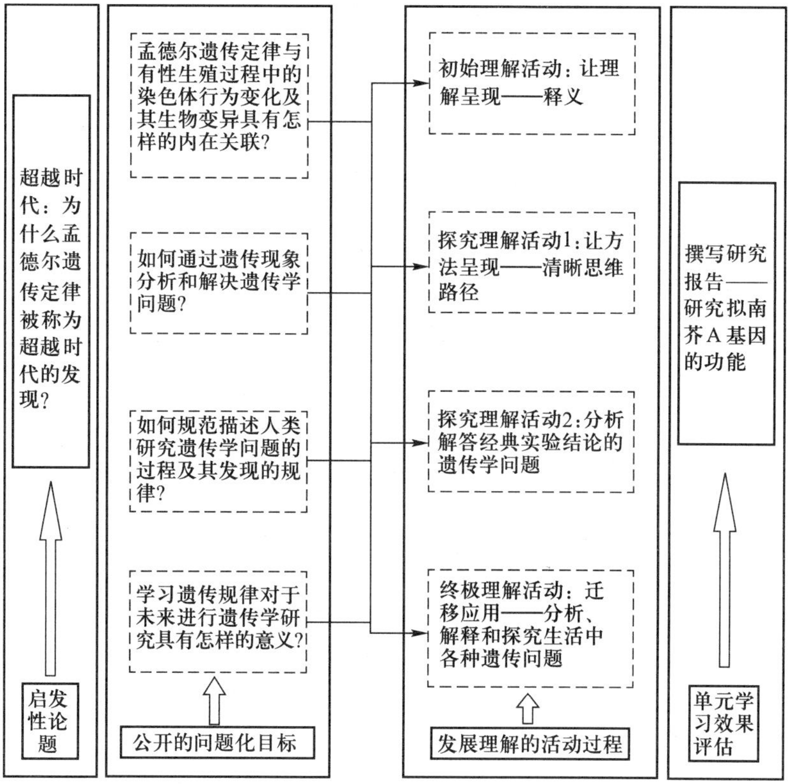

图 2-41 “遗传的基本规律”单元教学设计概览

一、启发性论题的设计

（一）为“遗传规律的发现”单元寻找有启发性的论题

进入高三的一轮复习我们清晰地认识到，所有的内容学生都已经学过，经历了近一年的时间，有些知识学生已经遗忘，有些知识学生已经产生了误解，有些知识已经被建构在学生自己的知识架构中。因此如何设立单元，如何提出一个能够聚焦学生的学习，并发展学生理解的启发性论题就至关重要。我们备课组在单元开始之前，研究了《普通高中生物课程标准（实验）》和 2013

年北京市《考试说明》和2010—2013年的高考试题第30题（遗传题）。发现除了提及孟德尔遗传定律以外，往往会结合遗传的细胞学基础和生物变异相关的知识和概念。因此，我们在设立单元时将遗传定律的发现、遗传的细胞学基础和生物变异中的基因重组组合在一起。但是，什么样的启发性论题可以涵盖这三方面的内容呢？我们首先列出了很多可以成为本单元启发性论题的内容，形成一个启发性论题思路图（图2-42）：

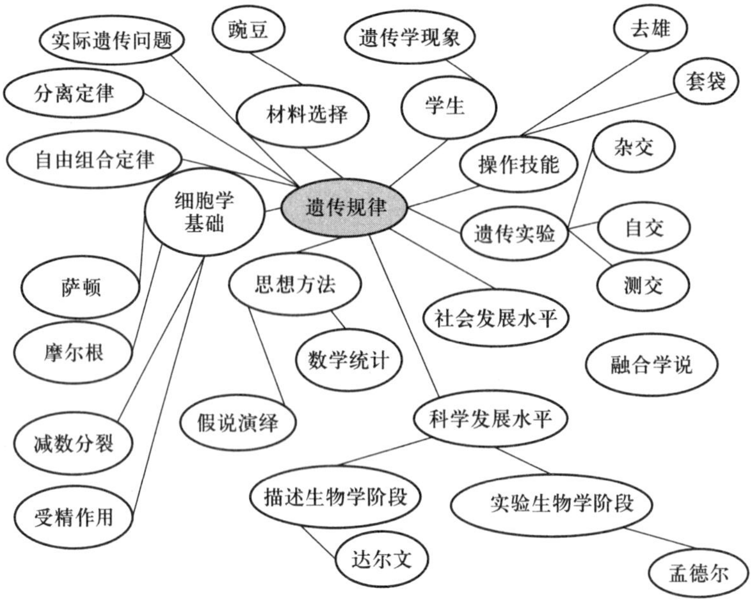

图2-42 启发性论题思路图

（二）启发性论题的论证

通过分析思路图，我们选择了“超越时代的发现”作为启发性论题，将之转化为问题——为什么孟德尔遗传定律被称为超越时代的发现？在此基础之上我们从以下几个方面对启发性论题进行了论证：

1. **中心性**

遗传的基本规律是必修2最重要的学习单元，学生将要学习的遗传实验、数学统计和假设演绎的实验思想贯穿整个必修2模块，对于学生未来从事科学研究至关重要。

2. **吸引性**

孟德尔发现遗传定律是具有划时代意义的，无论是老师还是学生都很渴望复制这样的成功，因此启发性论题可以激发学生进一步学习的欲望。为了使学生进入情境，而且对所学内容更富有兴趣，我们可以借助孟德尔的生平，以故事的形式展开，让学生经历孟德尔所走过的研究路径。

3. **资源易得性**

教材、网络以及孟德尔论文的中文版，都是教师和学生能够很轻易获得的资源。

4. **联系性**

在研讨和推进启发性论题的过程中，学生将应用到数学统计学思想，这就直接与数学学科相关。本论题的学习是遗传的结构基础、遗传的物质基础、生物变异等多个单元学习的基础，其理论及所引用的思想和方法都将迁移到这些单元的学习中去。遗传规律还可以应用于学生实际生活当中，如遗传病、生物育种等。

5. **挑战性**

学生在高中阶段第一次接触遗传学，如何应用假设演绎、数学统计学思想分析生物学问题对于学生是很大的挑战。同时借助众多的遗传学术语和遗传学语言准确描述遗传实验过程和结果对于学生也是很大的挑战。

二、贯穿线索与单元理解目标的确定

（一）诊断学情，确定学生一轮复习的起点

由于我们是在高三才开始接触 2014 届的学生，因此对于他们新课学习的情况或者说对于学生的学情了解不够。为此，我们请教了上一届的老师，也抽样调查了不同程度的学生，结合习题的解答对学生进行了诊断性评估。发现相对于其他模块，本届学生对遗传的掌握较为薄弱。学生的优势有：数学模型的应用较为灵活；大部分学生逻辑推理能力强，思维活跃，善于思辨；学习渠道广泛，善于分享。劣势有：基本概念、方法和技能的学习存在误解或者理解不到位；分析解决遗传学问题的思维混乱；不能建立遗传规律与其他章

节概念间的联系。

由此，我们计划用三周的时间完成本单元的一轮复习，并结合对《普通高中生物课程标准（实验）》和2013北京市高考《考试说明》的研读，确定这一轮复习学生预期应达成的目标：学生理解遗传学的思想和方法不仅能揭示遗传规律，也有助于我们分析并解释遗传现象，解决生活中的各种遗传学问题。

（二）贯穿线索的寻找和确定

在我们进行单元教学时，同样需要对整个课程进行设计，保证针对必修2“遗传与进化”模块的复习不是孤立的，而是有一个非常清晰的逻辑主线进行连接，这个逻辑主线就是贯穿我们整个模块或者课程的贯穿线索。但是，联系究竟如何，单元之间如何才能够衔接流畅呢？为此我们研究了高中生物课程标准的课程性质、课程理念和课程总目标，并结合所学单元的特点，制订了单元的总体目标，也就是贯穿线索，并用疑问句和陈述句两种形式进行了描述。

> **关键概念**
>
> 贯穿线索：整个学年或整个课程要达到的重要、总体理解目标。这些目标在整个学年或整个课程中保持不变。

问句形式：我们为什么要在科学探究中应用科学实验和科学的思想与方法？

陈述句形式：学生将理解科学实验和科学的思想与方法不仅是发掘实施的过程，而且是建构和证明理论的过程。

问句形式：生物具有哪些生命现象和生命活动规律？导致这些现象和规律发生的本质原因是什么？

陈述句形式：学生将理解宏观生命现象及其有序且有规律的生命活动发生的本质原因是微观的结构基础和物质变化。

问句形式：高中阶段学习生物学对于学生未来的发展具有怎样的意义？

陈述句形式：学生将理解学习高中生物学可以建立人与自然的联系，形成科学的世界观和价值观，掌握应对未来世界所必备的思想方法和技能。

（三）确定学生需要达成的理解目标

在研读2013北京市高考《考试说明》时发现，涉及本单元的考点有基因的分离定律、基因的自由组合定律、性别决定和伴性遗传、人类遗传病及其预防以及基因、环境因素与性状的关系。为了使学生的综合能力得以提升，我们在制订具体学习目标时从知识、方法、形式和目的四个维度进行了思考。

一轮复习不同于新课学习，在新课学习过程中，学生已经知道遗传定律是什么，对与遗传规律的发现有关的思想和方法已经有了第一次接触。因此，一轮复习目标就不能只定位在是什么，怎样的方法有助于学习遗传定律或者如何正确描述遗传定律等，而是在原来的基础之上发展学生的理解。例如，知识目标就不仅要求学生能够理解遗传定律，还要能够建立遗传定律与减数分裂、生物变异等概念或者知识间的联系，形成一个基本的知识框架。从方法目标上，学生从原来对假说演绎、数学统计学等思想方法的了解，发展到能够将这样的思想和方法应用到遗传学问题的研究中。

由此，我们制订了以下目标，并以疑问句和陈述句两种形式进行了描述（图 2-43）。

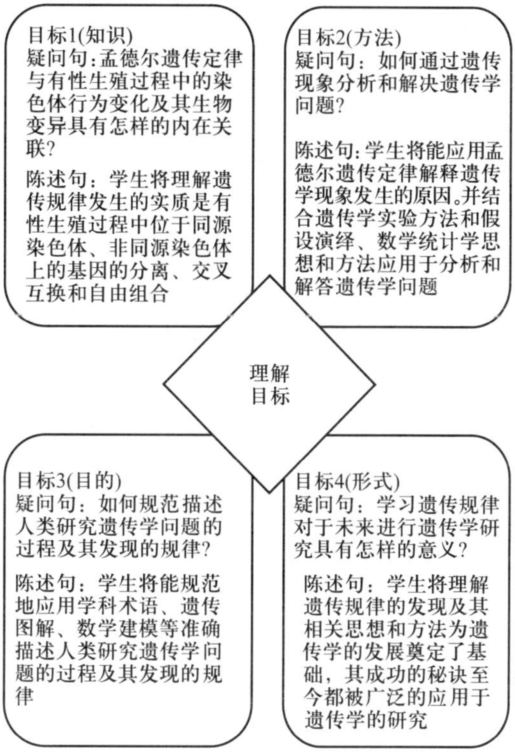

图 2-43　单元理解目标

三、设计单元理解活动

围绕启发性论题和已经制订的理解目标，我们又分析了一轮复习自身的特点，就像有的老师在备课过程中所提到的：“复习意味着将要接触的单元对于学生是不陌生的，我们无需通过引发好奇心来激发学生学习的兴趣和探究的欲望。但是，它需要学生有更加广泛的视野和更加理性的思考，需要学生在原认知的基础之上将新的认知嫁接在自己已有的知识结构中，实现对原有知识、思想和方法的迁移与应用。”例如，以下活动我们是这样设计的：这一环节是针对学生已有的认知基础，因为不是零起点，每个学生的理解程度或者产生的误解也不相同，所以我们需要学生能够将他们对概念的理解清晰地表达出来。为此，针对理解目标 1，我们备课组设计了以下理解活动：

初始理解活动：让理解呈现——释义呈现我的理解——遗传定律的实质

（1）从研究对象、发生时期、基因行为变化和配子的类型与比例的角度解读孟德尔分离定律、自由组合定律，建立基因行为变化与减数分裂过程中染色体行为变化的联系，构建单元概念网。

（2）结合有性生殖过程图解，绘制基因分离定律、基因自由组合定律所反映的染色体行为变化和基因行为变化模式图。

（3）正确分析解答下列问题。

例：基因的自由组合过程发生在下列哪个环节中？（   ）

AaBb $\xrightarrow{①}$ AB ：Ab ：aB ：ab $\xrightarrow{②}$ 配子间 16 种结合方式 $\xrightarrow{③}$ 子代有 9 种基因型 $\xrightarrow{④}$ 4 种表现型（9：3：3：1）

A. ①　　B. ②　　C. ③　　D. ④

活动中要求学生在独立完成学习任务的基础上，以小组为单位，相互交流并针对他人的建议，修改图像（要求：修改的地方必须用相应的文字进行说明）；进行班级汇报交流，在同伴和教师的点评下继续修改和完善（要求：对自己产生的误解进行详细的阐明）。

探究理解活动 1：让方法呈现——清晰思维路径

本单元需要学习的核心不仅是孟德尔的遗传定律，更包含发现遗传定律所使用的思想和方法，因此掌握这些思想和方法以便应用于遗传学问题的研究是至关重要的。所以围绕理解目标 1、2、3，我们设计了模拟孟德尔发现遗传规律的全过程这样的理解活动。活动的具体要求和过程如下：

（1）用遗传图解描述遗传实验全过程。

（2）对实验结果进行分析和建模。

（3）作出假设并对实验过程进行解释（要求：阐明作出假设的依据）。

（4）演绎实验思路和预期结果，并设计相应的验证实验进行测交，然后把最终结果和预期结果进行对比。

（5）小组内部相互交流自己对孟德尔发现遗传规律的全过程，并在他人的提示下，修改自己的遗传图解，对自己的假设进行补充，对自己的解释进行完善。

（6）组间进行交流，汇报遗传学实验方法、假设演绎的实验思想、数学统计学方法是如何应用于发现遗传规律的？

（7）利用遗传学实验方法、假设演绎的实验思想以及数学统计学思想和方法对新情境下遗传规律的探究进行设计、解释、预想和验证。

探究理解活动 2：分析解答经典实验结论的遗传学问题

学生学习的不仅是生物学的观点，那些有利于观点得出的经典思想、方法更需要学生理解和掌握。因此，在一轮复习过程中，我们借助经典的遗传学问题研究帮助学生掌握其中蕴含的思想和方法。

活动要求：

（1）教师给出相应的资料和习题（处理得到的遗传学数据都是经典的比例）。

（2）学生独立解答问题。

（3）小组间同伴进行交流分享，发现自己解答问题过程中遇到的问题（要求：出错的部位用重点符号标注，并写出分析和解答这部分内容的思维路径）。

（4）选择资料中的 1～2 道题目，独立解答。

（5）教师简短总结分析遗传学问题的基本思路。

借助这样的活动，学生不仅能够呈现自己对假设演绎和数学统计学思想的理解，更能够强化对孟德尔遗传定律的认识，并在此基础之上初步应用这些思想和方法去分析和解决新情境下遗传学问题。

终极理解活动：迁移应用——分析、解释和探究生活中各种遗传问题

为了评估学生是否实现了对所学概念、思想和方法及其意义等的持久性理解，我们在单元结束时给出了终极理解活动任务——分析、解释和探究生活中各种遗传问题。这个活动针对学生的理解目标 1、2、3、4，需要学生应用遗传学原理、思想和方法解答各种遗传学问题，探究导致这些遗传现象发生的原因。具体的活动形式和要求如下：

（1）教师给出非特殊或者经典比例的遗传学问题（包括：致死、多因一效、一因多效等问题）。

（2）学生各选择一个问题独立分析、探究，并总结规律与经典进行对比，尝试解释导致这些现象发生的原因。

（3）小组分享和交流，总结解决相同类型问题的一般方法和思路。

四、设计持续性评估

目标和活动是否相统一，需要我们在制订理解目标时就对学生需要达成的标准进行描述，而这样的标准需要与理解活动相对应，并反映在整个理解活动当中。这些标准不是评价学生学习的好坏，而是让学生和教师很明确地知道，学生要到哪里去，如何才能够到达那里，已经达到了怎样的程度。这样的评价不能仅仅针对学生的作业或者试卷进行，它应该是借助多种形式，凭借多个主体，针对评价的内容，从学生在活动中所表现出的神态、语言、讨论交流，到学生绘制的图像以及完成的习题、报告和作业等多方位进行评价。

在制订评价标准时，我们也遇到了很多问题。例如，教师自己制订的标准在课堂实施过程中不能有效反应学生的理解，评价标准对于学生在活动中的指导意义不明确等，因此我们在实际学习过程中，在学生的参与下不断修正和完善评价标准。

针对终极理解活动，我们制订了如下的持续性评估：

评价主体：自评、同伴、教师。

评价类型：非正式的观察、讨论、交流；正式的问题解答和规律总结。

评价内容：分析和解答问题的逻辑思维路径。

评价标准：

（1）描述遗传现象，处理遗传数据，发现遗传规律。

（2）建立特殊数据与经典遗传学数据的联系。

（3）依据数据模型对遗传定律做出判定。

（4）依据亲本的基因型，推测产生配子的类型和比例，推测子代出现某种表现型或者基因型的概率。

（5）依据子代的基因型和表现型推测亲本的基因型及其所产生的配子类型和比例。

（6）将基因定位在染色体上。

（7）从减数分裂、受精作用、个体发育角度阐明特殊现象发生的原因。

通过以上的分析我们可以看出，目标、活动和持续性评估的对应一致可以帮助学生纠正误解，加深理解。理解的过程符合学生的认知规律，且多维度、多层次，最终实现高考对于遗传相关概念理解的能力要求。其梯度可以用图解来说明（图 2-44）。

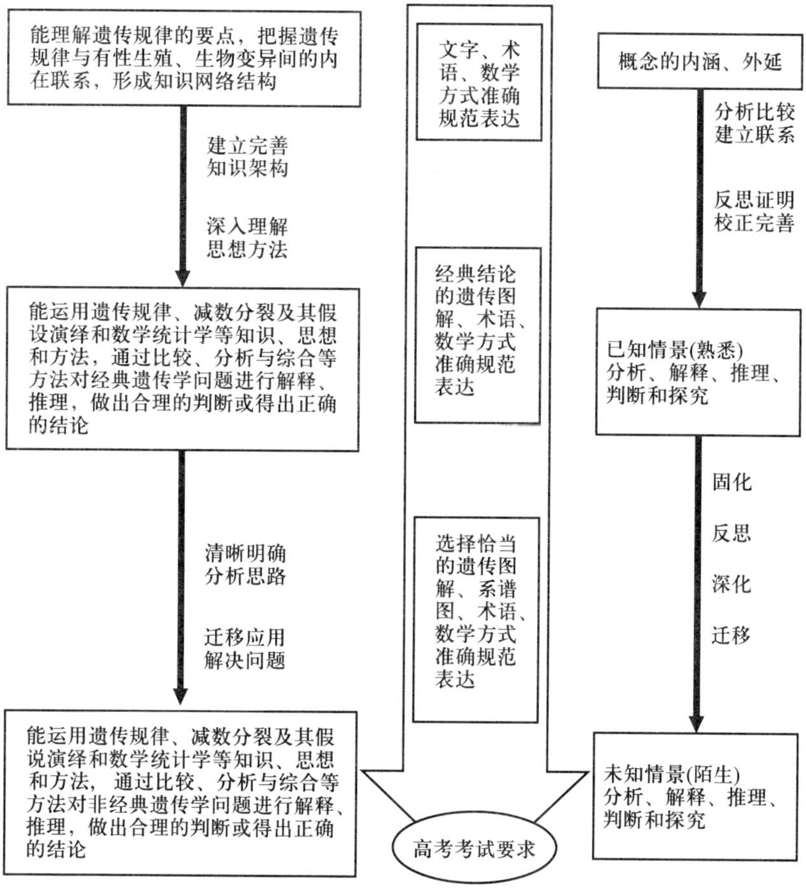

图 2-44　高考对于遗传相关概念的能力的梯度要求

五、单元结束后的反思

高考已经结束，反思当时的教学有很多值得我们思考和借鉴的地方，我们可以借助对 2014 年高考试题的分析，看我们这样的单元教学是否有效促进了学生的理解。

2014 年的高考试题第 30 题仍然是遗传题，但是难度明显增加，所分析的遗传学问题和研究的方向对于学生都比较陌生，但是我们的学生在这道题目上的得分却让备课组的全体教师比较满意。

从不同层次学生的得分率分析（表 2–36）：

表 2–36 不同层次学生得分率分析

12 分以上	得分率	人数	比例
16	100.00%	1	0.64%
15	93.75%	7	4.49%
14	87.50%	29	18.59%
13	81.25%	66	42.31%
10 分以下	**得分率**	**人数**	**比例**
9	56.25%	22	0.64%
8	50.00%	14	8.97%
7	43.75%	6	3.85%
6	37.50%	5	3.21%
5	31.25%	3	1.92%
4	25.00%	2	1.28%

我们有满分，这在整个北京市也没有几个，得分达到总分 87%以上的学生占所有学生人数的 18.59%，得分不到 8 分的学生只占所有学生人数的 8.97%。

分析 2013 年和 2014 年高考试题的第 30 题发现（表 2–37 和表 2–38）。

表 2-37　2013 年和 2014 年第 30 题得分率比较

年份	分值	年级均分	年级平均得分率
2013	18	12.96	0.71
2014	16	11.68	0.73

表 2-38　2013 年和 2014 年第 30 题优秀率比较

年份	总人数	年级优秀人数	优秀率
2013	141	7（15 分以上），接近 63 人（15 分）	5.0%，接近 44.6%
2014	156	29（14 分以上），接近 66 人（13 分）	18.6%，接近 42.3%

从年级均分以及得分率和优秀率的分析结果我们可以看出，在 2014 年第 30 题综合难度上升的基础上，学生的年级平均得分率小幅上升，优秀人数大幅度增加。

❊“人类祖先的基业”单元教学设计

单元名称：北师大版历史八年级下册第四单元

教材内容：“大河流域的文明曙光”“蓝色的地中海文明”“西欧的基督教文明”“文明的冲撞与交融”

单元学时：6 课时

设计人员：刘红艳、张丽丽、周枕戈、杨振东、徐凭跃

单元教学设计概览（图 2-45）

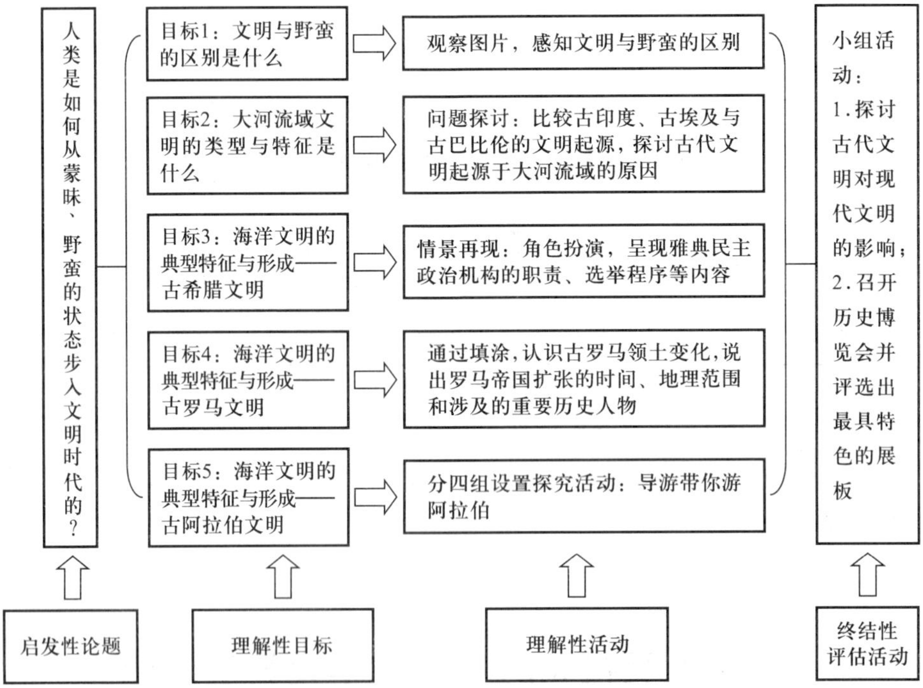

图 2-45 “人类祖先的基业”单元教学设计概览

一、启发性论题的设计

（一）寻找启发性论题的过程

界定启发性论题的标准是如何使它们促进真正有价值的理解，符合这些标准的论题比不符合标准的论题更有启发性，所以这不是有或者没有的问题，而是程度多少的问题，我们应考虑如何使投入以获取最大程度的收益。

启发性论题的标准是：

- 在一个或多个学科或领域中起中心作用。
- 吸引学生和老师积极参与。
- 老师和学生都能找到很多相关资源。

- 与学科内外的许多方面都有丰富的联系。

本单元启发性论题：人类是如何从蒙昧、野蛮的状态逐渐步入文明的？

人类的历史虽然已有三四百万年，但人类的文明史却只有五六千年。人类从野蛮步入文明是最具有划时代意义的关键一步。文明出现的原因是人类几百万年来生产经验和生活经验积累的结果，是物质因素和人的精神因素孕育成熟的外在表现。文明首先在自然条件优越、适合农业生产的亚非大河流域产生，这就是古埃及、古印度、古巴比伦和中国的古代东方文明。随后在地中海区域又出现了一种带有鲜明海洋性质的古代西方文明，即古希腊、古罗马文明。公元四五世纪的时候，伴随着亚欧大陆游牧民族的大迁徙，东方古代文明和西方古典文明都不同程度地受到破坏甚至是毁灭性的打击，世界历史由此进入中古时期。在亚洲，日本、阿拉伯等文明出现；在欧洲，日耳曼人在西罗马帝国的废墟上建立了英、法、德、意等国家。从人类文明出现到15世纪，世界历史的舞台始终局限于亚欧大陆及北非的部分地区，而美洲、大洋洲则与亚欧人类文明的中心区处于一种隔绝状态。

在八年级历史教材中选择了一些最具有典型意义的重大历史现象、历史事件及历史人物，基本按照历史发展的时间顺序加以排列，确定若干学习主题。从而使学生对所学的历史事件、现象和人物做到点式掌握，再由老师引导形成线索。

本人认为学习主题强调世界文明多元性与共容性，反对任何机械、刻板、教条地看待和理解历史。在理解世界各种文明的特点和差异时，既要看到文明之间具有的普遍性，更要注意到各种文明自身所具有的个性或特殊性。要使学生懂得：人类的文明自产生以来就不是同一的。各个地区的文明都依据各自所处的自然地理环境、生活习俗，以及从原始社会继承下来的早期社会传统分别形成了各具特色的区域文明。世界上各个区域文明发展是不平衡的，但却是可以共融的，不平衡性造就了多元性，多元性要求有共融性。

本单元讲述了人类从产生到公元1500年这一时段区域文明发生、发展和衰落的历史。其主线是人类从蒙昧、野蛮的状态步入文明；从彼此分散隔绝的状态走向世界整体。这一时期分为史前、上古和中古三个阶段。史前时期阐释人类的起源和人种的产生；上古时期阐述世界古代东西方文明产生的条件和特征，以及对世界文化发展的影响；中古时期阐述亚欧封建制度的确立和发展，以及西欧城市孕育的近代西方文明。

（二）论证启发性论题

了解人类及人类社会从低级到高级不断进化的过程，培养学生崇尚科学的精神是众多学科学习之本。从古代中与西的纵向与横向的时空对比中，对人类文明的起源进行研究，对学生还是有一定吸引力的。该论题的材料可从《世界史》《全球通史》等文字和众多图片材料、教材教法资料中查询。论题与其他学科（如地理学、政治学、文学、艺术等）的相关领域有交叉，因此选择该论题作为本单元的启发性论题。

二、单元理解目标的确定

（一）理解目标搜寻行动

对理解目标的界定标准是清晰、明确地表述学生需达到的目标，教师应将这些目标公开给学生和其他有关人员（如家长、老师、同事、学校管理人员），并在学的过程中不断提及（如讨论、作业和评估）。

教师制订的理解目标应该符合以下标准：

- 明确表述学生需要理解的、与启发性论题有关的内容。
- 公开并在教学中经常提及。
- 直接针对需要理解的概念，而不是需要完成的作业。

本单元的理解目标：学生将理解古代文明是丰富多彩的，具有多元性和共融性；认识到世界各地区、各民族共同推动了人类文明的进步，进而理解尊重、吸收其他民族文化精华的开放心态是当今世界发展的需要。

（二）目标锁定(表 2-39)

表 2-39 目标锁定

形式	目标 1（知识层面）	目标 2（目的层面）	目标 3（方法层面）	目标 4（形式层面）
疑问句	学生将能够理解： 1. 什么是文明？ 2. 从四大文明古国到公元 1500 年前后，人类有哪些文明成果（包括物质和精神两方面）？	学生将能够理解： 1. 人类进步的动力是什么？ 2. 地域对文明多样性有怎样的影响？ 3. 如何看待世界文明的多样化？ 4. 人类文明是怎样发展演进的？	学生将能够理解： 学习历史应该掌握哪些基本方法？	学生将能够理解： 通过哪些方式表达对历史的理解？
陈述句	学生将能够理解： 1. 文明是指一切具有较高文化水平的存在形式 2. 古代亚洲、欧洲、非洲等区域产生的建筑、法律、宗教、政治制度都是这一时代人类创造的重大文明成果	学生将能够理解： 1. 人类由野蛮到文明是生产力发展推动的必然结果 2. 不同地域有不同的文明成果，文明具有多样性的特点 3. 尊重不同文明的类型是一种优秀的品质 4. 人类文明的发展经历了从低级到高级、从分散隔绝到走向整体的演进过程	学生将能够理解： 识图，搜集、整理资料，论从史出等历史研究的基本方法	学生将能够理解： 对历史的理解可以通过多种方式来表达（绘画、小论文、角色扮演、口头表达、图示展版等）

在确定了该目标后，学生将会很积极地投入他们自己的学习中；汉族及少数民族的学生将会感到自己被卷入世界历史，并看到世界历史中自己民族的角色；学生将会对世界历史事件的不同看法感到很熟悉；学生将会学到学习历史的必要技巧；学生将会建立一个时间框架，并在此基础上继续进行世界历史学习。

（三）理解目标论证

我们认为理解目标应注重理解学科中的重要概念、方法、过程和形式，应以易于学生理解的疑问句和详细的陈述句清晰地表达，并反映多个理解层面。 所以该单元的理解目标设定为：学生将理解古代文明是丰富多彩的，具有多元性和共融性；认识到世界各地区、各民族共同推动了人类文明的进步，进而理解尊重、吸收其他民族文化精华的开放心态是当今世界发展的需要。

三、理解活动的设计与评估

课堂活动一：联系生活经验初步感知文明

1. 活动目标

激发兴趣—感性认知—布置单元任务。

2. 活动学时

1 课时。

3. 活动流程

（1）激发兴趣：观察直观图片。

（2）感知概念：文明与野蛮的区别是什么。

（3）表达理解：同学用语言表达。

（4）布置任务：召开历史博览会。

4. 活动评价

通过学习小组共同完成任务，即用不同形式把你感兴趣或了解的地区的符号表达出来。学生用写的或画的形式，把各自了解的一些古代文明的象征画出来，并能用语言简单介绍符号的意义，用自己的话说一说什么是文明。我们是想通过这个设计，了解学生对古代史的认识达到了怎样的程度。

同时我们在第一课时就布置给学生一个综合性任务，即本单元最终将完成的作品是世界古代史的一个展览。我们打算在本单元结束时举办一个历史博览会，在博览会上各小组将以展版的形式，呈现并讲解对不同区域或者不同类型文明的理解。这个终极性活动设计就是想了解通过我们的教学活动之后，学生对古代史的认识是否有了提高。

课堂活动二：探究大河流域文明的类型与特征

1. 活动目标

本课的理解目标基于单元理解目标，完成除中国外三大文明古国的学习，知道以大河流域为特征的文明的发源地在政治、经济、文化方面的共同特征，并感受文明的多样性、丰富性，对人类古文明的起源产生敬佩。

为了完成理解目标，我们希望能够通过比较当时社会的生活状况和生存状态去理解古代文明起源的过程，知道文明成果的丰富是人类智慧的结晶。

2. 活动学时

1 课时。

3. 活动流程

提出问题—列出表格—展示成果。

问题设计：通过比较古印度、古埃及与古巴比伦的文明起源，你得出了什么结论？请简要谈谈古代文明起源于大河流域的原因，以及面对诸多文明成就你有怎样的想法？

4. 活动评价

教师出示古文明地图、图片、文字资料等，讲解古埃及、古巴比伦、古印度的地理环境与经济、政治、文化之间的相关知识。然后运用表格引导学生从地理环境、经济特点、政治制度、文明成就等方面比较文明古国之间的异同，形成结论。要求学生说出古代文明起源于大河流域的原因，以及面对诸多文明成就的想法。学生能表达出古代大河流域文明的基本特点，以及农业文明和集权政治等的特点，这些是与地理环境相关的。通过这个教学活动，主要是使学生了解产生于大河流域的古代文明的特点，掌握用表格形式展现和比较知识要点的方法，了解思考问题的路径和角度，更加全面的对历史问题进行比较分析，用史实说明结论。

课堂活动三：探究海洋文明的形成与典型特征——古希腊文明

1. 活动目标

需要学生们认识海洋文明与大河文明的异同，了解古代文明的地域独特性和多样性。

2. 活动学时

1 课时。

3. 活动流程

学生首先把自己感兴趣的关于希腊的印象说出来，进而在教师指引下对大河流域的"专制"与"民主"进行比较，了解海洋文明具备独特特征的原因——地域环境的不同。最后让学生对古希腊的原始民主生活进行情境再现。

活动要求：

（1）在表演中任意选取和呈现雅典民主政治机构、职责、目的、任选资格、选举程序等方面的内容。

（2）表演角色自拟（如可有旁白、伯里克利演说、立法官员、普通男女公民、外邦人等），表演形式不限。

（3）讨论评价时，辩证客观，史论结合。

4. 活动评价

这个理解活动的目标在于让学生了解古希腊雅典民主政治的内容及表现，辩证地分析和评价雅典民主的积极意义和局限性。主要方式是：首先通过阅读雅典民主政治的相关材料，以小组为单位进行情景模拟——雅典城邦召开公民大会，然后小组讨论并对其进行评价。最后根据材料，以小组为单位讨论和分析民主文明的曙光最早产生于古希腊半岛的原因，并对比分析海洋文明与大河文明的异同。通过这个教学活动，主要是用古代雅典的史实论证古代文明的多元化及其成因。用具体的史实作为证据，学生了解到古代雅典民主政治的运作方式之后，与前一节课学习的大河流域文明作比较，形成认识上的冲突，在追寻原因的分析过程中，初步感知地理环境、经济模式对政治制度和人类社会的影响。

课堂活动四：探究海洋文明的形成与典型特征——古罗马文明

1. 活动目标

本课的设计是针对海洋文明的又一个典型——古罗马文明，学生的兴趣点还局限在战争，未能从历史发展的宏观角度去认识，所以理解目标制订为对古文明的多样性认识。

2. 活动学时

1 课时。

3. 活动流程

在此活动中，地图是很好的一个抓手，学生们在地图上找出古罗马的地理位置，并根据前几节课的学习，了解古罗马文明产生的地域特征，了解其政治、经济特点，同时对其领土扩张进行学习。学生们愿意用不同颜色填涂、勾勒，虽然这是很浅显的理解活动，只是通过填涂认识领土变化，说出扩张的时间、地域范围和涉及的重要历史人物，但激发了学生的学习兴趣，为完成下一个任务做好了准备。

下一个任务是通过对教师给出的材料进行整理，认识到文明的成果是怎样遍及地中海沿岸的。同学们通过对比各地教堂（包括北京的教堂）的不同特点，了解到文明具有传播性，而传播的方式需要同学们再进一步探究。教师提出问题：你认为罗马帝国的第二次征服与第一次征服相比有什么不一样呢？用这个问题提示学生文明在传播的过程中有哪些方式，进而从宏观角度认识到古罗马文明在世界文明进程中起到的重要作用。

4. 活动评价

这个理解活动的目标在于让学生认识到人类文明是不断向前推进和发展的。课程的重点放在认识古代罗马三次征服世界的表现。首先通过小组绘制古代罗马领土扩张形势图的方式，让学生借助教材和地图，形象地了解古代罗马扩张领土的形式，认识古代罗马从一个城邦国家发展为一个地跨欧亚非三洲的磅礴气势，然后学生根据要求阐述罗马领土扩张的经过，阐述过程一定要说出时间、地域范围和涉及的重要历史人物。这个小活动是检验学生对古代罗马武力征服世界过程的掌握情况，同时学习用历史语言和思维来表达的方法。

随后再从罗马帝国的宏伟引入对古代罗马辉煌文化的介绍，主要突出古代罗马的建筑，从而引出基督教，重点在于突出基督教的影响，引导学生联系生活实际，说出基督教在现实中的影响，如宗教节日、纪念、建筑等，尤其要突出北京的基督教堂在建筑风格上所体现出的中西融合的特点。这个小环节的设置是让学生体会世界文明多样性，以及多种文明的不断融合。

提出问题：你认为罗马帝国的第二次征服与第一次征服相比有什么不一样呢？这个问题本身是想让学生认识到人类文明是不断发展进步的，从野蛮的武力征服到通过控制思想的征服，再到用共同的规则使人类走向更加文明有序的社会。

最后打出罗马帝国三次征服世界的材料，你能想象第三次征服是什么样的吗？教师提出制作展板的任务，要求体现对罗马帝国三次征服世界的感悟，激发学生学习的兴趣，使学生能够把学习延续到课下，积极地参阅资料，完成展板。

课堂活动五：探究大河与海洋相结合的文明的形成与典型特征——古阿拉伯文明

1. 活动目标

本节课的目标是通过学习古阿拉伯文明，了解人类文明的多元性与共融性。

2. 活动学时

1课时。

3. 活动流程

学生准备：

（1）学生课前分为四个小组——“麦加组”“麦地那组”“巴格达组”“阿拉伯文化组”。

（2）每个小组布置不同的任务：

“麦加组”重在探究伊斯兰教的创立以及创立者穆罕默德的有关内容。

“麦地那组”重在探究伊斯兰教的传播以及穆罕默德建立政教合一的国家政权等内容。

“巴格达组”重在探究阿拉伯帝国的有关内容。

“阿拉伯文化组”主要侧重阿拉伯文化的成就。

（3）共同任务：探究阿拉伯人为什么能创造出如此灿烂辉煌的文化。

（4）各小组选出一名学生作为导游，展示本组的探究成果。

教师准备：收集查阅与教学内容有关的地图、图片和资料。

提出问题：近年来，阿拉伯世界动荡不安，巴以冲突不断，美英等国发动对伊拉克战争，中东和平进程迟缓。试问：现在的中东地区为什么会成为世界热点？

针对当今热点问题，学生讨论，教师引导。

4. 活动评价

用贯穿课堂的展示活动，评价学生对古代世界文明多元共融的体会和把握程度。

课堂活动六：召开历史博览会

1. 活动目标

对本单元学习成果进行展示与检验。

2. 活动学时

1课时。

3. 活动流程

【任务一】

（1）各小组进一步完善每节课搜集整理的展板。

（2）进一步整理和完善学案。

（3）进一步修改完善本组设计的符号。

【任务二】

以小组为单位交流讨论古代文明对现代文明的影响。

【任务三】

（1）召开历史博览会。

（2）邀请年级老师、同学和家长一起参观学生的作品，由讲解员进行解说。老师、同学和家长一起评选出最具特色的展板。

4. 活动评价

通过学习，学生把学习成果用展板的形式呈现出来，能够从多个角度将所学的内容进行分类整理；能够用简洁的语言说出不同国家的文明成果；能够用绘画、文字、图片等多种形式表达出对“文明”含义的理解。

✼“古代希腊罗马的政治制度”单元教学设计

单元名称：人教版历史学科必修1第二单元

教材内容：“古代希腊罗马的政治制度”

单元学时：4课时

设计人员：高继红

单元教学设计概览（图 2-46）

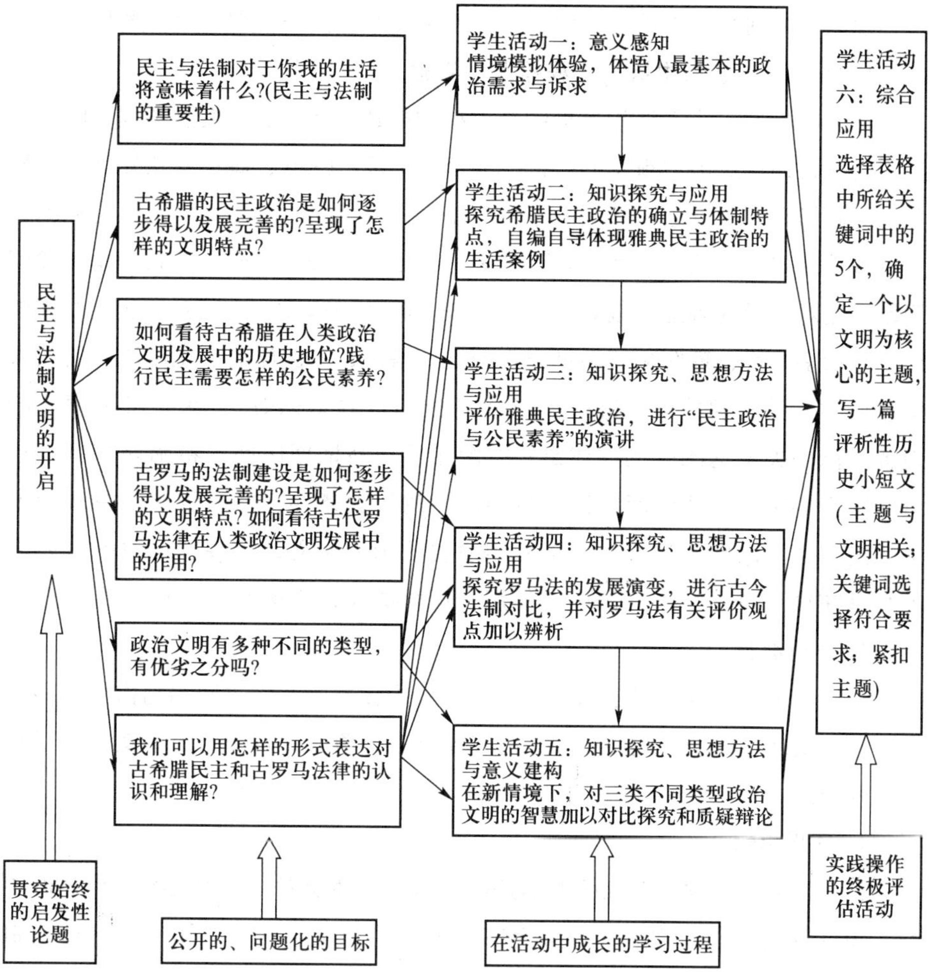

图 2-46 “古代希腊罗马的政治制度”单元教学设计概览

一、启发性论题的分析与设计

我们知道，就一个单元的课程内容来说，通常会有如下两个特点：学生有太多的东西要学，而课堂时间却很有限；教学内容很重要，但是大部分枯燥的知识内容却脱离学生的生活实际，学生难以体会到学习的乐趣和所学知识的实际价值与意义。那么，我们将如何解决这些问题从而使课堂学习变得有意义呢？为自己的课程设计一个启发性论题往往可以比较好地解决这一问题。

那么，如何为《古代希腊罗马的政治制度》寻找一个启发性论题呢？

1. 研读《普通高中历史课程标准（实验）》

在课程标准前言的课程目标中有这样的描述：认识历史发展进程中的重大历史问题；通过对历史事实的分析、综合、比较、归纳、概括等认知活动，培养历史思维和解决问题的能力；掌握历史学习的基本方法。学习历史唯物主义的基本观点和方法，努力做到论从史出、史论结合，善于从不同的角度发现问题，能对所学内容进行较为全面的比较、概括和阐释；认识人类社会发展的统一性和多样性，理解和尊重世界各地区、各国、各民族的文化传统，汲取人类创造的优秀文明成果，进一步形成开放的世界意识等。在必修1模块的内容目标中关于这部分的描述是：了解希腊自然地理环境和希腊城邦制度对希腊文明的影响，认识西方民主政治产生的历史条件；知道雅典民主政治的主要内容，认识民主政治对人类文明发展的重要意义；了解罗马法的主要内容及其在维系罗马帝国统治中的作用，理解法律在人类社会生活中的价值。

2. 分析教材

教材在本单元共展示了两个历史事实：古代希腊的民主政治与古代罗马法律，分别从产生背景、发展过程、历史评价三个角度对两个历史事实进行了介绍和分析。

3. 分析学情

高三学生对待学习有较强的求知欲，善于理性思考，有一定的综合分析能力。但是对于民主与法制的认识也仅仅在感性层面，例如：知道民主与法制的重要性，但是民主与法制因何而来？为什么一个区域以民主闻名于世，而另一个区域却以法制闻名于世？他们认识到这些早期的民主与法制由于时代的局限还有很多不成熟，但是其符合国情的制度创新却开启了人类政治文明之源，这一点比什么都重要但他们却未必认识得到。再先进的制度也需要有良好的公民素养才能彰显制度本身的优势，促进社会的发展进步，这一点更需要引导学生进行深入的探讨。

4. 确定启发性论题

基于以上多个角度的分析，本单元的核心内容已经显而易见，就是对民主与法制本身的认识和探讨。例如，民主与法制为什么对于你我如此重要？怎样的民主才是真正的民主？真正的民主和良好的法律秩序需要怎样的公民素养？等等。这些都是可以深入探讨的话题。所以，本单元的启发性论题最终确定为：民主与法制文明的开启。

> 单元启发性论题：民主与法制文明的开启。

5. **反思论证**

依据"为理解而教"教学模式基于启发性论题的评估标准对启发性论题进行反思论证，具体的评估标准如表 2-40 所示。

表 2-40

启发性论题	评估标准	评估标准与教学设计之间关系的评注
民主与法制文明的开启	1. 论题在一个或多个学科领域起重要和中心作用	民主与法制是当代人类政治文明的两大基石，拥有民主精神和法制理念是现代公民最基本的文明素养。无论是人文学科还是自然学科都承载着培养现代公民基本素养的重任。我们从哪里来？我们要到哪里去？我们怎么才能到那里去？这是人类需要不断探究的话题
	2. 由于年龄、需要、兴趣、背景、特长和生活经历等因素，论题对你的学生（可以是儿童、青年或成年人）有吸引力（或能够吸引学生）	从古代与近代、中与西的纵向与横向的时空对比中，对人类政治文明的起源进行分析研究，对学生还是有一定吸引力的
	3. 由于年龄、需要、兴趣、背景、特长和教学经验等因素，使得论题对你有吸引力（或能够吸引你）	在对比中研究也挑战教师本身思考问题的广度与深度，比较能激发自己的创造力
	4. 可以找到多种相关资源来理解论题	《世界史》《全球通史》《西方法制史》等众多材料可供选择
	5. 论题与学科里的其他论题、其他学科以及学生的校外生活有明显的联系	与地理学、法学、政治学、文学、艺术等多个领域相关

二、单元理解目标的分析与设计

在“为理解而教”教学模式中指出：理解目标不仅仅指知识层面的，学生面对未来复杂的生活需要习得多种方法、形成多种能力，也需要认识到学习内容本身的价值与意义，当然还需要有适当的适合本学科的表达形式，输出对学科内容的思考和理解，所以在“为理解而教”教学模式中对理解目标的阐释有四个方面：知识目标、目的目标、方法目标、形式目标。落实到历史学科里，知识目标是指记忆层次的历史事实或者学科的基本概念等，相当于三维目标的知识目标；目的目标是指所学历史知识的意义和价值，相当于三维目标中的情感、态度与价值观目标；方法目标是指获得这方面知识的史学研究方法：史论结合、论从史出，历史唯物主义的研究方法，分析、综合、比较、归纳、概括的历史思维能力等，相当于三维目标中的过程和方法或者技能目标；形式目标是指呈现历史理解的方式，如举办历史博览会、出一个历史纪念册或者画报、写一篇历史小论文、举办一场辩论会、角色扮演等表达对历史理解的方式，这一目标在三维目标里是没有体现的，是对三维目标的补充。“为理解而教”教学模式认为较为合理的理解目标大体有以下 5 个评价标准：一是与课程要求和重点相联系；二是明确的能让学生提前知道的；三是聚焦学科或话题的“big ideas”，而不仅是事实和常规技巧的重复；四是涉及多层面或者多维度——知识、方法、目的和形式等；五是一致的，从一课的目标到单元目标，再到总目标。“为理解而教”教学模式也建议目标的阐释最好用两种表达方式：即陈述句和疑问句方式。陈述句的表达是学生需要理解的内容，而疑问句是课堂上需要学生思考的问题，当在课堂上以疑问句的方式公开给学生时，更能激发起学生对学习内容的思考。

本单元理解目标的制订考虑到了上面阐释到的 4 个方面、5 个标准和表达方式，更主要的是依据课程标准、教材、学情状况（这部分内容学生在高一已经学过，他们知道希腊民主为什么产生、民主制度是如何确立的、如何评价这种制度；也知道罗马法是平民与贵族矛盾斗争的产物及其确立完善的过程、影响和价值，但仅仅停留在知道层面，对知识之间的内在关联的理解还比较欠缺。推理、概括、比较等综合分析的历史思维能力还有待于加深和拓宽，史论结合的史学研究方法、运用历史唯物主义观点分析评价历史事物的史学素养等都有待于提升)。本单元的理解目标如表 2-41 所示。

表 2-41 “古代希腊罗马的政治制度”的理解目标

形式	知识层面	方法层面	目的层面	形式层面
疑问句	1. 古希腊、罗马为什么以民主、法治开启了政治文明之源? 2. 古希腊、罗马的民主法制是如何逐步发展完善的?	如何用正确的方法评析古希腊民主与罗马法?	现代民主法治与古希腊民主、罗马法有怎样的渊源关系?	如何写评论性历史小论文?
陈述句	1. 掌握古希腊民主政治确立的背景和过程 2. 掌握罗马法产生的背景以及罗马法体系形成的过程	学会用史论结合、论从史出的史料探究法和唯物辩证法分析评价希腊民主与罗马法	1. 理解雅典民主、罗马法的特点与深远影响 2. 能从文明史观的角度解读本单元,说明古希腊民主与罗马法是现代民主政治文明的源头	会写评论性历史小论文

最后,利用“为理解而教”的评估标准对理解目标进行了论证和反复修订,形成了最终的理解目标。论证的结果如表 2-42 所示。

表 2-42 对理解活动的论证结果

理解目标	评估标准与教学设计之间关系的评注
1. 理解目标注重理解学科中的重要概念、方法、过程和形式(通常由国家、州确定,或者根据当地的标准和老师的经验来确定)	1. 民主、法治是人类政治文明中的两大基石,是学科的重要概念 2. 史论结合、论从史出的史料探究法是历史研究的基本方法 3. 对比分析是历史思维能力的重要组成部分

续表

理解目标	评估标准与教学设计之间关系的评注
2. 目标主要针对的不是行为（描述的是学生将理解的内容，而不是学生将要做的行为，如探索、分析、预测、说明等）	关于方法层面、目的层面、形式层面都是从学生需要掌握的内容角度设计的：如会史学研究的方法、会辩证地看问题、认识到古代希腊罗马的政治地位以及掌握撰写历史小论文的基本方法等
3. 目标应用易于学生理解的疑问句和详细的陈述句两种形式清晰地表达，应针对学生需要理解的重要内容	陈述句更为细化，而疑问句给了学生宽阔的思考空间，学生回答疑问句时得出的答案也就是陈述句中我们需要得到的理解目标
4. 理解目标表述清晰，可以公开给课堂以外的人员，如家长、同事、学校领导等	在陈述句的目标描述中，各个层面的人都可以清晰地看明白，知道学生应该习得什么
5. 理解目标反映多个理解层面（知识、方法、目的和形式），但是不需要每个目标都反映所有的层面	背景、内容是知识层面；史论结合、辩证地看问题是方法层面；认识到希腊文明和罗马法的地位与影响是目的层面；会写评论性历史小论文是形式层面。理解目标基本上涵盖了多个理解层面
6. 目标可以集中在常见的错误理解、潜在假设以及可能阻碍学生形成对论题深刻理解的瓶颈内容上	单元目标都集中在学生理解比较困难和存在潜在误解的地方。例如： 1. 学生通常认为“民主就比专制好”，这是一种误解。区域不同文明类型不同，中国古代选择了专制，古希腊选择了民主，不能简单地认为西方民主就比中国专制进步，不同制度的选择是由其区域特征、基本国情决定的。判断一种制度存在的价值标准要因时间、空间和制度本身带来的效益而论，不能贴标签似的、简单化的、非黑即白地肯定或者否定 2. 雅典的民主政治是极端泛滥的直接民主，主要问题在于制度的设计者对民主政体下公民自身素养的疏忽和遗漏，而这一点对学生现代公民素养的形成又至关重要，需要进行分析探究

三、单元理解活动的分析与设计

“为理解而教”教学模式认为：理解活动是在教学单元进行的过程中，能让学生积极参与的、具有一定挑战性的系列学习活动，它强调学生的学习应该是一种状态，是学生在新情境中积极主动地、创造性地应用已知知识进行灵活思考和解决新问题的活动，是使学生在参与中形成并逐渐加深理解的活动，也是学生通过他们的行为、语言和作品来真正展示他们不断形成和加深理解的活动。

作为教师，我们知道理解不是突然发生的，不是在一个教学单元结束时突如其来的灵感。所以，一个单元的理解活动依据教学顺序以及理解程度而言通常有三个层级：初始理解活动、探究理解活动、终极理解活动。

初始理解活动：在单元的开始阶段，是激发学生对论题产生兴趣的黄金时期，教师可以用一个不太难的理解活动，结合学生个人的生活体验或者与学生个人的生活联系，将学生吸引到与论题有关的活动中来。可采取的办法有多种。例如，头脑风暴，即对启发性论题进行自由讨论，让学生画出能代表启发性论题的图表，要求学生对与论题相关的图画进行解释，并绘制一张反映“已知的、想学的、所学的”的流程图等。初始理解活动主要是进行探索，这些活动通过在论题与学生感兴趣的东西之间建立联系，使学生对论题“热身”。

指导下的探究理解活动也可以称为中级理解活动。为了吸引所有学生积极参与，初始理解活动往往涉及范围较广。相反，在教师指导下的探究活动必须缩小范围，将重心集中在本教学单元的理解目标上。注重帮助学生在学习过程中积累知识，呈现学习过程中的对与错，不断地呈现对与错的思考，不断地纠错调整，形成理解，为终极理解活动做好准备，因而可以将其理解为终

> 一个好的理解活动是指学生所做和所想的必须直接针对启发性论题，并建立在学科基础上的需要理解的重要学科概念和理解目标上，体现这三者之间的一致性和匹配度；理解应该是持续深入的一个过程，涵盖丰富多样的形式、连贯的挑战、难度的层级；应该有学生的积极参与、有思想的碰撞和创造性思维，理解需要精心的活动设计，需要使学生将来会灵活地应用和应对未知的世界。

极理解活动的“铺路石”。这样的活动有多种方式，如进行独立思考与合作性的问题探究，有任务有组织地到图书馆做研究，角色扮演等。它的特点是：比初始理解活动中心更明确，引导学生更深层次地学习论题内的重要历史概念。

终极理解活动：在教学单元结束时，让我们清晰地看到学生对所学的内容表现出的理解程度。其目的是将学生所学的知识综合起来，并应用从课程中所学的内容，来展示他们对所有理解目标的理解。一个成功的理解活动就像是一个放烟花庆祝的时刻，庆祝学生不断加深的理解。这样的活动会有多种表现理解的形式或者途径，让教师清晰地感悟到学生理解的程度，如画画、写小论文、编演剧本、开讨论或者辩论会等。

基于以上对理解活动的学习和认识，在设计本单元的理解活动时，我在多元智能理念的指导下，收看了美国等西方国家的一些历史课堂教学活动案例，也运用了美国专家写的《学会教学》中提到的一些小组合作形式，以及同学科同伴讨论出的一些形式，设计了本单元的系列理解活动。然后围绕评估标准对已设计的一系列理解活动进行了反思论证，形成了最终的理解活动。下面展示的就是对理解活动的论证结果（表 2-43）。

表 2-43 对理解活动的论证结果

理解活动	评估标准与教学设计之间关系的评注
1. 学习活动直接针对加强一个或多个理解目标中表述的关键概念的理解	理解活动直接针对理解目标进行设计
2. 学习活动要求学生积极思考学习内容，以及用所学的内容进行思考（如不仅仅要求学生记忆或背诵）	理解活动中多处用比较法进行学习，能激发学生的求知欲，每一个理解活动都是在考察学生是否能用所学知识分析解决问题
3. 学习活动采用不同的方式，吸引不同背景、不同经历、不同特长的学生，对内容进行有深度的学习（如采用视觉、空间、故事、数字、逻辑或音乐等方式）	6 个理解活动包含了至少 4 种活动形式：如初始理解活动的情境体验，探究理解活动的问题思考和观点辩论，终极理解活动的历史写作，基本能起到吸引学生思考和积极参与的作用

续表

理解活动	评估标准与教学设计之间关系的评注
4. 学习活动按一定次序排列，首先进行介绍性的初始活动，然后在教师指导下进行探究活动，为终极理解活动做好准备（终极理解活动要求学生在单元结束时，运用通过所有活动而掌握的知识和技能）	秉承系统性、整体性理念设计本单元课程。初期理解活动通过情境体验以及资料展示使学生感悟到了民主与法制的重要，以及一直以来人们的政治诉求与实践；探究理解活动包含了前三个目标多维度的综合考察与运用，每一个理解活动都能为终极理解活动的目标达成做好铺垫与准备，而终极理解活动是在用前面习得的知识、方法和目的目标的活动，是在综合情境下检验学生达成理解的情况
5. 终极理解活动要求学生利用在整个单元中学到的知识和技能，通过应用展示达到理解	终极理解活动属于实践性操作任务，学生要想完成历史小论文，必须运用前面已经习得的古代希腊和罗马的知识内容，以及分析问题的方法

四、单元持续性评估的分析与设计

我们如何知道学生是否理解了？ 就需要进行学习评估的设计。 持续性评估强调评估的“持续性”，即通过学生在每一个理解活动中的状态、行为、输出表达等发现学生的理解程度，并给予及时的反馈指导，从而使学生的理解能够继续前行，不断达成理解目标。 由此也能看出，持续性评估不仅仅是指评估学生得到了多少分、理解到了什么程度，还有一个非常重要的功能是通过及时的反馈和依据评估标准帮助学生判断自己目前在哪儿，下一步的学习将需要走向何处等，它将像指路航灯一样指导学生的学习。 因此，持续性评估不仅能评估学生的理解，也更能促进学生的理解。

在设计本单元的持续性评估时，我们主要对单元理解目标进行了分解，然后依据分解了的理解目标设计相对应的理解活动和持续性评估标准。 当然，大多数评估标准事先是老师已经制订的，也有的是在课堂上与学生一起制订的，如演讲、写历史小论文的标准。与学生一起制订评估标准，不仅能促进学生理解标准，也更能指导学生的学习，使学生能够知道他目前在哪儿，他将到哪儿去，他将如何才能到那儿去等。所以这样的行为还是有必要经常在课堂上进行。

下面是本单元围绕理解活动而设计的持续性评估，为了体现理解目标、理解活动与持续性评估的匹配度，将三者一并列举出来。

第一课时的理解活动与持续性评估如表 2-44 所示。

表 2-44 理解活动与持续性评估

理解目标	学生将理解：追求民主与法制是人类自古以来的共同愿望，是人类文明进步发展的关键要素，也是人类一直以来的孜孜诉求
初始理解活动	体悟人最基本的政治需求与诉求 任务一：情景模拟体验，选择判断 美妙的热气球旅行——确定两项优先的人权 来自世界不同种族的陌生人构成的旅行团队，每人被赋予五项基本权利： 1. 言论自由与个人表决权 2. 每天不仅仅是吃饱，还要吃上可口的食品 3. 享受娱乐活动 4. 通过媒介浏览外界信息 5. 遭受不公正对待时的申诉权 气球向前飞，遇到三座高山，要先后抛掉三项权利，才能顺利跨过高山，记住你抛弃的权利在你未来的人生中将永远不会再来。 你将不会抛弃哪两项最基本的权利？请简要解释理由 通过创设情境，学生进行情景模拟体验，体会民主与法制对于自身生存的重大价值 任务二：图片观察，描述思考 观察“近代英国议会开会场景图、美国的三权分立体制图、德国的议会大厦图以及古代雅典投石表决画面图、古罗马的《十二铜表法》”等，体悟人类追寻民主与法制的脚步一直没有停息，实现民主与法制是人类一直以来的政治诉求，而当代的民主与法治早在古希腊、罗马时期就已经起步 任务三：采取头脑风暴的方式，写出你对民主、法制理解的思维导图

续表

持续性评估	非正式评估 任务一：能够产生学习兴趣，初步体悟到民主与法制文明的重要地位 任务二：能够描述现代、近代、古代人们构建的民主与法制的政治构架，它反映的是人类政治文明繁衍进步的一种趋势 任务三：能说出自己对民主和法制的初步了解和认识
理解目标	学生将能够：说出希腊民主政治确立的过程、内容与特点
探究理解活动 1	探究希腊民主政治的确立与体制特点，自编自导体现雅典民主政治的生活案例 1. 查阅资料并讨论回答：什么是民主？ 2. 列表总结（独立完成）：雅典是如何通过三个改革使民主政治得以确立和完善的？ 小组合作讨论，各组抽签回答以下问题： （1）梭伦改革如何冲击贵族利益和如何体现权力从少数人手中向多数人手中过渡？ （2）为什么说雅典的民主政治在克里斯提尼时期确立起来？ （3）因何而说伯里克里改革是雅典民主政治发展到顶峰的标志？ （4）考察雅典民主政治的主要机构和权利运作，说明当时雅典对于个人滥用权力及可能出现的专权有着怎样的防范考虑？ 3. 概括雅典民主政治的主要特点 4. 在学生基本掌握雅典民主政治的主要内容和特点的基础上，组织学生分小组进行合理想象和自编自导活动，创设一个体现雅典民主政治的案例，并加以解说或者表演出来，使学生在历史情境中加深对雅典民主政治的理解
持续性评估	非正式评估 1. 能够说出民主的准确含义 2. 能够以表格方式呈现雅典民主政治逐步确立的过程，并能够从“民主”这一概念的本质特点出发，抓住三个改革的核心内容（依据财产划分等级、地域划分部落法、公民身份变化角度），准确解释说明民主政治逐步确立的证据和理由 3. 能从雅典社会参政议政的平等原则和民主政治运行的机制中体现的人民主权、轮番而治和集体管理的角度分析民主政治的基本特点 4. 自编自导的活动案例能够充分体现雅典民主政治的基本特点以及机制运行程序

第二课时的理解活动与持续性评估（表 2-45）。

表 2-45 理解活动与持续性评估

理解目标	学生将能够：正确评析希腊民主政治，能用史论结合、论从史出、辩证唯物论的方法分析评价历史问题
探究理解活动 2	评价雅典民主政治，进行“民主政治与公民素养”的演讲 材料一：德国历史学家西格弗里德·劳菲尔指出：“这两条原则，即所有公民都应该享有平等权利，所有决定必须以大多数人的意志为基础，是古代民主政治和现代民主政治相似的特征。……所以现代政治思想起源于古代雅典。” 材料二：“用豆子拈阄的方法来选举国家的领导人是非常愚蠢的，没有人用豆子拈阄的办法来雇佣一个舵手或吹笛子的人……而在这些事上如果做错了的话，其危害是要比在管理国务方面发生错误轻得多。” 材料三：苏格拉底被雅典民主派起诉：“是一个作恶而怪异的人，不敬国家所奉的神而宣传其他的新神，反对民主，毒害青年……”公元前 399 年，年约 70 岁的苏格拉底受审判处死刑。一个以言论自由著称的城市竟然对一个除了运用言论自由权以外，没有任何罪行的哲学家提出起诉并判处死刑！ 材料四（图 2-47）： 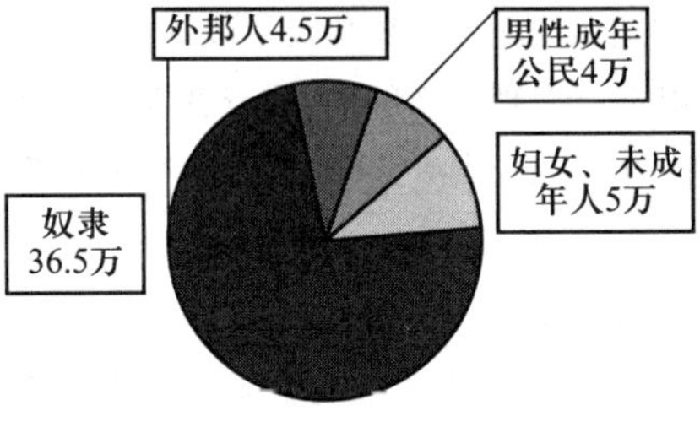 图 2-47 依据材料并结合所学知识，回答以下问题： 1. 结合所学，并联系现实政治生活，说明古希腊民主政治体制体现了哪些现代民主政治的精神或者原则？并比较两个不同时期民主政治的差异 2. 你认为是谁害死了苏格拉底？他的徒弟柏拉图对此有怎样的思考和认识？

续表

探究 理解活动 2	3. 有人说“雅典民主政治是世界上最狭隘，也是最充实的民主政治”，说说你的理解 4. 践行民主需要怎样的公民素养？小组搭建演讲框架，进行 5 分钟演讲
持续性评估	非正式评估 1. 能够说出直接民主本身的弊端 2. 能够说出雅典民主政治与现代民主政治之间的联系和差异 3. 能够从多角度运用史论结合的史学研究方法分析评价雅典民主政治 4. 能够认识到有智慧、有思想、有策略、有能力的公民群体，是优化民主政治的重要先决条件，否则民主政治将祸害无穷

第三课时的理解活动与持续性评估（表 2-46）。

表 2-46 理解活动与持续性评估

理解 目标	学生将能够理解：罗马法的形成过程，认识到罗马法的特点并能正确评析罗马法
探究 理解活动 3	探究罗马法的发展演变，进行古今法制对比，并对罗马法有关评价观点加以辨析 任务一：简述罗马法的发展演变过程，并解释其中的概念及逻辑关系 任务二：结合《十二铜表法》的主要内容概括罗马法的基本特点 任务三：阅读以下三段材料： 材料一：《民法大全》选译 1. “法律面前人人平等”，依法享有国家全面保护的公权和私权 2. 凡享有权利能力的人，就具有法律上的人格，但要具备完全的人格，必须有自由权、市民权和家族（长）权 3. 任何人在缺席时不得被判罪。同样，不得基于怀疑而惩罚任何人 4. 任何人不能仅因为思想而受惩罚 5. 提供证据的责任在陈述事实的一方，而非否认事实的一方 6. 世代相传的习俗应受到尊重和服从，不得轻视，但其有效性不应凌驾于理性或法律之上

续表

探究 理解活动 3	7. 拷问用于查明犯罪真相，但不应作为首选方式。因此，首先应当求助于证据；如果当事人涉嫌犯罪，则可以通过拷问迫使他供出同谋与罪行 8. 拷问不应完全听从原告的要求，而应本着合理与节制之原则 材料二：近代西方法律文件节选 1.《拿破仑法典》第一编是人法，是关于个人和亲属的规定，实际上是关于民事权利主体的规定；第二编是物法，规定了各种财产和所有权及其他物权；第三编是关于取得所有权的各种方法，这一编规定了继承、赠予、遗嘱和夫妻财产制，还规定了债法 2. 法国的《人权宣言》节选："私有财产是神圣不可侵犯的权利，除非由于合法认定的公共需要的明显要求，并且在事先公平补偿的条件下，任何人的财产不能被剥夺" 3. 1787 年宪法修正案： 第一条：国会不得制订关于下列事项的法律：确立国教或禁止宗教活动自由；剥夺言论或出版自由；剥夺人民和平集会和向政府诉冤请愿的权利 第四条：人民保护其人身、住房、文件和财物不受无理搜查扣押的权利不得侵犯；除非有合理的根据认为有罪，以宣誓或郑重声明保证，并详细开列应予搜查的地点、应予扣押的人或物，不得颁发搜查和扣押证 材料三：德国著名法学家耶林曾说过：罗马帝国曾三次征服世界，第一次以武力，第二次以宗教（指基督教），第三次以法律。武力因罗马帝国的灭亡而消失，宗教随着人民思想觉悟的提高、科学的发展而缩小了影响，唯有法律征服世界是最为持久的征服 结合以上材料和所学知识，概括罗马法和近代法律文件的主要相似之处，并谈谈你对法学家耶林提出的"唯有法律征服世界是最为持久的征服"的理解
持续性评估	非正式评估 1. 能够对习惯法、成文法、《十二铜表法》、公民法、万民法的历史概念进行准确解释，并能揭示其中的逻辑关系 2. 能够概括说明《十二铜表法》的基本特点，阐释两部法典的主要不同

第四课时的理解活动与持续性评估，如表 2-47 所示。

表 2-47 理解活动与持续性评估

<table>
<tr><td>理解目标</td><td>学生将能够：通过对比三种不同文明的类型，认识到文明的共性与差异性</td></tr>
<tr><td>探究
理解活动 4</td><td>情境创设：穿越不同时空的政治文明对话
梭伦 PK 屋大维 PK 秦始皇：我们的政治制度更智慧！
热椅子辩论：持三种不同观点的小组分别阐释本组观点，其他组质疑互动
问题探究：古代希腊、罗马、中国是三类不同的政治文明创新。三类文明有何共性之处？古代雅典的民主制与中国的君主制有何不同？为何希腊因民主、罗马因法治、中国因专制而闻名？你认为哪类文明更智慧？谈谈你对政治文明创新的思考和认识</td></tr>
<tr><td>持续性评估</td><td>非正式评估——教师评价
1. 共性能从至少三个角度挖掘
2. 差异性能从国家管理（人民主权，集体领导；主权在君，个人独裁）、权利运作（轮番而治—选举制、任期制、比例代表制；皇位世袭制、终身制）、法律（人人平等，王权凌驾法律之上）层面加以比较区分
3. 差异原因能够从自然地理因素、经济因素、政治因素、思想文化因素等角度进行对比分析
4. 对三类政治文明的认识能够运用唯物主义的观点客观评价不同制度</td></tr>
<tr><td>理解目标</td><td>学生将能够：综合运用所学写评论性历史小论文，史论结合地评析历史问题</td></tr>
<tr><td>终极
理解活动</td><td>选择表格中所给关键词中的 5 个，确定一个与民主与法制文明有关的主题，写一篇评析性历史小短文（500 字左右）<table><tr><td>民主</td><td>城邦</td><td>公民</td><td>公民大会</td><td>陪审法庭</td><td>500 人议事会</td></tr></table></td></tr>
</table>

续表

持续性评估	正式评估 1. 主题与文明相关 2. 关键词选择符合要求 3. 紧扣主题，有个人观点，观点合理 4. 史实准确，史论结合 5. 条理清晰，合乎逻辑

最后的终极评估是针对单元理解目标（知识、方法、目的）方面的达成情况的检验，也是对会写历史小论文这一形式目标的培养和检验。课堂上与学生一起制订了评估标准。采取了正式评估的方式并运用了多种评估资源，学生自己、同伴和教师都会参与到对每个人的评估中，三个方面评估的平均分决定了学生最后的成绩。

事实上，在设计持续性评估这一部分时，我们对持续性评估的概念和好的评估标准理解起来并不难，但是在以往的教学中我们最容易忽视的部分却就是评估，我们的有意识评估往往在课堂小测、课后作业或者单元考试上，很少让学生知道任务完成的可量化的评估标准，因而评估对学生在学习中的理解促进非常有限。为改变这一点，我们需要精心设计持续性评估。但是，在实际操作过程中我们发现评估的设计还是比较难的。期间经历了多次重复审视理解目标和理解活动的过程。在设计评估标准的时候也经常发现难以表达得十分清晰，甚至有时会与理解目标混淆，也有给出的评估标准实际限制了学生的思维，这时就需要反复的推敲打磨，不断修改完善每一个评估，直到能够清晰明了地检验和促进学生的理解为止。

表 2-48 是关于持续性评估制订后的反思论证：

表 2-48 反思论证

持续性评估	评估标准与教学设计之间关系的评注
1. 评估学生在每一个理解活动中达到的理解水平，检验他们在整个单元中逐渐形成的一个或多个理解目标	每个理解活动都有学生的输出展示，而且评估标准照顾到了理解目标的多个方面。通过学生的输出展示能够诊断学生的多元理解水平

续表

持续性评估	评估标准与教学设计之间关系的评注
2. 持续性评估与理解活动没有混淆，该评价方式注重对学生的行为、交谈和作品的评价	大多通过学生问题回答、活动汇报中的语言输出、学生完成的历史小论文作品等方式评价学生的理解程度，故评估没有与理解活动混淆
3. 评价者检验学生进行的理解活动，根据具体的标准找到理解的证据	有清晰、明确、具体的评估标准，而且小论文的评估标准是师生共同制订的，学生自己、学生之间的评估都有证据支撑
4. 把评价的结果作为反馈信息，用来改进教学或指导促进学生的学习（成果/演示/作业）	清晰明确的评估标准能作为学生检验自己理解达成的指标。教师会对学生的历史小论文作品进行面批指导，做到了反馈及时并且具有针对性
5. 由多人在不同的学习阶段对理解进行多次检查（如学生自评、学生互评、教师评价、专家评价）	终极理解活动既有学生自评、互评，也有师评
6. 对理解的检查有非正式的（如观察、开放式反思、讨论）和正式的（如对作业评分、专题反思等）	初级理解活动基本是非正式的评估，如观察、讨论回答等；终极理解活动则是正式的，需要上交作业。另外，还有学案作业的检测诊断和单元测试打分

教师感悟

1. 设计教学的四个方面的顺序并不是一成不变的，可以先定论题、后定目标，或者先定标准、后设计活动等都是可行的。

2. 理解目标的四个维度也不是固定不变的，可以根据课程内容调整变量。

3. 论题如果能与学生生活实际建立联系是非常必要的，它能极大地提高学生的学习兴趣，让学生感觉到学习内容的价值与意义。

4. 理解活动的设计如果能让学生以多种方式参与其中，思维激活，而不仅仅是花哨的形式、为了活动而活动，这样的活动体验会让我们的课堂在理解思维的碰撞中生动活泼起来，教师与学生都能充分体会到教与学的快乐与幸福感。

5. 如果教师备课过程中能老老实实地用“为理解而教”的教学设计模式中四个部分的评估标准，检验和不断修改自己的教学设计，将会使“为理解而教”的步子迈得更为扎实而稳妥。

6. “教无定法，贵在得法”。任何模式或方法都不是万能的，即使我们综合运用各种方法，也只能说是能促进和深化理解，而不能达到绝对的终极性“理解”。所以，要以动态的眼光看待实现理解的各种模式或方法，灵活运用而不是僵化套用。

✻“社会主义经济由计划经济向市场经济转变”单元教学设计

单元名称：人教版高三年级社会主义经济专题复习

教材内容：必修二第四单元“中国特色社会主义建设道路”、必修二第八单元“世界经济全球化趋势”、选修四专题五“中国改革开放总设计师——邓小平”

单元学时：6 课时

设计人员：张帆

单元教学设计概览（图 2-48）

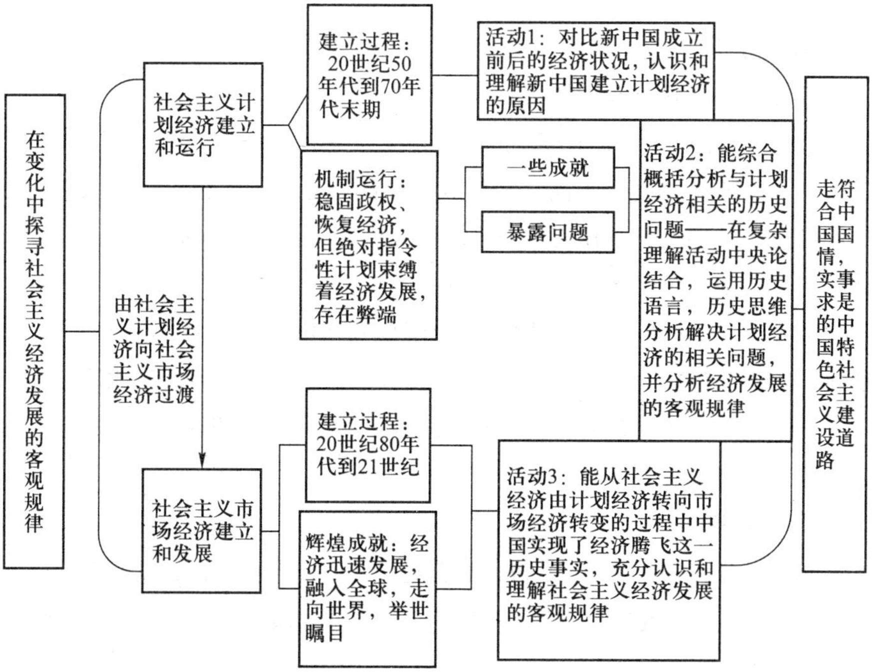

图 2-48 “社会主义经济由计划经济向市场经济转变”单元设计概览

一、启发性论题的设计

（一）寻找启发性论题的过程

界定启发性论题的标准是如何使它们促进真正有价值的理解，符合这些标准的论题比不符合标准的论题更有启发性，所以这不是有或者没有的问题，而是程度多少的问题，我们应考虑如何投入以获取最大程度的收益的问题。

启发性论题的标准是：

- 在一个或多个学科或领域中起中心作用。
- 吸引学生和老师积极参与。
- 学生和老师都能找到很多相关资源。

• 与学科内外的许多方面都有密切联系。

本单元启发性论题：在变化中（计划经济向市场经济转变）探索社会主义经济发展的客观规律。

1. 教材分析

该部分相关必修和选修教材主要表现在

（1）新中国成立后，社会主义经济发展在1949—1956年、1956—1966年、1966—1976年的几个阶段逐渐形成了中国计划经济模式。该模式在运行过程中促进了新中国经济建设和新生政权的巩固，取得了一定成果，但也出现了诸多问题，使国民经济呈现曲折发展的态势。

（2）1978—2001年，改革开放后，中国经济发展进入新阶段，经济模式由计划经济向市场经济转变，中国逐渐融入世界经济体系，经济迅猛发展，成效显著。

（3）学生学习该部分内容，能够通过分析教材综合认识社会主义经济发展的基本客观规律。

2. 学情分析

从知识上看，学生在高一、高二均已经学习了社会主义经济发展相关内容，知道社会主义经济发展的几个阶段，但对社会主义阶段经济发展的基本特征和基本规律缺少深入理解和认识，较难认识到社会主义经济发展的本质规律。

从能力上看，学生有初步概括和分析该部分历史问题的能力，但是还不能充分概括和深入分析什么是社会主义计划经济，对该经济机制运行中的问题认识不够深刻，也就不容易理解为什么改革开放后我们要实行市场经济体制，较难接触到历史事件本质。

从学生思维上看，学生具备以历史事实为根据的初步历史思维，但不能做到以史充分论证和分析得有理有据。

3. 深入分析，确定启发性论题

（1）从知识结构上看，研究社会主义计划经济和社会主义市场经济的主要目的是发现和认识社会主义经济发展的基本规律，所以探索社会经济发展规律是该单元中心和关键，符合启发性论题具有中心性这一标准。

（2）高三学生喜欢理性思考，更乐于研究历史发展的本质规律和基本特征，所以该课题对高三学生具有吸引力。

（3）研究社会主义经济发展客观规律可以发展学生思维能力，为研究经济专题中其他部分提供有力借鉴，具有较强的联系性。

（二）论证启发性论题

1. 论题是否体现历史学科的核心或起着核心作用

论题在学科领域和学生实际生活当中能起到重要作用，与学生生活实际息息相关，学生能够感兴趣地研究和探讨。

2. 论题能否吸引学生

高三学生喜欢理性思考，乐于研究历史发展的本质规律和基本特征，这种研究问题的方法和路径随着其人生阅历的增长会越来越有吸引力。

3. 与论题相关资源是否容易取得

关于社会主义经济方面的资料和论述非常丰富。 除了课本资源外，网上相关资料也很丰富，还有大量高质量的学术论文可供参考，辅导教材和高考试题也能够借鉴。

4. 论题与学生的生活、其他学科或其他主题是否有明显联系

找寻经济发展的客观规律不仅仅是经济专题的核心内容，也能够影响到政治专题和文化思想专题，是学生学好经济史的核心，与学生生活、社会生活，学生发展和社会发展有着密切关系。

基于以上讨论继而选择该论题作为本单元的启发性论题。

二、单元理解目标的确定

（一）理解目标搜寻行动

对理解目标的界定标准是清晰、明确地表述学生需达到的理解目标，教师应将这些标准公开给学生和其他有关人员（如家长、老师、同事、学校管理人员），并在学的过程中不断提及（如讨论、作业和评估）。

教师制订的理解目标应该符合以下标准：

- 明确表述学生需理解的、有关启发性论题的内容。
- 公开并在教学中经常提及。
- 直接针对需要理解的概念，而不是需要完成的作业。

本单元的理解目标：学生将理解结合时代背景新中国为什么要建立计划经济以及计划经济建立的基本过程；通过学习该部分内容学会分析历史事件发生原因的思维方法，逐渐形成历史思维；能够学会用历史思维全面辩证地思考历史问题。

（二）目标锁定

目标锁定如表 2-49 所示。

表 2-49 目标锁定

形式	目标 1 （知识层面）	目标 2 （目的层面）	目标 3 （方法层面）	目标 4 （形式层面）
疑问句	中国怎样建立计划经济？ 中国为什么要建立市场经济体制？ 怎样完成计划经济向市场经济过渡？	分析社会主义计划经济建立的原因的方法和角度通常是怎样的？	为什么要用客观、辩证思维来研究和解决历史问题？	如何用历史思维和历史语言描述和阐释历史发展的阶段和基本特征？
陈述句	学生将从三个历史发展阶段总结出社会主义经济发展进程中计划经济的含义、发展过程、特征、暴露的问题，以及社会主义市场经济的含义和特征，计划经济向市场经济转变的原因	1. 学生通过分析历史问题能够逐渐掌握分析历史问题的系统思维方法 2. 学生能够逐渐掌握运用以史论证、论从史出、史论结合来分析历史问题的方法，逐渐形成历史思维	学生逐渐明确思考历史问题的方法，即用全面、辩证、系统思维思考历史问题	学生能用规范的历史语言、历史思维、历史学科方法描述和阐释历史发展的基本阶段和特征

在确定了理解目标后，学生会目的明确地进行自己的学习；学生将了解和认识中国经济的基本发展历程，即由计划经济向市场经济过渡，并能很清晰地认识到计划经济和市场经济的基本特征；学生将逐渐掌握运用历史思维思考历史问题的方法；学生将会学到学习历史的必要技巧；学生将学会用历史语言描述和阐释历史事件和历史过程。

（三）目标论证

这些目标涉及理解的多个层面，理解目标应注重理解学科中的重要概念、方法、过程和形式，用易于学生理解的疑问句和详细的陈述句两种形式清晰地表达，应表述清晰并反映多个理解层面，所以该单元的目标设定为：学生将结合时代背景分析理解新中国为什么要建立计划经济，以及计划经济建立的基本过程和发展脉络；逐渐认识和掌握计划经济和市场经济的基本特征，并能通过学习该部分内容逐渐掌握分析历史事件发生原因的思维方法，逐渐形成历史思维；能够学会用历史思维全面辩证地思考历史问题。

三、理解活动的设计与评估

课堂活动一：初始理解活动——对比新中国成立前后的经济状况，认识和理解新中国建立计划经济的原因

1. 活动目标

学生通过阅读教师出示的资料，梳理和归纳出 1949—1956 年新中国发展的基本历程和基本特征，并能用表格和小论文形式描述阐释；学生可以通过阅读材料进行总结，初步整理计划经济模式形成的标志和特征，并分析建立计划经济模式的原因，形成基本结构示意图。

2. 活动学时

2 课时。

3. 活动流程

教师出示资料 1：1949 年以前的中国经济状况图片（图 2-49）。

图 2-49

教师出示资料 2：新中国 1952 年工农业生产超过历史最高水平图片（图 2-50）。

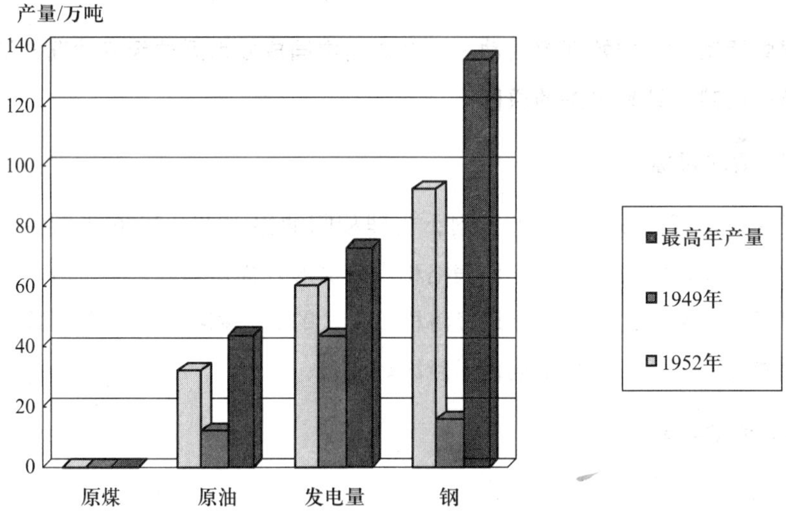

图 2-50

设计：通过新旧中国图片和数据对比，感受变化，并分析说明从1949—1956年短短七年时间中国经济迅速发展的原因、基本历史进程和基本阶段特征。

（1）请分析1949—1956年中国经济发展的基本历程和基本特征，用历史语言描述阐释。

（2）请对比图片和数据分析1949—1956年，新旧中国经济状况出现如此差距的原因，用历史语言阐释说明。

（3）请在此基础上结合国际国内情势，分析论述20世纪50年代的中国为什么选择建立社会主义计划经济体制？

活动1：学生描述阐释新中国成立后经济发展的基本历程和基本特征。

学生独立思考—提取有效信息（结合教材和PPT资料）—分析理解—描述阐释—分享交流。

学生可以质疑，可以同桌相互交流或者在四人历史学习小组内交流。

教师协助，解答疑惑，组织交流。

活动2：根据表2-50，学生进行书面表达和口头"小论文式"表达。

表 2-50

历史阶段	发展进程	基本特征	形成原因	我的新问题
1949—1952年				
1952—1956年				

活动3：学生阅读材料并总结，初步整理计划经济模式形成的标志和特征，并分析建立计划经济模式的原因，形成基本结构示意图。

材料：计划经济是政府主导型经济发展模式，之所以兴起于社会主义国家，是因为这些国家是通过革命建立起来的，受到帝国主义压迫，经济落后，实行计划经济能够使国家具有强大的社会动员能力、政府集中资源配置以及高积累机制；新中国成立后面临着工业化压力、资源短缺，实行计划经济体制是社会主义国家发展的一个必经阶段。（摘自《浅析新中国成立初期选择计划经济体制的原因和利弊》）

学生分析理解材料，形成结构示意图（图2-51）。

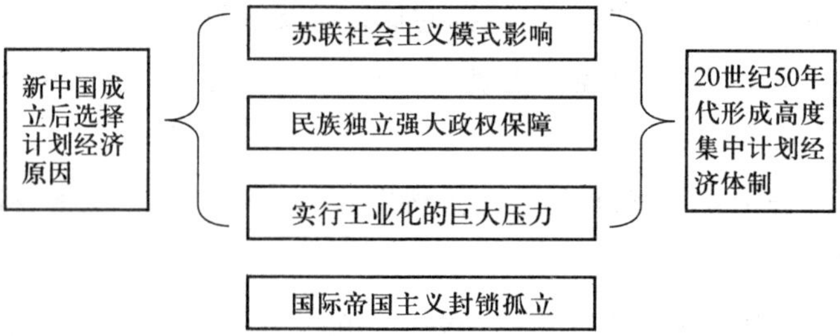

图 2-51

4. 活动评价

评价者：教师和学生。

评价类型：非正式评价

评价内容：

（1）学生能否用规范历史语言表达。

（2）学生能否逐渐建构起了历史思维。

评价标准：

（1）学生能说出新中国成立初的基本经济状况和基本事实。

（2）学生能结合新中国成立初国际、国内因素，分析新中国在 20 世纪 50 年代建立计划经济模式的原因。

（3）学生能初步描述和解释计划经济的概念和基本特征。

课堂活动二：探究理解活动——能综合概括分析与计划经济相关的历史问题

1. 活动目标

学生通过该活动能够综合概括分析与计划经济相关的历史问题，并能在复杂理解活动中史论结合，运用历史语言、历史思维分析解决计划经济的相关问题，以及经济发展的客观规律。

2. 活动学时

2 课时。

3. 活动流程

活动 1：师生共同分析计划经济运行过程中所取得的成就，以及暴露的问题和导致的严重后果。

问题 1：从 1956—1978 年，我国一直实行计划经济体制，请分析经济建设领域曾经取得了怎样的成就。

学生整合必修和选修教材内容，填写表 2-51。

表 2-51

主要年代	工业生产	农业生产	国防工业	科学技术	交通运输
1956—1966 年					
1966—1976 年					

结合教材中的重点内容（"一五"计划），概括说明：

（1）在有计划的经济建设中，基本建成工业体系，初步奠定社会主义工业化基础。

（2）国防工业和科学技术方面有一定进步，交通运输事业有所改善，新建铁路和公路。

（3）在经济落后和高积累的情况下，保证了人民的基本生活和社会的稳定。

问题 2：计划经济运行中出现了哪些问题？ 产生怎样严重后果？

（1）人民公社化运动，绝对"一大二公"，严重挫伤了人民生产积极性。

（2）模仿苏联，片面发展重工业，出现高指标、高估产的大跃进运动，国民经济比例失调。

（3）忽视商品生产，忽视价值规律，完全依靠指令性计划指导经济发展。

活动 2：分析比较中苏计划经济的特征和基本含义。

师生总结：从 20 世纪 50 年代上半期到 20 世纪 70 年代末，计划经济在中国长期处于支配地位。 尤其是 1956 年生产资料所有制改造完成后，计划经济体制更趋于集中，国家通过指令性计划直接调控企业生产和活动，对主要生产资料实行计划分配，对消费品实行计划收购和计划供应。

在新中国成立初期基本是结合中国当时客观经济状况和国情的，所以计划经济在恢复国民经济，最大限度地调动人力、物力、财力，集中进行经济建设，保证重点建设和保障人民生活方面起到了重要作用。 但是计划经济的弊端也很明显，表现在国家对企业管得过死，企业缺少活力，分配方式上平均主义严重，经济主体缺乏活力和动力，致使后期国民经济发展缓慢。

4. 活动评价

评价者：教师、学生。

评价类型：正式评价、非正式评价。

评价内容：学生能运用规范的历史语言和历史思维方法分析解决问题。

评价标准：

（1）是否能从“一五”计划成就、“二五”计划成就中体会和认识计划经济的一些成果。

（2）表格填充是否完整、准确。

（3）是否能从计划经济起到的作用和暴露的问题两个方面评价该经济模式。

（4）是否能从中苏对比中更深刻地认识到计划经济的概念和特征。

课堂活动三：终极理解活动——能从社会主义经济由计划经济转向市场经济转变的过程中中国实现了经济腾飞这一历史事实，充分认识和理解社会主义经济发展的客观规律

1. 活动目标

通过设计该活动，学生能够认识中国在经济模式转型之后实现了经济腾飞这一历史事实，充分认识和理解社会主义经济发展的客观规律。

2. 活动学时

2 课时。

3. 活动流程

活动 1：学生能从教师出示的材料中分析和判断社会主义经济必然走向市场经济的原因。

材料：计划经济在新中国经济发展上起过不容否定的历史作用，但也存在严重弊端。它严重压抑劳动者积极性，导致社会管理体制日益僵化，极大束缚社会生产力发展，影响了中国现代化进程。具体表现为：造成过度集中国家决策体系，企业没有权力；直接控制经济调节体系，执行指令性计划；分配上统收统支、统负盈亏。形成吃大锅饭的平均主义分配体系；政企不分，以垂直行政联系为主，缺乏横向市场联系。（摘自《浅析新中国成立初期选择计划经济体制的原因和弊端》）

问题思考：请通过阅读以上材料分析判断社会主义经济必然走向市场经济的原因。

活动 2：学生根据教材内容综合概括社会主义市场经济体系建立的主要历程和取得的丰硕成果（图 2-52）。

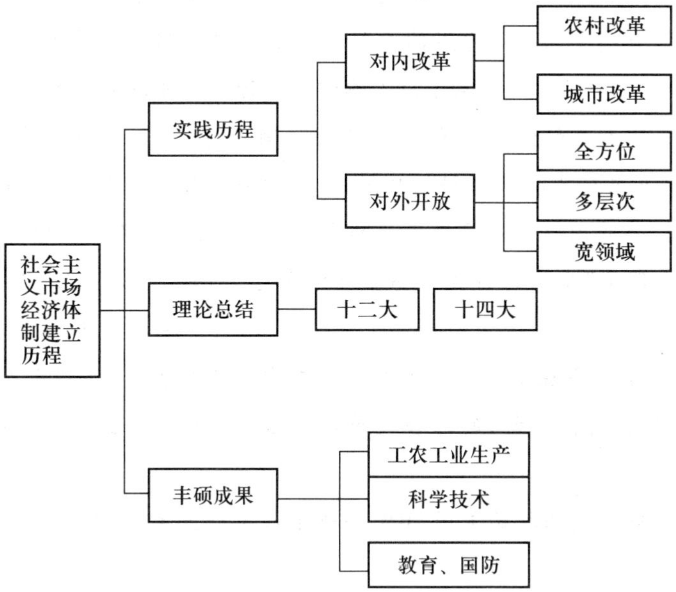

图 2-52

活动 3：进一步理解和认识社会主义经济发展的客观规律。

师生共识：符合中国国情，实事求是，走中国特色社会主义道路是国家与民族复兴的必由之路。

4. 活动评价

评价者：教师、学生。

评价类型：正式评价。

评价内容：学生能够运用历史思维方法分析历史问题。

评价标准：

（1）学生能从材料中提取有效信息分析判断中国经济选择走市场经济的必然原因。

（2）学生能够构造出较清晰的结构示意图，展示理解程度。

（3）实际情景中解决问题（2014 东城二模）

京津冀协同发展已经正式成为国家战略，为实现这一战略构想，需要转变观念，扎实推进。

2014 年 3 月 23 日河北新闻网报道：京津冀一体化首枚棋子落定，中关村将牵头建立一条“京津冀大数据走廊”。以下是中关村科技园区的发展历程：

1980 年，曾到美国硅谷考察的中科院里最年轻的研究员陈春先，“偷偷”成立了一家全新的企业——北京等离子体学会先进技术发展服务部。

1983 年，陈春先的做法得到中央领导明确支持，在其示范效应下，到 1984 年，以四通为代表的大批民营科技公司成立，中关村电子一条街初具规模。

90 年代，随着国际国内市场竞争的白热化，特别是洋品牌开始抢滩中国，大多数从事“搬箱子”生意的科技贸易企业没落了，打造自己品牌的联想、方正等企业开始扬威市场。

1999 年，经国务院批复，中关村是实施科教兴国战略、实现两个根本转变（经济体制、经济增长方式）的综合改革试验区，中关村成为科技就是生产力的典型代表。

2004 年，联想集团收购美国 IBM 全球个人电脑业务，一跃成为全球第三大 PC 制造商。

2009 年，国务院《关于同意支持中关村科技园区建设国家自主创新示范区的批复》发布，明确中关村的目标是成为具有全球影响力的科技创新中心。

请依据材料并结合历史背景，概括推动中关村科技园区崛起的国内外因素。（8 分）

✲“拥有财产的权利”单元教学设计

单元名称：人教版初中思想品德教材八年级下册第三单元

教材内容：“财产属于谁”“财产留给谁”“无形的财产”

单元学时： 4课时

设计人员： 宋秋菊、张方园、肖净月、张新

单元教学设计概览（图2-53）

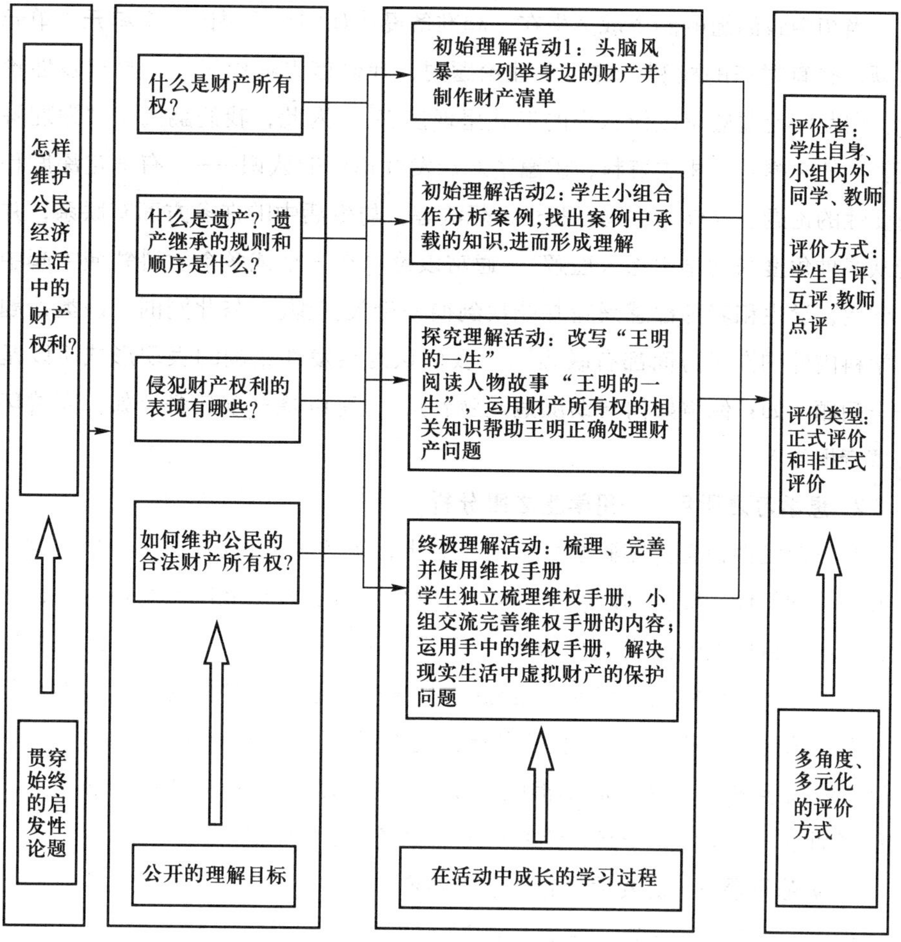

图2-53 "拥有财产的权利"单元教学设计概览

一、启发性论题的设计

（一）寻找启发性论题的过程

1. 辩启发性论题——关键概念突破

当初中政治组的四个成员坐在一起准备设计我们将要讲的一个单元（单元主题：拥有财产的权利）的启发性论题时，我们首先考虑了什么是启发性论题，启发性论题应该以什么样的形式呈现出来。为此，我们翻阅了“为理解而教”教学模式的相关资料，重温了对启发性论题的认识——“有一定深度和重要性的论题、事件、主题、概念、想法等，与生活中的许多方面有联系，并能从多种角度帮助学生深入理解。通常该论题在一个或多个学科领域中起中心作用，学生和老师都感兴趣并能找到很多相关资源。与此同时，该类论题与学科内外的许多方面都有联系”。我们认为启发性论题的表现形式可以是一个问题（如：你将如何帮助濒危动物？），也可以是一项任务（如：完成环境调查报告）。

2. 想学习之所用——用学生之眼分析

在对启发性论题关键概念突破的基础上，有的老师提出：“学生学习这一单元的目的是什么呢？应该是提高用法律维护自身合法财产所有权的意识和能力，这个目标如何落实呢？这一单元是否可以通过设计一个核心的任务让学生通过参与、探究来实现这个目标呢？这个核心探究任务就可以成为我们的启发性论题。”那么，设计什么样的核心探究任务呢？有的老师提出可以“制作维权手册”。这个活动很贴近学生的实际，学生也应该比较感兴趣，其他老师也表示赞同，于是，我们初步确定了启发性论题。

3. 头脑风暴——启发性论题的最终确定

> *在设定启发性论题之前，教师首先要思考我们为什么而教？*

一个星期以后，大家又聚在一起讨论我们的单元教学设计。有的老师提出“制作维权手册”这一启发性论题只是对知识的梳理，偏重对知识本身的理解，对激发学生今后探索新知（即促使学生围绕本论题进行持续不断的学习）没有太多的意义。因此，大家又一起重新探讨启发性论题。首先我们写出了本单元的主题——拥有财产的权利。

然后大家开始思考与这个主题相关的知识有哪些？针对这个主题，我们希望学生学到哪些内容？我们一边思考，一边讨论，并在纸上记录所想到的内容。我们尝试着建立起这些学习内容之间的联系并最终形成思维导图（图 2-54）。

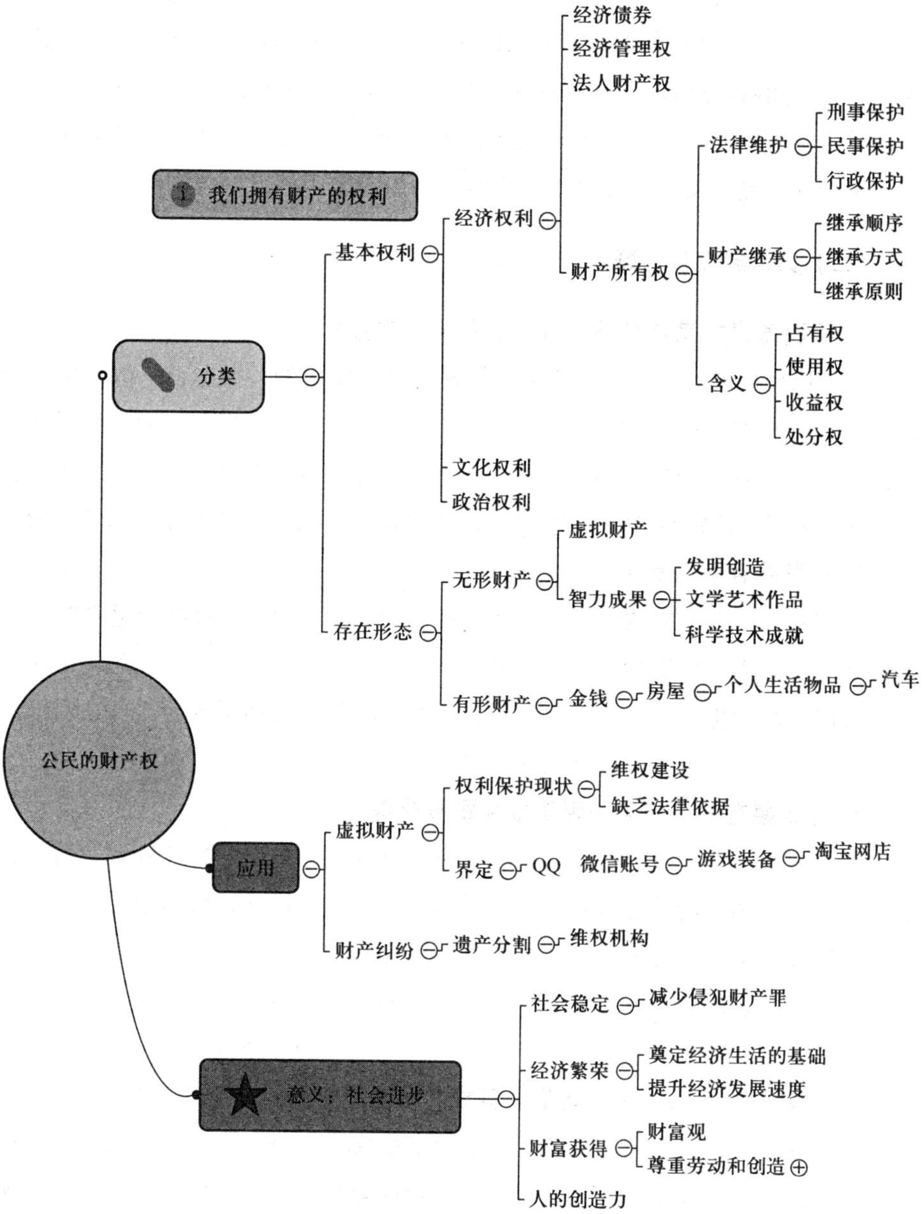

图 2-54 关于“财产权”这个启发性论题的思维导图

此时我们发现，“财产权利”这个概念与许多其他概念都有联系，是本单元中的一个非常重要的核心概念，而学生对财产权的认识比较模糊，因此需要系统地学习关于财产权利的知识。与此同时，学生在生活当中也经常遇到过有关财产权纠纷的问题，学生急切地想要学习有关财产权的知识以解决这些实际问题。作为教师，也经常会遇到类似问题，特别是与自身生活联系密切的财产权利问题，如房产维权、虚拟财产的保护、论文或网络作品的版权等，因此，引领学生探究财产权利对教师本人来说也充满了兴趣。于是，我们最终确定了本单元的启发性论题：怎样维护公民经济生活当中的财产权利？

（二）论证启发性论题

1. 论题是否在思想品德学科中起着中心作用？

初中思想品德教学的一个重要任务就是培养学生的公民意识，依法维护公民的财产权利是公民意识的重要体现。因此，对本论题的学习有助于增强学生的公民意识。初中思想品德教学的一个重要关注点就是指导学生的现实生活，引导学生开展本论题的研究有助于帮助学生解决日常生活中的经济纠纷等问题。

2. 论题能否吸引学生

从启发性论题的完成情况看，我们从公民的基本权利、对社会进步的作用和在现实生活中的应用三个方面展开并推进。在授课过程中我们发现这能从多个角度引起学生的共鸣，产生争议，进而激发他们主动探索的热情，思维更加活跃，为学生展示自我提供条件和平台。

3. 与论题有关的资源是否丰富且容易获得

我们一致认为，好的启发性论题应当是开放的，它可以有多种解决方式，也可以有不同角度的回答与阐释；它可以开阔学生的视野，培养学生的创造性思维，激发学生深入思考、探索与发现问题的兴趣。启发性论题应当是与学生的生活是密切联系的，但又不是学生轻而易举就可以得到答案的，它需要学生在探究中一步步找到答案，而不是原有知识的累加和整合。

4. 论题与学生的生活、其他学科或其他主题是否有明显的联系

学生在家庭生活、学校生活、社会生活中都会面临不同的财产问题，这些财产权利的案例在生活中更是比比皆是，而在处理这些问题中所呈现的价值观念、法律意识是学生在不同的学科当中都有涉猎，且需要不断持续关注。

二、单元理解目标的确定

（一）理解目标搜寻行动

1. 关注课标——理解目标搜寻的起点

本课所依据的课程标准（实验稿）部分是“我与他人的关系”中的“权利与义务”。该部分的内容标准是：“知道法律保护公民的财产，未成年人的财产继承权和智力成果不受侵犯，学会运用法律维护自己的经济权利。”本单元的理解目标体现了政治学科的核心思想，即树立学生的规则意识和法制观念，增强公民意识。

2. 关注需求——理解目标搜寻的基础

从财产权利在经济生活当中的重要性角度来看，经济权利是公民的重要权利，对于未成年学生来说同等重要，因为它是人们生存和发展的基础。

3. 学生参与——理解目标搜寻的保障

让学生参与到理解目标的制订过程中。围绕本单元的学习主题，我们与一些学生进行了交谈，询问他们对这个主题的认识情况以及他们想要学到的知识，生活当中遇到了哪些困惑。在交流中我们发现，对于财产权利这个主题，学生存在着以下问题：对财产及财产权的概念有初步的认识，但界定不够具体、准确，学生生活当中会接触到关于财产及财产所有权的纠纷，但由于缺乏相应的法律知识，遇到生活当中的具体问题仍然难以解决。此外，学生还提出了他们喜欢的学习方式，如案例分析、小组合作探究、体验式学习等。

（二）目标锁定

最终将理解目标设定为：

目标1：

陈述句：学生将理解财产及财产所有权的概念、分类，以及法律保护公民财产权和智力成果权的相关规定。

疑问句：什么是财产所有权？

目标2：

陈述句：学生将理解遗产的内涵和要件，以及法定继承、遗嘱继承和遗赠获取遗产的概念以及继承法中规定的继承原则和顺序。

疑问句：什么是遗产？ 遗产继承的规则和顺序是什么？

目标 3：

陈述句：学生将理解如何把所学的法律知识运用到现实生活中，并掌握维护公民财产权的有效途径。

疑问句：侵犯财产权利的表现有哪些？

目标 4：

陈述句：学生从财产所有权、继承权、知识产权的内涵及维权方式等方面梳理维权手册。

学生能使用维权手册为解决虚拟财产的保护问题提供 2~3 条建议。

学生懂得尊重他人的经济权利，不做侵害他人经济权利的事情。

疑问句：如何维护公民的合法财产所有权？

（三）目标论证

理解目标引领理解活动。 理解活动的设置要始终围绕理解目标来展开，作为一名教师，首先应该明确，无论一节课的活动多么丰富，创意多么新颖，它的评价标准永远是“到底带给了学生什么”。 因此，我们的团队在设定每一个理解活动时都要论证这个活动是否能够有效地达成理解目标，这样才能使理解活动真正发挥其作用。 需要注意的是，理解目标的制订要考虑学生的年龄特点、思维发展状况、兴趣点等要素，这样制订出的理解目标才更有针对性。

三、理解活动的设计与评估

开始的时候，我们一致认为，理解活动的设计要考虑初中阶段学生的成长特点与思维发展情况，在不断的磨合中，我们将所有的观点进行汇总，最后总结出以下三个需要重点关注学情：

（1）根据学生的实际情况进行调查，了解学生对本单元所学内容的起始情况。

（2）针对初中学生的成长阶段，了解学生的兴趣点，激发学生的兴趣，采用学生喜闻乐见、乐于接受的活动形式。

（3）设计符合学生特点及认知规律的理解活动，让学生的思维有梯度，从而让他们每一个活动结束后都不断深化自己原有的认识，拓展学生思维，让学生有成就感。

基于上面的学情分析，我们开始收集一些可能成为理解活动的想法和点子，例如，与学生课前交流，展开课前调查，以问卷的方式了解学生的学习需求等。我们政治组的老师分头行动，将学生的一些兴趣点总结成视频、调查报告等形式，在这些资料的基础上，我们坐在一起，潜心研讨，总结出一些学生过去做过的、效果很好的活动。例如，调动学生学习热情的活动——制作小报、情景剧展示、学生体验真实情景的交流活动。同时我们也提出了要为学生的思维发展搭建台阶。为此，我们提出了制作维权手册这样一个贯穿始终的理解活动。

课堂活动一：初始理解活动 1——头脑风暴

1. 活动目标

（1）学生从自己身边的实际入手，初步感知财产权利的存在。

（2）理解财产及财产所有权的概念、分类，以及法律保护公民财产权和智力成果权的相关规定。

2. 活动学时

1 课时。

3. 活动流程

（1）头脑风暴：身边的财产（学生列举身边的财产）。

（2）制作财产清单（学生根据财产的归属制作财产清单，表 2-52）。

表 2-52 财 产 清 单

国家所有	集体所有	个人所有

（3）分析案例：我的财产我做主。（用所学知识分析不同财产的归属与分类）

情 境 一

张先生是市财政局的一名工作人员，每天工作都很忙，下面是他一天的记录。早晨，他先到银行，从工资账户中取出存款的利息为孩子购买了几本课外辅导书。到单位后，他联系了两家比较大的公司，同他们签订了两份大的采购协议。下班前，他接到通知，到财务室领取了500元奖金。下班后，他和几个客户一起出去吃饭，客户私下里给了他2 000元的“回扣”。晚上，在回家的路上，他见到一只走失的小狗，就把它抱回家给孩子玩。晚上临睡前，他打开单位的笔记本电脑，写了一篇文章，准备在第二天的上班路上投递给报社。

情 境 二

人称“90后程序英雄”“疯狂的程序员”“IT天才少年”的季逸超从高中就开始开发苹果应用程序，高三时推出“猛犸1”浏览器，大一时推出“猛犸4”浏览器，在业界小有名气。目前，“猛犸4”日下载量为100~200次，是iPhone上个人开发的浏览器里下载量最大的产品，按照苹果的分成比例，季逸超平均每天可获得收益1 000~2 000元。

（4）完成维权手册第一部分的制作。

4. 活动评价

评价者：学生、教师。

评价方式：学生自评、互评，教师点评。

评价内容：学生梳理的知识；学生能否有效运用所学知识分析并解决故事中主人公的问题。

5. 评价标准

（1）知识梳理内容全面、逻辑清晰，语言表达清楚、流畅。

（2）案例分析过程中，观点明确、条理清楚、论证有据，能够准确运用有关知识对观点进行解释说明。

（3）小组讨论有记录，讨论之后有反思和整理。

（4）维权手册的制作有创意。

课堂活动二：初始理解活动2——学生小组合作分析案例，找出案例中承载的知识，进而形成理解

1. 活动目标

理解遗产的内涵和要件；理解法定继承、遗嘱继承和遗赠获取遗产的概念；理解继承法中规定的继承原则和顺序。

2. 活动学时

1课时。

3. 活动流程

（1）分析案例，总结遗产分配的基本原则。

（2）运用所学知识，解决复杂情境中的财产分割问题。

（3）分析明星遗产分割之后的伦理道德问题，从法律与亲情两个角度进行探究。

> **案例选择应遵循的标准**
>
> 1. 要具有代表性，能够系统地承载知识内容。
>
> 2. 贴近生活、时代和学生的特点。
>
> 3. 案例之间具有关联性，符合步步深入的思维流程。

课堂活动三：探究理解活动——改写“王明的一生”

1. 活动目标

理解如何将所学的法律知识运用到现实生活中，并掌握维护公民财产权的有效途径。

2. 活动学时

1课时。

3. 活动流程

（1）全班共分成5个小组，每组8个人，小组合作完成改写，要求在不改变王明所遇到的具体事件的基础上，通过合理使用法律知识改写王明的命运。

（2）每个小组选派一名评估员，要求客观公正，理解能力强。

（3）每个小组选派一名记录员，记录小组汇报中提及的具体途径。

（4）班级内进行展示汇报，汇报方式自行选择，可以为情景剧、图片展示、文字叙述等多种方式。

（5）评价小组对每个小组的展示情况进行评价，评出优秀小组。

（6）完成维权手册第三部分的制作。

4. 活动评价

评价者：学生、老师。

评价方式：学生自评、互评，教师点评。

评价内容：

（1）小组活动的状态。

（2）小组汇报。

（3）评价组的点评。

> 小组合作的分工要明确，让每个学生都承担自己的角色。因为我们希望通过小组合作的学习方式提高学习效率，同时还能培养学生的团队合作意识与责任感。

5. 评价标准

（1）小组中组员分工明确，且积极投入；

（2）小组汇报是否符合评价标准。

① 改写的内容符合逻辑。（10分）

② 能运用所学的法律知识。（20分）

③ 方案可行性高，途径具体可操作。（20分）

（3）评价组的点评是否客观、到位。

课堂活动四：终极理解活动——梳理、完善并使用维权手册

1. 活动目标

（1）学生从财产所有权、继承权、知识产权的内容及维权方式等方面梳理维权手册。

（2）学生能使用维权手册为解决虚拟财产的保护问题提供2~3条建议，懂得尊重他人的经济权利和不做侵害他人

> 虚拟财产是指在网络环境下，模拟现实环境中的财产形态，以数字化形式存在的，具有独立价值和可独占性的财产利益。
>
> ——摘自林旭霞《虚拟财产权研究》

经济权利的事情。

2. 活动学时

1 课时。

3. 活动流程

（1）梳理维权手册。学生独立梳理维权手册，小组交流完善维权手册的内容。

（2）使用维权手册。学生使用手中的维权手册，解决现实生活中虚拟财产的保护问题。

（3）每组出一份虚拟财产保护的小报。小报的内容包括：对虚拟财产有界定；自己小组或周边人对虚拟财产的看法；站在未来和社会发展角度为虚拟财产立法提供建议。

（4）完成维权手册。

4. 活动评价

评价者：同学、教师。

评价方式：学生自评、互评。

评价内容：

（1）维权手册的内容完整，可以借助同伴补充完善。

（2）能够使用法律知识解决生活中的实际问题。

（3）以小报的形式呈现对虚拟财产的保护。

5. 评价标准

（1）能够整合所学的关于财产所有权、继承权、知识产权等相关法律知识，以及侵犯公民这些经济权利所应承担的法律责任，制订成维权手册。

（2）能够运用维权手册保护自己和他人的经济权利。

（3）小报能够体现学生关注社会法制建设的责任意识。

理解活动的设计要始终围绕理解目标来展开，其最终目的是为了有效地达成目标。什么样的活动既能够激发学生的学习热情，又能够有效地达成理解目标，帮助学生实现深入的理解性学习呢？于是，我们初中备课组的几位教师进行了深入的讨论。我们总的理解目标是：现代社会人人都需要有维权意识，这种维权意识既是维护自己与他人经济权利的体现，也是营造良好社会经济秩序的要求。因而我们的理解活动必须要体现这一理解目标，基于此，我们设计了贯穿整个单元的理解活动——制作维权手册。之后，我们又将这一理解活动分解为 4 个不同的阶段，从而形成了初始理解活动 1，初始理解活动 2，探究理解活动和终极理解活动（表 2-53）。在此基础上，我们首先把平时上课中学生参与度最高的几种活动形式进行汇总，最终确立活动以成果呈现的形式来完成，即制作维权手册。而其中，又设定了多种符合不同学习内容的初始理解活动与探究理解活动。在确定完具体的活动形式之后，我们继续讨论如何以理解目标为核心，确立这些活动形式的呈现角度，最终确立了以下理解活动，并对这些理解活动与理解目标的一致性进行了论述（表 2-53）。

表 2-53 财产所有权

理解目标	所对应的理解活动	理解活动如何达成理解目标
理解目标 1：学生将理解财产及财产所有权的概念、分类，以及法律保护公民财产权和智力成果权的相关规定（什么是财产所有权?）	初始理解活动 1： 头脑风暴——列举身边的财产并制作财产清单	用头脑风暴的形式实现学生对财产及财产权、智力成果权等概念的初步认知，既能拓展学生的视野，促进学生的思考，又能够激发学生的兴趣，使学生对相关概念形成基本认知
理解目标 2：学生将理解遗产的内涵和要件，以及法定继承、遗嘱继承和遗赠获取遗产的概念和继承法中规定的继承原则和顺序（什么是遗产？遗产继承的规则和顺序是什么?）	初始理解活动 2： 学生小组合作分析案例，找出案例中承载的知识，进而形成理解	小组合作进行案例分析。可以让学生纠止自己的理解误区，使某些模糊的概念清晰化，促进理解目标的达成；也可以采用小组合作的方式，让学生的思维在碰撞中深化、拓展，达成对财产所有权及财产继承权等概念性知识的深层次理解

续表

理解目标	所对应的理解活动	理解活动如何达成理解目标
理解目标 3：学生将理解如何把所学到的法律知识运用到现实生活中，并掌握维护公民财产权的有效途径（侵犯财产权利的表现有哪些？）	探究理解活动：“改写王明的一生” 形式：小组合作 成果展示：情景剧	以一个普通人一生中面对的财产问题为基础，让学生在不改变基本事实的基础上，重新改写王明的一生。在改写的过程中，学生会结合自己的生活实际进行思考，会自然地将已经学过的内容应用到改写过程中，而教师根据学生的改写内容，与学生共同总结出保护公民财产权的有效途径 情景剧的展示方式能充分激发学生的积极性，给予学生充分的展示空间，学生在参与中感受快乐，生成知识从而达成理解目标
理解目标 4： （1）学生从财产所有权、继承权、知识产权等方面梳理维权手册 （2）学生能使用维权手册为解决虚拟财产的保护问题提供 2～3 条建议 （3）学生懂得尊重他人的经济权利和不做侵害他人经济权利的事情	终极理解活动：梳理、完善并使用维权手册 学生独立梳理维权手册，小组交流完善维权手册的内容 使用手中的维权手册，解决现实生活中虚拟财产的保护问题	在每节课的结尾部分都会给学生几分钟的时间进行总结，而在本单元的最后一节课中，要让学生进行最后的梳理，按照维权手册的已有内容，更加清楚自己的知识线索与逻辑线索，并在独立反思中实现对所学内容的理解，在小组展示的过程中学会吸纳和倾听，在班级汇报的时候实现对财产权利的深层次理解 结合学生生活中经常遇到又往往被忽略的虚拟财产问题展开分析，既符合学生的实际需求，又能引导学生学会尊重他人经济权利，学生会很自然地联系自身实际与社会现状，出谋划策，在这一过程中加深对经济权利重要意义的理解

总之，理解活动要求学生用新的方法或在新的场景中使用他们已掌握的知识，形成并加深对课题的理解。在理解活动中，学生对他们已有的知识进行

重组、延伸、推断和应用。这样的活动挑战学生的错误想法以及用固定的模式和僵化的思维来看待问题的倾向。

理解活动可以帮助学生加深并展示他们的理解，虽然它听起来像是一个重大的、在单元结尾时才发生的事件，但其实质是一些学习活动。这些活动让教师和学生有机会在一段时期内，在新的、具有挑战性的情况下检查理解的形成过程。

下篇　思考：面对变化的课堂

✼ 反思：面对变化课堂的“中国式经验”

2014 年 6 月 19 日，临近期末的一个普通的星期四下午，学校各个部门也正在按照学期初的计划进行学期总结。在学校会议室内，教学处的老师们正在进行工作总结。会议室的大屏幕上显示出的下面这张表引起了老师们的注意。

表 3-1　2013—2014 学年第二学期北校区实验数据

物理学科	2 月（2 周）	3 月	4 月	5 月	6 月	总计	去年同期总数
演示实验（个）	16	30	25	24	6	101	74
分组实验（个）	7	11	16	16	14	64	58
化学学科	**2 月（2 周）**	**3 月**	**4 月**	**5 月**	**6 月**	**总计**	**去年同期总数**
演示实验（个）	11	17	18	8	2	56	53
分组实验（个）	11	21	8	5	13	58	31
生物学科	**2 月（2 周）**	**3 月**	**4 月**	**5 月**	**6 月**	**总计**	**去年同期总数**
演示实验（个）	3	14	11	7	0	35	47
分组实验（个）	2	13	18	29	22	84	33

这是实验员老师们总结这一学期工作时所做的数据统计的一部分。这个表格反映了这学期以来，物理、化学、生物三个学科实验室所承担的学生分组实验和教师演示实验数量。

在座的所有老师不约而同地提出了一个问题，为什么这个学期的实验数量，无论是学生分组实验还是教师演示实验，都呈明显增多的趋势？生物学科的学生分组实验甚至是去年同期数量的 2.5 倍。如此大的变化，究竟是为什么呢？

实验员老师们分析了各种原因，其中生物实验员叶钟年老师提到，生物组教师这个学期的实验数量明显增加，是因为老师们尝试用更多的实验增强学生的学习体验，以便更好地帮助学生理解。这一句话，使教科室的老师们一下子兴奋起来，这样的变化是否与“为理解而教”项目的推进有关？老师们的课堂难道真的已经发生了一些变化？

带着兴奋与期待，教科室的老师们在全校范围内做了一次访谈和调查，并将这些调查与“为理解而教”项目推行前期的情况进行了对比，我们从中发现了一些值得思考的地方：

“为理解而教”培训前期调查问卷结果统计

1. 我觉得“为理解而教”的哪些内容改善了我的教学实践？

理解活动的设计与实施	42%
单元设计、单元核心能力	13%
理解目标的设定	15%
启发性论题	13%
学情、评估、思维能力等其他内容	17%

2. 请描述实施“为理解而教”教学后学习者表现出的积极方面

积极主动性提高	42%
思维能力提高，思维更加活跃、有逻辑	18%
自主学习能力有提高	13%
学习兴趣提高了	7%
成绩提高了	4%
自信了、会合作了、会提问了等其他内容	16%

3. 请列举在尝试“为理解而教”的过程中遇到的困难

时间	20%
评价	20%
知识落实与考试目标	18%
启发性论题	14%
思维能力的培养	7%
学生分层次培养	4%

自身学科水平局限、学生家长理解等	17%
4. 请列举准备与同伴分享的思考与实践	
理解活动的设计与实施	41%
单元教学设计、单元核心	19%
评价	19%
学科本质、学科核心能力的培养	7%
启发性问题	5%
理解性教学目标的落实	5%
复习课中如何培养能力等	4%
5. 请列举准备进一步研究的内容	
理解活动的设计与实施	21%
理解活动的评估	18%
启发性论题	18%
习题课、复习课中的理解活动	11%
学科本质和学科核心能力	9%
学生的自主学习能力和思维能力	5%
学生自我评价、分层次培养、课前访谈、课后调查、研究案例等	18%

［注］右侧所呈现的百分比为教师选择此项的人数占全部参评教师的比例情况。

这是“为理解而教”教学改进项目实施一学期后，对全校教师进行的问卷调查及结果。在本次调查中，全校一共收集了96份问卷，从问卷结果可以看出，接近半数教师的工作积极性有了提高，教师在各方面都有了收获。这是一个可喜的现象。

从实验数量的改变、全校教师的调查可以看出，“为理解而教”教学改进项目的开展给老师、给课堂带来的种种变化。这些变化源于“为理解而教”教学项目的持续纵深推进。这种项目推进的方式使学校教职员工内部之间形成了边学习、边研究、边实践的教研氛围，教师之间逐渐养成了基于案例来展开研讨的习惯，提升了学校的研究能力和水平。学校将教师的专业发展纳入学校的文化建设，在“为理解而教”本土化的过程中丰富了教育改革的理念，积累了宝贵的教育教学课程资源，逐渐形成了一支结构科学、梯队合理的教师队伍。其中，我们认为最能引发我们思考的是：在学校创建“理解”的文化，用文化引领项目的顺利推进。理解的文化意味着所有的学习成员拥有共同的理解目标，分担教学和学习的责任，并促进持续的进步。我们认为以下几点经验值得与大家分享：

整体规划、制度鲜明

“为理解而教”文化的形成，与制度保障密不可分。2013 年 9 月，学校成立了“为理解而教单元教学设计与实施”项目组，明确了项目组的职责和义务。从项目组的组织形式来看，学校采取由教师自由申报和学校推荐相结合的形式。这种形式透明、开放。同时，来自教学一线的老师形成的项目组，能清晰地了解老师们在教学研究与实践中的感受和问题，确保了项目组工作的主动性和工作质量。从项目组的结构来看，项目组分设顾问组、常务组、外联组、网络支持组，分别从日常事务的管理、与专家的联系、网络平台的开发与管理、指导和评价等方面确保各项工作的开展。

种子引领，逐渐扩大队伍

我们一开始就不奢望所有老师都能跟上项目的脚步，但是我们也不放弃让任何一个老师跟上项目的可能。我们让最初的团队成员成为教练和示范，培养出一批追随者，等这批追随者的水平提高，再让他们去引导和指导其他老师，层层扩大范围。从先锋者到早期实践者（骨干教师），再到每个人，改变是逐步进行的，只有这样才有望最后实现根本的转变。

教师的成长需要成就感的激励。对于教研和实践成果突出的老师，学校提供多种形式的激励。2014 年 2 月，学校举办了一次全国范围的论坛。在这次论坛上，十几位优秀教师在国内外专家、同行面前展示了自己的教学案例，得到专家的指导和肯定。一年多来，多个学科的十多名教师在全校大会上展示小组学习和实践的成果，得到学校同行的认可。在这个过程中，学校形成了良好的教师梯队，逐步实现了良性循环。一方面，骨干教师在指导其他教师的过程中对项目的理解更加深刻，成为项目的领头羊。另一方面，随着项目的深入开展，学校逐渐涌现出越来越多的新骨干，成为带动其他老师的新生力量。

给教师提供持续支持和帮扶

教师教学改进项目能否深入开展，很大程度取决于项目在遇到困难或难题时能不能及时给教师提供专家支持和帮扶。在推进“为理解而教”项目的过程中，从网络学习到课堂实践，教师遇到了很多问题和困惑，我们总是尽量给老师提供帮助。

在学习小组的组织和管理方面，我们让老师以小组为单元申报学习小组，给老师营造团队合作、互相激发的氛围。在网络学习过程中，项目组及时给出反馈和评价，并在网络平台共享，让老师了解自己和同伴的进展与问题。同时，我们让学习小组自己决定申报“请你走入我的课堂”课堂展示活动的时间和主题，这就给了老师自主选择的权利，激发了老师研究的动力和兴趣。此外，项目组会提前对教师提交的教学设计进行评审，帮助教师修改和完善教学设计。项目组还组织全程听课，发现教师教学中的问题和亮点，帮助教师明确前进的方向，让教师感受到学校的持续帮扶和支持。

✼ 花絮：变革课堂中的点滴

以关注理解为核心的课堂设计实践（高金莲）

“大括号！中括号！小括号！”

“髋关节！膝关节！指关节！”

“轴！钉子！传送轴！”

各种名词从在激烈讨论中的孩子们嘴里蹦出来！

这是在上什么课？你能猜出来吗？数学课？生物课？物理课？

都不是，这是一节英语课！这节课发生在2014年6月，进修实验学校初二8班的教室里。我在和孩子们一起研究英语中的连词。孩子们正在用各种各样的比喻来表达他们对英语中不同连词的作用的理解。当然，他们在每做出一种比喻后，还要给出相应的例句来证明自己的理解是有道理的。

连词的学习在英语学习中是一个重要的部分。学生们知道简单的连词的概念，也学过一些基本的连词。但是，对于一些比较高级的连词，对于连词在文章中的作用，学生的理解还远远不够。这从他们的阅读和写作中都能够看出来：在阅读中，一旦遇到复合句，学生的理解就会比较困难，没有意识利用连词去分解句子从而促进理解，更没有意识利用一些标志性词汇去把握段落甚至篇章的结构。在写作中，大多数孩子基本没有连词意识，即使有学生会运用到一些连词，也处于原生态状态，并没有明确的、理性的、主动运用的意识，结果学生的作文简单句过多，缺乏文采；句子之间松散，篇章结构不清晰。要想解决这些问题，连词是一个重要的突破口。

本课例是人教版八年级英语第十单元中一篇课文的语言处理部分。在这篇课文中，词汇相对比较简单，关于家里废旧物品处理的话题也比较有趣，但孩子们阅读起来依然有一些困难。主要原因是：这篇文章中的并列句、复合句非常多（文章一共 14 句，其中只有 2 句是简单句）。此外，这篇课文各种层次的连词运用非常有特色：各种连词 15 个，涉及连词、连短语、连单句、连层次、连段落等不同功能。显然，这篇课文很适合用来帮助学生学习和理解连词的使用。在仔细研读过这篇课文后，我决定把对连词的学习和理解作为这节课的教学目标之一。

在确定了这个教学目标后，我开始按照“为理解而教”的思路来设计我的课堂教学。经过反复斟酌和思考，最终我对本节课连词教学部分做了如下设计：

启发性论题：有人说，英语学习中只要学好名词、动词、形容词就好了，连词最没有必要学。你同意这种说法吗？为什么？

理解目标：

疑问句形式：连词在表达中起着怎样的作用？

陈述句形式：运用恰当的连词可以使文本更严谨，层次更丰富，结构更富有逻辑。

理解活动：

（1）初始理解活动：对比阅读两篇文章（原版课文和去掉连词后的课文改写版），体会、交流连词在表达中的功能。

（2）探究理解活动：阅读原版课文，标画出所有连词，并分析讨论每个连词的含义和功能，然后按照功能进行归类；用一个最恰当的比喻来表达自己对连词作用的理解。

（3）终极理解活动：选择任意一篇自己写过的作文，从连词的角度进行改写。

促进理解的评估：

（1）能够勾画出课文中的全部连词。

（2）能够将课文中的连词按功能归类。

（3）能够用一个恰当的比喻表达自己对连词的理解。

（4）能够恰当地运用一些基本的连词去修改自己的作文，有意识地使用连词去清晰表达文本的相互关联。

这种教学在课堂实施有以下的效果：学生在课堂中一直保持着比较浓厚的兴趣，学生课堂学习的切入点难度适合，学生的学习效果明显，习作中有了明显的连词意识，且能够根据不同的功能选择不同层级的连词。

从今年开始，我的教学打开了一扇新的大门。我在课堂教学上的关注点也在悄无声息中发生着改变。不知道从什么时候起，备课时我最喜欢思考的问题变成了这样：经过这节课（单元）的学习，我究竟要帮助学生理解什么？理解到怎样的程度？怎么做才能帮助学生实现这样的理解？如何证明他们真的理解了？这些问题听起来好似平淡无奇，但当我忽然有一天脱口问出这样的问题时，我轰然意识到：我的教学理念似乎已经发生了微妙变化。这种变化让我的心里有一点窃喜——看来“为理解而教”没有白学哦！

> 我们的经验：
>
> 1. 理解是指获取知识并在新的场景中加以运用。它一定要区别于知道、记住、使用。
>
> 2. 启发性论题有一些核心特征：它们在一个或多个学科领域中起中心作用；对学生和老师都有吸引力；是学生能够接触到的（学生可以找到多种相关资源）；与学生校内外生活有丰富的联系。
>
> 3. 理解目标没有对错之分，关键是用它们来明确接下来的教学中心。
>
> 4. 评估不是为了评价，而是为了促进理解，所以及时性和明确性非常重要。

研究中提升，实践中蜕变（蒋瑞新）

我在本学期学校开展的“请你走进我的课堂”这一活动中实现了教学方式的转变，这让从教近30年的我非常兴奋，因为我知道教学方式的改变背后是教育理念的根本转变。在这个变化过程中，我得到了学校各方面的支持与帮助，但在这里我最想与大家分享的是我与校长的几次交流。

进入高一年级后，我与校长的第一次交流是2013年11月，点评和交流我在高一（六）班的一节课。由于我表达得不是很清晰，校长产生了误会，那次交流不是很顺畅。尽管如此，我也知道校长很忙，还是向校长提出能不能增加我们交流机会的要求。

我来到进修实验学校后，参加了很多次培训，自己觉得也学到了很多，也认同新的教育理念，在课堂教学中也有改变。例如，努力在课堂上落实三维目标；除了知识的学习外，也注意概念的生成过程，注重物理方法的总结，多给学生讨论、展示的机会等。但自己也感觉到做得不到位，又不知道自己差在哪里。另外，我认为我们这个年龄的老师，必须给学校一个交代，必须要稳，怎么改也不能让成绩下滑。如果这点保证不了，我不会贸然行动。所以我好像一直在期待着能符合我要求的一种指导思想或是一种方法。

2014年4月18日，校长又听了我一节课，对我触动最大、收获最多的是校长对我这节课的点评。

记得那是一个周一的下午，因下午校长一直有事，五点半后才叫我去评课，她首先给我了一份资料，我一看，上面写着我上课说的每一句话，校长说她手写得乱，这个是用电脑打出来的，我立刻被感动了，这样做多麻烦呀，我上课说的每一句话校长都能记下来，神了，我感受到了校长的工作态度、工作方法、工作能力。校长不是教物理的，整个评课过程是用一节班会课与物理课类比进行的，她提出了一些让我很服气的建议。最后校长说，你只需转变一下教学方式。这既是对我的肯定，同时又对我提出了希望。

关于课堂教学设计，校长建议我总结一下，关键点有两个：课堂效率和找准学生思维的障碍点。我的理解是：在原有教学设计思想的基础上，要提高课堂效率，教师点拨什么要有取舍，学生自己能学会的不用教师再去讲；要找准学生的障碍点，就必须一切从学生的角度来思考，再根据自己已有的经验来设置活动、问题，引领学生深入学习。我原来一直找不到差在什么地方，现在找到了。

在这以后，我很用心地设计每一节课。《重力势能》这节让我自己和同事们都很认可的、标志我发生根本转变的课就是在这个背景下产生的。这节课不再是满堂灌，学生自己看书能学会的，我不再说，用学生回答问题的形式进行评估，同时借助活动、问题引领，突出重点，通过问题放大学生思维的障碍点，让学生自己突破难点，充分体现学生的主体地位，注重学生的理解。到现在我一直保持着这种教学方式，努力使自己做出更好的教学设计，并将其实施在课堂教学中。

经历这个过程后我认识到：每个人的进步，需要学校这个大环境的影响和同事间的交流，更需要专家的引领和点评，最重要的是自己要不断地在研究中提升、在实践中蜕变。

参与中理解　反思中提升（葛亮）

1. 学生制作教具——让学生参与教学过程

物理是以实验为基础的自然科学，可见实验在物理教学中的重要性。它可以培养学生的兴趣，激发学生的求知欲，训练学生的科学方法、科学素质，培养学生的各种能力。在以往的教学过程中，由于教学任务紧迫，通常是我在课前把实验室里的实验器材摆放好，难度较大的实验由我先演示一遍，再让学生动手实验。受学科组老师的启发，我也尝试让学生自己制作一些实验器材，效果非常好！有一次在讲授火车转弯问题时，学生理解的难点是在火车转弯时，是火车内轨受力还是外轨受力？究其原因是学生对火车轮的结构不熟悉，怎么样才能让学生理解这一难题，备课的过程中一直困扰着我。最后我决定让学生通过查阅资料、实地观察等方式了解火车轮的结构，自己选择材料分小组做火车轮的模型，两天后收集作品。当他们有了体验以后，在学习这部分内容时，学生理解得非常好。

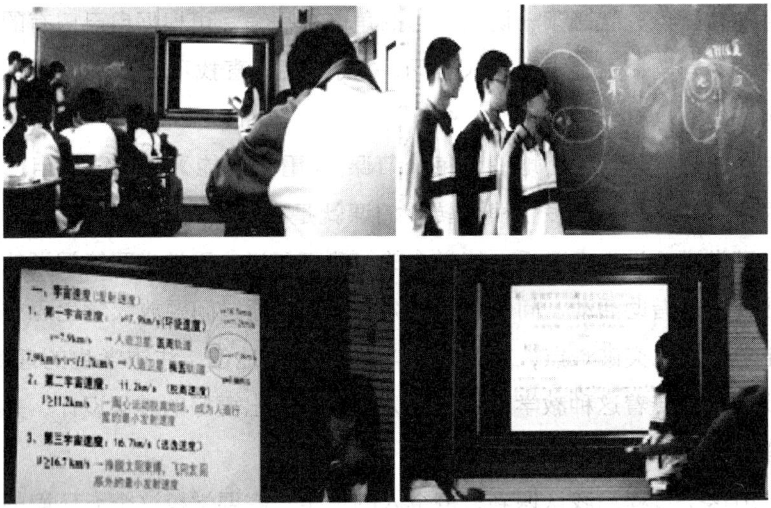

图 3-1

2. 学生小组答辩——让学生主动参与学习过程

2014 年 3 月，我们备课组在“为理解而教”理念的指导下，具体分析了教材和学情，决定在高一年级对第六章《万有引力与航天》实行单元教学。我和高一（3）班的同学共同实践。

教学的主要形式是：课前自学，课上讨论，小组答辩，教师串讲，测试。

3 月 25 日至 4 月 15 日完成全章学习，具体时间和任务安排如下：

（1）3 月 25 日—3 月 30 日：自学（看书、“三高”知识清单、指点迷津、网上查询）。

自学要求：在学案上回答每一个问题及完成课本和“三高”练习册上的相应作业。

（2）3 月 31 日—4 月 4 日：4 人一组进行讨论，交流答辩题的答案及自学中遇到的问题；准备好提问其他组成员的问题，以备在答辩环节使用。

（3）4 月 8 日—4 月 11 日：答辩（4 人小组为单位）。

答辩要求：回答所抽到的答辩题目；规范解答习题（可提前做好 PPT）；回答老师或同学的一至两个问题。

（4）4 月 11 日—4 月 15 日：教师串讲后考试验收。

在答辩环节，学生们给了我很大的惊喜：如表 3-2 所示，小组成员齐上阵，分工非常明确，每个成员都有讲解任务。其他同学针对这一组同学的陈述情况，提出自己的疑问。同学对这一组的表现进行评价，评分标准如表 3-2 所示。

表 3-2 高一物理合作学习答辩评分标准

汇报人__________ 组员__________、__________、__________

项目	内容标准	等级和评定分数			
		25	20	15	以下
描述语言	流畅、清晰、易懂				
展示形式	多样、清晰易懂				
应变能力	稳定、反应敏捷、清晰				
合作能力	倾听、补台意识				
总分					
总体评价（不少于 15 字）					

孙天洋是一个喜欢画画的男生，平时的学习比较被动，永远是一副没有睡醒的样子，平时测试成绩在 40 分左右。但是在这样的学习方式下，却彻底颠覆了我对他的认识：自学时，他主动要求抽取答辩的题目，拿到题目后，经常就一些不明白的问题找我讨论，并制作了非常精美的 PPT。在答辩环节，他结合生活中站在高处平抛物体这一实例得出：物体被抛出时的速度越大，运动得越远，当达到某一速度后，物体会沿着地球做圆周运动，这就是第一宇宙速度。更重要的是，他还用两种方法推导了第一宇宙速度。这让我对他更加刮目相看。从此，他增加了对物理学习的信心，也更加努力了，在接下来的一次期末模拟考试，考到了 70 分。

上完本单元后，我找了王雨桐、朱雅琦等学生了解他们的想法，他们的反馈如下：

这种学习方式的优点：

（1）对所研究的题目认识比较深刻，答辩题是重点。

（2）答辩的过程是单元整理的过程。

（3）在自学过程中，自己可以选择合适的方法。

（4）在提问环节，针对自己不懂的地方，向答辩人提问，可以提升思维。

这种学习方式的缺点：

（1）只聚焦汇报的题目，其他题不重视。组内的人员在准备本题的过程中贡献不一样，收获也不同。

（2）自己看书时感觉书上内容繁杂，重点不突出。

（3）答辩时汇报讲得太快，PPT 上的字特别多，重点不突出。

（4）听众易走神，每个人学（听）到的不一样。

通过学生提供的反馈意见，我对自己的教学进行了反思：

（1）如何让学生认识到看书的重要性，如何指导学生看书？

（2）如何让学生有事做，且愿意有事做，答辩时做一个有心的听众？

（3）如何更好地设计问题以激发学生的思考？

（4）学生答辩前应加强指导，如 PPT 的重点是什么、怎么讲。

（5）适合每个学生的学习方式不一样，注意因材施教。

学生只有亲身参与教、学过程，结合已有的经验和亲身体验，才能更深刻地理解新知识，而教师的责任就是创造机会，让学生乐意参与；老师只有在不断的反思中，才能找到差距，不断提升自己。

中国学生的学习过程缺什么？（王新富）

引例：学生向老师“问题”的一段对话

思索：我对理解的理解

我的困惑：

我在“为理解而教”还是在“替理解而教”？

实践中仅仅一步之遥，很危险。

学生真实的学习现状，我知道多少？我有能力认清吗，我能认识到什么程度？ 我有勇气面对吗？

我怎样做才能保证自己在实践中努力地追寻，并将“为理解而教”理念转化为我的课堂实践？

故事：塔吊，吊起学生什么了？ ——“为理解而学”。

时间：2014 年 6 月。

地点：初二各班的教室。

人物：初二全体学生及教师。

背景：初二物理“机械与功”一章，尝试“为理解而教”教学实践，本章以塔吊为核心载体，承载着本章的相关机械信息和处理相关信息必备的初步能力。

梗概：开篇的第一课——让学生设计塔吊图纸，并在单元学习过程中制作出来。 塔吊是单元的核心任务，也是单元的评价内容之一。

现象收集方式：统计各班的教学反馈。

课堂现象：学生异常兴奋，以致路过走廊的人会趴门玻璃向里望，会觉得“乱堂”。

故事现象解析：

（1）从中西思维对比角度解读故事：中国的学问在记忆里，西方的学问在理解里。

（2）从目前中国教育现状解读故事：结论具体、知识具体、方法到位。

（3）从中国学生学习现状解读故事：学生课堂的“麻木状态”是最好的保护自我探索能力的措施。

（4）从教师目前的教学现状解读故事：由“灌输”到“文明灌输”的“替理解”过渡到“为理解”。

（5）从我的课堂教学现状解读故事：一直在实验、课堂对话上下了好多年工夫，转变为在物理之外和课堂之外

> 我的体会：
>
> ● 学生习惯于按名师给予的技巧、方法、套路将自我训练成工匠式考试者或应试者。
>
> ● 学生的探索与思辨能力被所谓的名师技法套路强夺了。
>
> ● 学生课堂的“麻木状态”是最好的防御措施，以保护自我探索能力。
>
> ● 学生在优秀的教育服务下，失去了探索与思辨的能力。
>
> ● 好的“论题”从学习者的心里来，终极目的是为了激发学习者的内在积极性。

下工夫。

（6）从教育国际视野角度解读故事。

未来的课堂究竟是什么样子，或许我们不能够简单地预测，但是，未来的课堂一定是基于现在的教育工作者们不懈努力和点滴进步之上的，一定是更加关注学习者的学习体验、学习效果、学习效率、学习个性的。

在我们追求面向未来的教育过程中，“为理解而教”教学项目或许只是一个阶段，而不是我们终极目标。但是，在这个项目推进的过程中，我们所获得的成长与启示，将对未来的学校、教师在校本项目规划与实施方面产生持续的重要影响。